EDOARDO FAZZIOLI

GEMALTE WÖRTER

214 chinesische Schriftzeichen. Vom Bild zum Begriff

Ein Schlüssel zum Verständnis Chinas, seiner Menschen und seiner Kultur

Aus dem Italienischen von Anna Eckner

Schriftzeichen: Rebecca Hon Ko

GUSTAV LÜBBE VERLAG

Chefredakteurin: Mariella De Battisti
Redaktion: Marisa Melis
Grafik: Vittorio Merico
Layout: Giorgio Munari
Redaktionssekretärin: Marcella Gaffuri
Herstellung: Piero Ling
Typographie der chinesischen Schriftzeichen:
Huang Suching

Aus dem Italienischen von Anna Eckner
Umschlaggestaltung: Manfred Peters,
Bergisch Gladbach
Satz: ICS Communikations-Service GmbH,
Bergisch Gladbach
Druck und Bindung: Arnoldo Mondadori
Editore S.p.A., Verona

Printed in Italy
ISBN 3-7857-0476-3

1. Auflage September 1987
2. Auflage Juli 1988
3. Auflage Dezember 1988

Für meine Frau Eileen Chán Měi Líng,
die faszinierendste und geheimnisvollste Person,
der ich begegnet bin.

INHALT

VORWORT

Die Idee zu diesem Buch entstand Anfang der sechziger Jahre, als ich im Fernen Osten als Korrespondent arbeitete. Die Berührung mit der chinesischen Welt, wissenschaftliche Studien sowie die Begegnung mit einer schwierigen und von der unseren so verschiedenen Sprache, die keine nach einem Alphabet geordnete Schrift kennt und die man nur mit Hilfe von auswendig gelernten Schriftzeichen – und davon gibt es über 40 000 – lesen kann, das alles erweckte in mir ein lebhaftes Interesse für diese alte Kultur. Schon bei den ersten Versuchen, dem Verständnis der chinesischen Schriftzeichen näherzukommen, habe ich mich gefragt, ob hinter diesen, vom Schriftbild her so beeindruckenden Zeichen ein geschichtlicher Hintergrund oder das Abbild einer bestimmten Wirklichkeit zu erkennen sei. Dieses Buch versucht, auf diese Fragen eine Antwort zu geben.

Im Laufe der Jahre beschäftigte ich mich intensiver mit dieser kalligraphischen Schrift, die wohl zu den ältesten heute noch gebräuchlichen Schriften gehört. Mein Gedanke, sie näher zu untersuchen, stieß auf großes Interesse. Handelte es sich doch um eine neue Fragestellung, um eine nicht einfache Aufgabe, an die sich bisher niemand herangewagt hatte. Das Italienisch-Chinesische Institut für wirtschaftlichen und kulturellen Austausch, mit dem ich seit mehr als einem Jahrzehnt zusammenarbeite, bat mich eines Tages, mein Projekt »Chinesische Schriftzeichen« einem Verlag vorzulegen. Ich schulde dem Präsidenten und den gegenwärtigen Leitern des Instituts besonderen Dank für das mir entgegengebrachte Vertrauen.

Aber warum sollte man solch ein Buch, das wahrscheinlich in Europa das erste seiner Art ist, nur für einen engen Kreis von Eingeweihten schreiben? Ich jedenfalls war der Überzeugung, daß es ganz allgemein ein geistiges Vergnügen sein kann, chinesische Schriftzeichen zu lesen, denn diese Kenntnis hilft uns, ein Volk und seine Kultur besser, umfassender zu verstehen.

Ein Weg, sich dieser heute meistgesprochenen Sprache zu nähern, ist die Beschäftigung mit den Wurzeln ihrer Schriftzeichen, um ihre graphische Struktur, die ursprünglichen Bedeutungen und den tieferen Sinn zu entdecken. Dieses Wissen kann jedermann erwerben. Die chinesische Sprache und Schrift ist erlernbar für jeden, der den Wunsch und die Freude hat, sich mit ihr zu beschäftigen. Hinter den Grundzeichen der Schrift, hinter den *Radikalen,* den Wurzeln, die auf den ersten Blick so schwer zu verstehen sind, verbirgt sich oft eine bestimmte Nachricht, ein Stück Geschichte, ein Körnchen Weisheit oder die Erinnerung an alte Gebräuche.

Das Buch ist das Ergebnis langer Untersuchungen, umfangreicher Lektüre und hat viel Mühe gekostet. Es ist mein beständiges Bestreben gewesen, einfach und verständlich zu schreiben, ohne jedoch die wissenschaftliche Ernsthaftigkeit zu beeinträchtigen. Aber darüber wird der Leser urteilen. Ich habe vielen zu danken, die mir diese Arbeit ermöglicht haben, besonders aber meinen Sinologielehrern L. Wieger, B. Karlgren, Wei Chu-hsien, T.C. Lai, V.R. Burkhardt, J. Needham. Einige von ihnen kenne ich persönlich, andere als Lehrende, andere wiederum nur durch ihre Schriften. Aber auch vielen Freunden muß ich danken, die mit mir in den letzten 25 Jahren China besucht haben und die mit mir Bücher über chinesische Schriftzeichen studiert haben. Ebenso habe ich zu danken meinen Freunden, den Chinesen, vom einfachsten Bauern in den entlegenen Dörfern bis zu den Lehrkräften der Universitäten, die sich mit großer Geduld und Gastfreundlichkeit zur Verfügung gestellt haben, um meine Kenntnisse zu bereichern.

Dank sagen möchte ich auch drei Mitarbeiterinnen: Frau Rebecca Hon Ko, Kalligraphin und Zeichnerin. Von ihr stammen die großen Schriftzeichen im Sòng-Stil, ebenso die Zeichnungen, die von uns nach Vorbildern aus der berühmten chinesischen Malschule, dem *Handbuch der Malerei aus dem Senfkorngarten* erarbeitet wurden. Diese Zeichnungen machen nicht nur die in den Piktogrammen enthaltenen Vorstellungen sichtbar, sie gestalten darüber hinaus auch das Buch zu einem ikonographischen Dokument des alten China. Frau Hon Ko und ihrem geschickten Pinsel verdanken wir auch die einzelnen Schriftzeichen, die in jeweils veränderter Form in einer Reihe nebeneinander stehen. Dank auch an Eileen Chán Měi Líng, meine Frau. Sie hat Zeichen für Zeichen mit mir besprochen, hat mir geholfen bei der Definition und Schreibweise der Zeichenreihen, bei der Durchsicht der Abschnitte und bei der Interpretation schwieriger klassischer Texte in der Originalausgabe. Mit ihr bin ich jede einzelne Zeichnung des Buches durchgegangen, mit ihrer Hilfe habe ich schwierige Probleme gelöst. In den schweren Monaten der endgültigen Niederschrift des Buches hat sie mir beigestanden mit Begeisterung, mit eisernem Willen, kritischer Aufmerksamkeit und – mit chinesischer Geduld. Ohne ihren Beitrag wäre dieses Buch nie zustande gekommen.

Da der Stoff dieses Buches zu ungewöhnlich, die Art der Darbietung zu neu und der Themenbereich zu weitläufig ist, kann eine solche Veröffentlichung nicht ohne Fehler sein. Dafür entschuldige ich mich beim Leser und übernehme die Verantwortung. Um mich dieser Kultur zu nähern, habe ich in meinem Leben viel eingesetzt. Zehn Jahre habe ich im Fernen Osten unter Chinesen zugebracht. Doch muß ich zugeben, daß ich noch sehr viel mehr dadurch gewonnen habe. Die Kenntnis dieser Kultur, ihrer geschriebenen wie auch gesprochenen Sprache hat mich geistig bereichert und menschlich reifer gemacht. Ich habe begreifen gelernt, daß Himmel, Natur und Mensch voneinander abhängen und daß aus dem Gleichgewicht, das man zwischen diesen drei Bereichen herstellen kann, das Glück entsteht. Ich wünsche mir, daß diese Seiten den Leser zu der gleichen glücklichen Erkenntnis bringen.

Ein letztes Wort noch: *Gemalte Wörter* ist ein Buch, das man wie eine gute Tasse Kaffee zu sich nehmen sollte, in kleinen Schlückchen, in stillen Augenblicken – Duft und Aroma genießend. So wird das Buch ein erster Schritt hin zu einer noch wenig bekannten Kultur werden, die dem heutigen Menschen im Westen noch viel zu geben hat.

Edoardo Fazzioli

DAS CHINESISCHE – SEIT 6000 JAHREN EINE KULTURSPRACHE

Im Laufe der Menschheitsgeschichte hat es viele große Kulturen gegeben, aber nur die chinesische hat mit allen ihren wesentlichen Eigenheiten bis heute überlebt. Sie besitzt – und das ist einmalig – eine sprachliche Tradition von 6000 Jahren. Das war sicher nur möglich durch das Zusammentreffen verschiedener glücklicher Umstände. Vor allem war es dem System ihrer Schrift zu verdanken, diesen geheimnisvollen und faszinierenden Schriftzeichen, an denen noch Spuren der Geschichte und der Literatur, der Kunst und der Volksweisheit abzulesen sind.

Nie hatte das Wort Kalligraphie (Schönschrift) größere Berechtigung als hier, auch wenn es dem europäischen Auge schwerfallen dürfte, die ganze Schönheit, die Kunst und die Ästhetik dieser Schriftzeichen zu würdigen. Die Struktur der geschriebenen Sprache, der Gebrauch der immer gleichen Schreibwerkzeuge, Pinsel und Tusche, haben dazu geführt, daß bei den Chinesen die Schrift vollständig in die Malerei integriert wurde. Der »Kalligraph und Weise« Wáng Xī Zhī (321–379) hat zur Zeit der Östlichen Jìn (317–420) gelebt. Er gilt als der größte Meister aller Zeiten und ist Vorbild für jeden, der sich der Herausforderung der Kunst des Schreibens stellen will. Wáng Xī Zhī, mit seinem poetischen Sinn und seiner künstlerischen Phantasie, hat die Schrift als eine »wahre Schlacht« beschrieben. In seinem Werk *Die Strategie der Schreibkunst der Dame Wei* heißt es: »Das Blatt Papier ist das Schlachtfeld; der Pinsel ist Lanze und Schwert; die Tusche: der Kopf, der Oberbefehlshaber; Fähigkeit und Geschicklichkeit sind deine Leutnants, während die Komposition der Strategie entspricht. Sobald du den Pinsel in die Hand nimmst, entscheidet sich das Schicksal der Schlacht: die Tupfer, die Striche, das sind die Befehle der Kommandanten; die Bögen und Häkchen sind die tödlichen Schläge.« Eine erregende Schlacht, doch zum Glück unblutig – wohl eine der wenigen Schlachten, die die Menschheit genießen und deren sie sich rühmen kann.

Die ersten Zeichen wurden mit Holzstäbchen, mit zugespitzten Steinen, Jademessern oder kleinen Bronzestäbchen eingeritzt. Solche Zeichen finden wir auf Keramiken, auf Knochen, im Innern von Gefäßen oder auf Gegenständen aus Bronze. Wie sich im Laufe der Zeit die Schreibwerkzeuge veränderten und das Material, auf das man schrieb, also Holz, Seide oder Papier, so wandelten sich entsprechend auch die Schriftzeichen. Auf einer Shāng-Bronze (16.–11. Jh. v. Chr.) ist eine Feder mit Tintenpatrone abgebildet: Ein becherförmiges Gefäß sitzt auf dem Ende eines hohlen Röhrchens, mit dem die Farbflüssigkeit auf Bambusstreifen aufgetragen wurde. Es entstanden so breite und gleichmäßige Schriftzeichen. Gegen 213 v. Chr. scheint der Gebrauch von Pinseln aus Fasern verbreitet gewe-

DIE ERSTEN SCHRIFTZEICHEN

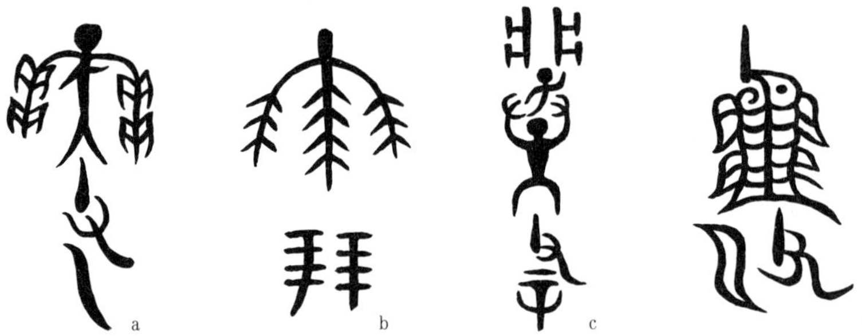

Vier Beispiele für Piktogramme. Sie stammen von einer Bronzevase für rituelle Zwecke und gehören dem Ende der Shāng-Dynastie an (etwa 1300 v. Chr.):
a) Ausgegossener Wein (die Zunge nach unten), gekochtes Fleisch (Hand; aufsteigender Rauch) und das Darreichen von Geld (der Mann legt an Schnüre aufgereihte Muscheln auf die Waage).
b) Wieder eine Geldgabe. Die Stilisierung läßt schon das spätere Schriftzeichen erahnen.
c) Kultvase mit Wein, gekochtem Fleisch und einem Mann, der unter den Säulen des Tempels seinen Sohn den Vorfahren vorstellt.
d) Wein wird als Opfer dargebracht, dazu gekochtes und frisches Fleisch (dargestellt durch den Fisch).

Das Bronezplättchen, von dem diese Zeichnungen stammen, datiert etwa aus dem Jahr 2000 v. Chr. Es ist das älteste bisher gefundene kalligraphische Dokument. Es handelt sich um stilisierte Zeichnungen von Tieren, die bei der Jagd erlegt wurden. Der Vorgang der Stilisierung, der zu der modernen Schreibweise führte, hat schon begonnen.

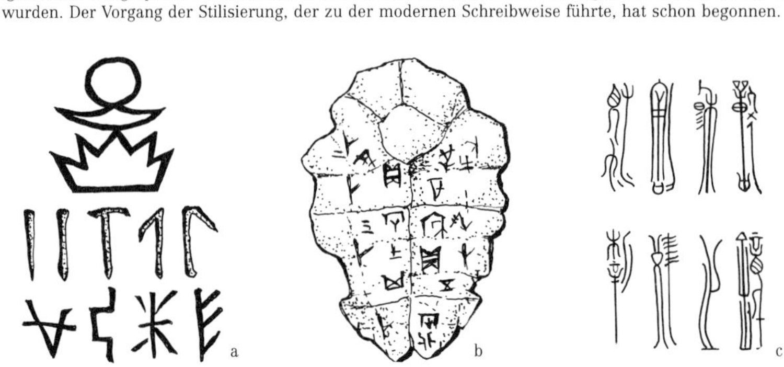

a) Zeichen auf Keramikvase oder Scherben von etwa 6000 v. Chr. Sie bezeichnen wahrscheinlich Zahlen und Namen von Sippen, Stämmen.
b) Schildpatt mit Eingravierungen, wie sie unter der Shāng-Dynastie (16.–11. Jh. v. Chr.) bei Orakeln gebraucht wurden.
c) Schriftzeichen in einem faszinierenden und einfallsreichen Stil, graviert in ein bronzenes Weihegefäß für Wein aus der Zeit der »Streitenden Reiche« (475–221 v. Chr.). 1978 gefunden im Grab des Adligen Zēng aus Suíxìan.

sen zu sein. Man schrieb mit ihnen auf Seide. Es ging jetzt sehr viel schneller, aber das Werkzeug war doch noch zu steif und hinterließ einen dicken, eckigen Strich.
In der gleichen Zeit wurde ein weiterer Schritt nach vorne getan, als man die Spitze aus Fasern durch Leder ersetzte, welches weicher und geschmeidiger war. Aber erst ein General des kaiserlichen Heeres der Qín-Dynastie (220–206 v. Chr.) hatte die entscheidende Idee, die den Duktus der Schrift veränderte: Méng Tián, ebenso geschickt mit dem Schwert wie mit dem Pinsel, ersetzte die Lederspitze durch einen Büschel weicher Tierhaare. Bei seinem Einfall half ihm allerdings auch die Erfindung eines neuen Materials, auf das man schreiben konnte: das Papier. Dieses Material saugte schnell die Flüssigkeit auf und erlaubte somit Schattierungen in der Farbe der Schriftzeichen. Das Übrige besorgte dann der Pinsel: Mit seiner weichen, geschmeidigen Spitze konnte er jeder Bewegung der Hand eines guten Kalligraphen folgen, vom feinsten bis zum kräftigen Strich, vom voll und dunkel ausgefüllten Zeichen bis zum nur dahingehauchten, das kaum die weiße Fläche bedeckte, von der geraden bis zur runden, spitz zulaufenden Linie, vom Strich bis zum Tropfen, alles wurde nun möglich. In diesem Augenblick war die Kunst der Kalligraphie geboren, die in der Geschichte der chinesischen Malerei den gleichen ehrenvollen Platz einnimmt wie die figürlichen Werke.
Abgesehen von den Schreibwerkzeugen und dem Material, auf das man schrieb, war noch die chinesische Tusche wichtig. Sie wurde aus Ruß hergestellt, mit Leim vermischt und mit Kampfer oder Moschus parfümiert.
Diese Paste wurde dann zu Stäbchen oder Täfelchen getrocknet und mit Figuren oder Zeichen berühmter Kalligraphen in Gold bemalt. Sie stellen einen der »vier Schätze des Gelehrten« dar, zusammen mit dem Pinsel, Papier und der »Tinten-Platte«. Die Steine für solche Platten werden sorgfältig ausgesucht und bearbeitet, zierlich bemalt und mit Vertiefungen versehen. In die kleine Mulde kommt Wasser, und auf der größeren Fläche zerreibt man das Tintenstäbchen mit etwas Wasser, bis daraus Tusche in der gewünschten Farbschattierung geworden ist. Dieser »Stein« kann bis zu mehreren tausend Mark kosten. Er ist um so wertvoller, je feiner sich das Tintenstäbchen darauf zerreiben läßt. Nur auf Steinen von hoher Qualität wird man jene Schattierungen herstellen können, die den Chinesen als die »fünf schwarzen Farben« (die fünf Farben Schwarz) bekannt sind.

Geschichte und Mythologie einer Schrift

Die ersten Versuche der Chinesen, Erinnerungen festzuhalten, bestanden darin, daß sie in Stricken aus Pflanzenfasern Knoten knüpften und sich so eine Art Kalender schufen. Später werden es Einkerbungen auf Holzbrettern gewesen sein, die Ernten oder andere Ereignisse markierten. Noch später wurden mit Holz, Steinen oder Knochen bestimmte Zeichen in Ton eingeritzt. Das jungsteinzeitliche Dorf Bànpō in der Nähe von Xī'ān wurde 1953 entdeckt. Es ist die größte bisher ausgegrabene menschliche Ansiedlung, deren Alter auf mehr als 6000 Jahre zurückzudatieren ist. Hier fanden sich bedeutende Proben der ältesten chinesischen Schrift. Auf roten Tonscheiben erscheinen zwei Arten von Schriftzeichen: Die einfachsten sind wahrscheinlich Zahlzeichen, andere, kompliziertere Zeichen bedeuten wohl Namen von Sippen oder Stämmen (s. Tafel S. 12).
Diese Zeichen sind die Vorfahren der heutigen Schrift. Sie entstanden lange vor den späteren Piktogrammen, die eine technische Geschicklichkeit und Kunstfertigkeit erforderten, wie sie den Primitiven des Neolithikums sicher noch nicht zur Verfügung standen. Die Entwicklung der chinesischen Schriftzeichen kann annähernd in vier zeitliche Abschnitte eingeteilt werden:

1) Die *primitive Periode* von 8000–3000 v. Chr. Hier benutzt der Mensch zunächst einfache Zeichen, die ihm als Gedächtnisstützen dienten. In der Folge verwandte er Zeichnungen, die Gegenstände aus seiner Umgebung darstellen sollten, also Piktogramme.

2) Die *archaische Periode* von 3000 bis etwa 1600 v. Chr., welche die vordynastische und die Xià-Dynastie umfaßt. In dieser Zeit ging man von Piktogrammen auf Ideogramme über, das heißt von direkten zu indirekten Symbolen. Damit wurden die Lücken in der Zeichengebung geschlossen, die für die Menschen jener Zeit bei der Bezeichnung abstrakter Begriffe entstehen mußten.

3) Die *geschichtliche Periode,* die mit der Shāng- oder Yīn-Dynastie beginnt und mit den Östlichen Hàn (220) endet: 18 Jahrhunderte, in denen die Schrift sich in eine bestimmte und endgültige Richtung hin entwickelt. Während dieser Periode entstehen die sinntragenden und die phonetischen Zeichen (letztere geben die Aussprache an), es entwickeln sich die wichtigsten Stile; Formen und Bedeutungen werden festgelegt. In den folgenden Jahrhunderten wird nur noch gebraucht und benutzt, was in dieser Periode geschaffen und zusammengestellt wurde.

4) Und schließlich die *gegenwärtige Periode,* die mit der Gründung der Volksrepublik China begann. Mit dem Ziel, das Analphabetentum zu beseitigen, wurden beträchtliche Eingriffe in die Schreibweise und Struktur der Zeichen vorgenommen. Die Änderungen verliefen in drei Richtungen: Die Schreibweise schwieriger, aber häufig gebrauchter Zeichen wurde vereinfacht; die Sprache wurde auf nationaler Ebene vereinheitlicht, *Pǔtònghuà* genannt (die »gemeinsame Sprache«); für die Umschrift der chinesischen Schriftzeichen in Buchstaben des Alphabets wird das *Pīnyīn*-System entwickelt (»Pīnyīn« bedeutet »Laute in Silben zusammenfassen«), wodurch die verschiedenen, zuvor schon bestehenden Umschriften vereinheitlicht wurden. Dieses intensive Programm der Alphabetisierung hat natürlich zu einer besseren und weiter verbreiteten Kenntnis der geschriebenen Sprache geführt. Dennoch ist eine Rückkehr zum Studium der klassischen Sprache zu beobachten, die als ein unverzichtbares Erbe der eigenen Kultur angesehen wird.

Farbiger und phantasievoller liest sich die Geschichte der Schrift in der Mythologie. Sie erzählt von einem legendären Fú Xī, der vor etwa 5000 Jahren, also noch vor der Zeit der Fünf Kaiser, gelebt haben soll. Ihm sei der Gedanke gekommen, von einer Knotenschrift zur Wiedergabe von Worten und Ideen in abbildenden Zeichnungen überzugehen und diese wiederum auf Zeichen zu reduzieren, um schneller und leichter zu schreiben. Ihm wird auch die Erfindung des Stricks, der Netze für Fischfang und Jagd, der Musikinstrumente und der acht Trigramme zugeschrieben. Er brachte den Menschen das Feuer, so daß sie ihre Speisen kochen konnten, und zeigte ihnen, wie man Haustiere hält. So wurde er zu einem mythischen Beschützer der Menschen in ihrem noch nomadischen Leben. Aber die Legenden vom weisen Fú Xī haben mit wissenschaftlicher Archäologie natürlich nichts zu tun.

In einem Kommentar zum *Buch der Wandlungen,* eines der ältesten Weisheitsbücher, steht: »Fú Xī lenkte alles, was unter dem Himmel war. Wenn er in die Höhe schaute, bewunderte er das herrliche Himmelszelt; blickte er nach unten, untersuchte er den Aufbau der Erde. Er bemerkte die Eleganz der Vögel- und Tierkörper und die ausgewogene Verschiedenheit ihrer Wohnstätten. Er untersuchte seinen eigenen Körper, aber auch Welten, die von der seinen weit entfernt waren. Danach erfand er die acht Trigramme, um die Wandlungen der Natur zu ergründen und das Wesen der Dinge zu begreifen.« Und auf diese Weise seien dann auch die Schriftzeichen entstanden.

Aber Fú Xī ist nicht der einzige, auch Húang Dì, der vor 4700 Jahren lebte, gilt als Urheber der Schrift. Dieser legendäre »Gelbe Kaiser« soll die Zeichen als Ge-

DIE ENTWICKLUNG DER SCHRIFTZEICHEN

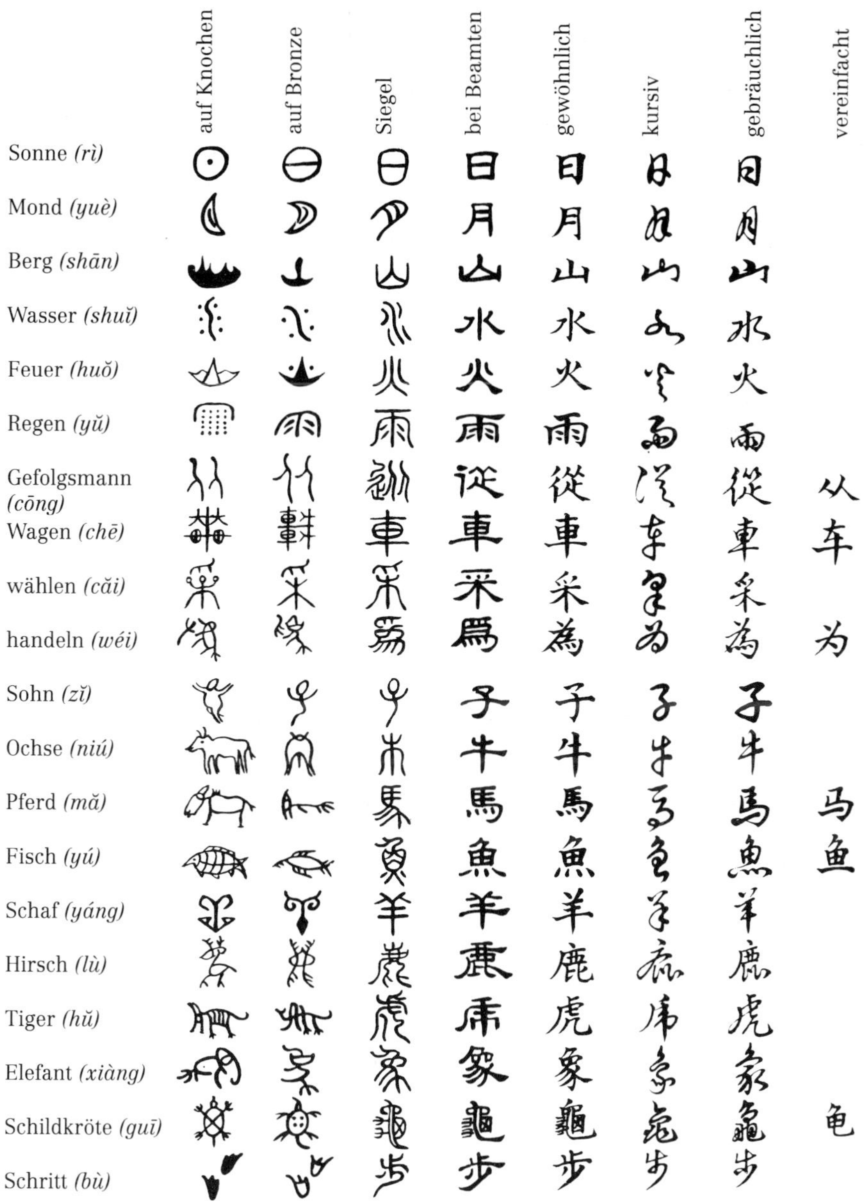

Zwanzig häufig gebrauchte Zeichen und ihre Entwicklung im Laufe der Zeit: vom Piktogramm, das die Wirklichkeit in den Augen des frühgeschichtlichen Menschen darstellt, zu den verschiedenen Formen, die das Zeichen im Laufe der Jahrhunderte angenommen hat. Die Veränderungen entstehen aus ästhetischen Gründen oder praktischen Erfordernissen. Viele Zeichen wurden in ihrer Entwicklung derartig deformiert, daß der Ursprung nicht mehr erkennbar ist. Die Rückkehr zu den Ursprüngen kann viel zum Verständnis dieser Zeichen beitragen, die ein Schlüssel zur chinesischen Kultur sind und bleiben.

schenk von einem Drachen erhalten haben, der aus den Fluten des Húanghé, des »Gelben Flusses«, stieg. Eine andere Überlieferung schreibt die Erfindung der Schrift Cāng Jíe zu, dem gelehrten Minister des Gelben Kaisers. Er sei durch Tier-, besonders Vogelspuren auf der Erde inspiriert worden. Diese Abdrücke hätten ihn dann zu den einzelnen Strichen geführt, aus denen sich ein Zeichen zusammensetzt. 2000 Jahre später wird ein Schreibstil entstehen, der sich *niăo zhuàn*, »Vogelzeichen«, nennt. Schließlich erzählt man sich von einem dritten Anwärter auf die Erfindung der Schrift, der sie als Geschenk von einer Schildkröte erhalten haben will, die er einst vor einer Überschwemmung gerettet hatte.

Es handelt sich um den dritten der Fünf Kaiser, Yŭ der Große genannt, Gründer der Xià-Dynastie (21.–16. Jh. v. Chr.). Er lehrte die Menschen auch, Bewässerungsanlagen zu bauen und die Felder zu bestellen. Deshalb erhoben sie ihn zum Beschützer der Landwirtschaft.

Einteilungen und Radikale

Sich chinesische Zeichen zu merken und sie zu schreiben, ist noch nie leicht gewesen. Die antiken Schreiber füllten oft die Zeilen mit irrigen oder gar erfundenen Zeichen. Diese lexikalischen Ungeheuer bereiten den Philologen viel Ärger und Kopfzerbrechen.

VEREINFACHTE FORMEN DER RADIKALE

Rén *(Mensch)*	人	亻
Dāo *(Messer)*	刀	刂
Chuān *(Bach)*	巛	川
Xīn *(Herz)*	心	忄
Shŏu *(Hand)*	手	扌
Shuĭ *(Wasser)*	水	氵
Huŏ *(Feuer)*	火	灬
Quăn *(Hund)*	犬	犭
Roù *(Fleisch)*	肉	月
Yì *(Stadt)*	邑	阝
Fù *(Hügel)*	阜	阝

Hier werden die gebräuchlichsten Radikale und deren vereinfachte Form dargestellt, wie sie in den zusammengesetzten Zeichen erscheinen. In den heutigen Wörterbüchern sind diese vereinfachten Formen häufig selbständige Radikale geworden, so daß die Zahl der Radikale von 214 auf 227 gestiegen ist.

Um dieser Situation ein Ende zu setzen, befahl der bedeutende Kaiser Qín seinem ersten Minister Lǐ Sī, einen amtlichen Katalog der Schriftzeichen aufzustellen, dessen Gebrauch für die öffentlichen Dokumente und für die literarischen Schriften Pflicht war. So entstand das chinesische Wörterbuch *Sān Cāng* mit 3300 Zeichen, in dem Form und Bedeutung von Wörtern erstmals offiziell festgelegt wurden. Darunter sind auch einige sogenannte »Monsterzeichen« (*Jīzì*), die uns so erhalten blieben.
Drei Jahrhunderte später stellte der Gelehrte Xú Shēn das erste wissenschaftliche Lexikon mit Kommentaren und Interpretationen zusammen. Die 15 Bände wurden 121 n. Chr. unter dem Namen *Shuō wén jiě zì* veröffentlicht. Sie stellen eine Bereicherung des Wörterbuchs des Lǐ Sī dar und brachten es auf den neuesten Stand. Das imposante Werk weist 10516 Zeichen auf, die in 540 Gruppen unter ihrem jeweiligen Radikal (Klassifikationszeichen) geordnet sind.
Erst 1600 Jahre später erscheint ein neues, überarbeitetes Wörterbuch. Im Jahre 1717 veröffentlichte der zweite Kaiser aus der Dynastie der Qíng, die von 1644–1911 regierte, Kāng Xī (1661–1722), das *Kāng Xī Zì Diǎn.* Dieses Wörterbuch, das den Namen des Kaisers trägt, enthält 40000 Schriftzeichen unter allerdings nurmehr 214 Radikalen. Das sind weniger als die Hälfte der Radikale des Xú Shěn.

DIE KALLIGRAPHISCHEN STILE

Großes Siegel
(Dà zhuàn)
auf einem Bronzebecken
(Sàn shì pán)
861–827 v. Chr.
bei rituellen Zeremonien gebraucht.

Kursivschrift
(Cǎo shū)
aus einer Schrift des Hé Shào Jī
(1799–1873)

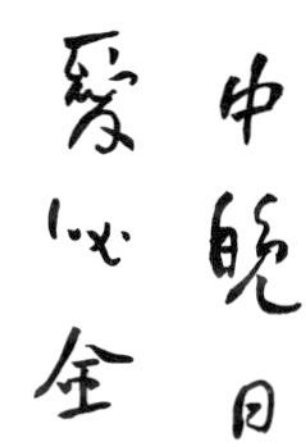

Kleines Siegel
(Xiǎo zhuàn)
Zeichen auf einem Bronzestab. Geschrieben von Lǐ Sī, dem Premierminister des Qín Shǐhuángdì,
200 v. Chr.

Normalschrift
(Kaǐ shū)
aus einem Werk von Zhòng Yòu
(151–230)

Schriftzeichen von Beamten
(Lì shū)
aus einem Werk von Cáo Zhì Bēi
(187)

Moderne Schrift
(Xiàn shū)
aus einer Schrift von Zāng Guǎng Zhūn
(1860–1923)

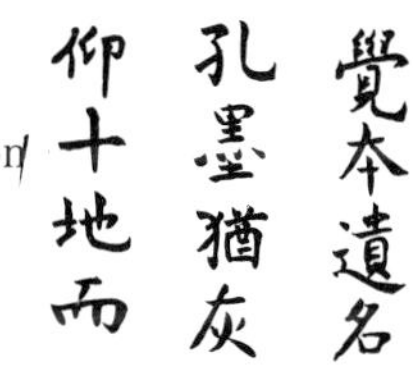

DIE FAMILIEN DER SCHRIFTZEICHEN

PIKTOGRAMME *(Xiàng xíng)*
a) Rén *(Mensch)*
b) Zhōng *(Zentrum)*
c) Shān *(Berg)*

人 *a* 中 *b* 山 *c*

INDIKATOREN *(Zhǐ shì)*
a) Sān *(drei)*
b) Shàng *(steigen)*
c) Xià *(absteigen)*

三 *a* 上 *b* 下 *c*

IDEOGRAMME *(Huì yì)*
a) Rì *(Sonne)*
b) Yuè *(Mond)*
c) Míng *(Helligkeit)*

日 *a* 月 *b* 明 *c*

PHONOGRAMME *(Xíng shēng)*
a) Tā *(er)*
b) Tā *(sie)*
c) Sōng *(Kiefer)*

他 *a* 她 *b* 松 *c*

ABLEITUNGEN *(Zhuǎn zhù)*
a) Lǎo *(alt)*
b) Kǎo *(Prüfung)*
c) Wǎng *(fangen)*

老 *a* 考 *b* 网 *c*

LEIHWÖRTER *(Jiǎ jiè)*
a) Wàn *(zehntausend)* von Skorpion
b) Xī *(Westen)* vom Vogel im Nest
c) Laí *(kommen)* von Getreide

萬 *a* 西 *b* 來 *c*

Die *Piktogramme* (Xiàng xíng, Abbildungen von Gegenständen, Bildzeichen) stellen in stilisierter Form den Gegenstand vor, den sie im Bewußtsein des Lesers hervorrufen wollen. Die *Indikatoren* (Zhǐ shì, indirekte Symbole) übertragen abstrakte Gedanken in Zeichen. Sie bilden sich, indem sie einem Piktogramm ein oder mehrere bestehende Zeichen hinzufügen. Die *Ideogramme* (Huì yì, Assoziationen, logische Zusammensetzungen) entstehen durch Verbindung von zweien oder mehr Piktogrammen zur Bildung von Zeichen mit dann neuen Bedeutungen (im Bild oben: »Sonne + Mond« = »Helligkeit«). Die *Phonogramme* (Xíng shēng, phonetische Zusammensetzungen, phonetische Bestimmungen) stellen fast 90% der existierenden Zeichen dar. Es sind Schriftzeichen mit zwei Teilen. Ein Teil trägt die Bedeutung, der andere die Aussprache (im Bild oben: tā = »er« unterscheidet sich von tā = »sie« durch den unterschiedlichen Radikal). Bei c) bildet das Zeichen für Mù = »Holz« zusammen mit einem phonetischen Zeichen, das die Aussprache ›sōng‹ bestimmt, das Wort »Kiefer«. Die *Ableitungen* (Zhuǎn zhù, sinnverwandte Schriftzeichen) sind Zeichen ähnlichen Aussehens, zusammenhängend in der Bedeutung, aber verschieden in der Aussprache. Das Zeichen b) Kǎo bedeutet »Prüfung« und stammt von a) Lǎo = »alt« ab, weil nach der konfuzianischen Lehre nur die Alten prüfen können. Im Beispiel c) stammt das Zeichen Wǎng = »fangen, verhaften« vom Netz ab, von dem es sich nur durch den Ton unterscheidet. Die *Leihwörter* (Jiǎ jiè, geliehene phonetische Schriftzeichen) gehören eigentlich weder zu den Zeichen, die eine Bedeutung, noch zu denen, die eine Aussprache angeben. Sie sind nur durch den Gebrauch entstanden, sind etymologisch oft nicht zu erklären und bereiten den Philologen viel Kopfzerbrechen. Meistens wird dabei ein Schriftzeichen auf ein Homophon, ein gleichklingendes Wort mit unterschiedlicher Bedeutung, übertragen.

Schließlich erschien 1976 das *Xīnhuá Zìdiǎn,* das »Wörterbuch des Neuen China«, das auch vielen zweisprachigen Wörterbüchern als Grundlage diente. Die Radikale wurden modifiziert, manche verdoppelt, so daß es jetzt 227 sind. 2252 »schwierige« Zeichen wurden vereinfacht. Dieses Wörterbuch ist weit von der Gelehrsamkeit des Kāng Xī entfernt, viele Punkte sind anfechtbar, aber es ist ein erster, richtiger Schritt hin zu einer modernen Schriftsprache, die dem gegenwärtigen Stand entspricht. Als lateinische Umschrift erscheint hier zum erstenmal das neue *Pīnyīn*-System, das nun endgültig alle früheren Methoden verdrängt hat, darunter auch das bislang geläufigste System, die Transkription von Wade-Giles.
Die offizielle Klassifikation so unvollkommen auch sie verständlicherweise ist, wird dennoch die des Kāng Xī bleiben. Vom wissenschaftlichen Standpunkt aus betrachtet ist sie immer noch die beste. Und aus diesem Wörterbuch stammen auch unsere hier dargestellten 214 Radikale.
Diese Radikale, im *Shuō wén* zum erstenmal in der Geschichte aufgezählt, gegliedert nach 540 Gruppen, reduziert auf 214 unter Kāng Xī und auf 227 vermehrt in den heutigen Wörterbüchern, diese Radikale sind der eigentliche Schlüssel zum Lesen. Sie sind, in Verbindung mit einem phonetischen Teil, der Bedeutungsträger jedes Zeichens. Alle Schriftzeichen sind einem der Radikale zugeordnet. Nur wenn wir den Radikal kennen, können wir ein Zeichen im Wörterbuch finden. Ohne ein Alphabet gibt es natürlich auch keine alphabetische Reihenfolge der Wörter. Wir müssen uns also immer zuerst überlegen, zu welchem Radikal das Zeichen gehört. Die Radikale selbst sind durchgehend numeriert, und zwar fortlaufend nach der Zahl ihrer Striche. Haben wir den gesuchten Radikal gefunden, zählen wir nun die Anzahl der Striche unseres Zeichens. (den Radikal nicht mit eingeschlossen). Angenommen wir erhalten fünf, dann finden wir unter ›5‹ alle Zeichen, die aus diesem Radikal und weiteren fünf Strichen bestehen. Das klingt schwierig und ist es auch, aber es ist nicht unmöglich. Von den 214 Radikalen des Kāng Xī können 49 verschieden geschrieben werden, je nach dem, wie sie benutzt werden. Einige werden leicht abgeändert, andere vereinfacht, und für eine kleine Gruppe gibt es eine sehr verkürzte Form, die nur in Zusammensetzungen auftaucht (s. unten). Der Radikal hat demnach eine doppelte Funktion: Er ermöglicht das Aufsuchen eines Zeichens im Wörterbuch und gibt, jedenfalls normalerweise, einen Hinweis auf die Bedeutung.
Mit der Illustrierung und Erklärung der 214 Radikale verfolgt der Autor dieses Buches jedoch keinen didaktischen Zweck. Es soll vielmehr ein geistreiches Spiel sein, eine anregende und unterhaltsame Art und Weise, auf die Wurzeln der chinesischen Sprache zurückzugehen, ihren Geist, ihre Philosophie, ihren Reichtum verstehen und schätzen zu lernen.

Die kalligraphischen Stile

Auch wenn die Grundeigenschaften eines Zeichens, aus denen man die Bedeutung ersehen kann, immer gewahrt bleiben, so kann doch jedes Zeichen auf vielerlei Art geschrieben werden. Das hängt ab vom Schreibwerkzeug, vom Material, auf das man schreibt, aber vor allem von der Geschicklichkeit und dem Kunstsinn des Kalligraphen.
Jeder Chinese weiß, daß Kalligraphie der Schlüssel zur Bildung ist. Ein Schriftzeichen verrät nicht nur den Stil seines Schreibers, sondern auch seinen Bildungsgrad, seinen Sinn für die Kunst, seine Seele, seine Gefühle. Es gibt Schriften mit feinen oder dicken, mit regelmäßigen oder unregelmäßigen, mit kräftigen oder leichten Strichen. Andere sind eckig, eng, weich, steif oder gewunden. Gerade weil die verschiedenen Stile an die Persönlichkeit des Schreibers gebunden sind, haben sie sich im Laufe

DIE STRICHE, AUS DENEN SICH EIN ZEICHEN ZUSAMMENSETZT:

	Striche	*Name*	*Beispiel*
1		Punkt	不
2		horizontal	不
3		vertikal	不
4		nach links abwärts auslaufend	八
5		nach rechts abwärts auslaufend	八
6		aufsteigend	汉
7		horizontal mit Häkchen	你
8		vertikal mit Häkchen	小
9		schräg mit Häkchen	我
10		vertikal, sich aufrichtend	很
11		horizontal, nach unten abgewinkelt	口
12		vertikal, nach rechts abgewinkelt	画
13		abwärts nach links, mit Punkt	好
14		abwärts nach links, im Winkel nach rechts	去
15		horizontal und abwärts nach links	汉
16		vertikal, abgewinkelt nach rechts	忙
17		horizontal, vertikal mit Häkchen	习
18		schräg, abgewinkelt mit Häkchen	也
19		vertikal, im Bogen nach rechts mit Häkchen	儿
20		horizontal, abgewinkelt, sich aufrichtend	语
21		vertikal, im Winkel nach rechts, nach unten mit Häkchen	吗
22		horizontal, nach rückwärts gewinkelt, im Bogen nach links	这
23		horizontal, nach rückwärts gewinkelt, mit Häkchen	那
24		horizontal, Bogen nach rechts mit Häkchen	九

Auf der linken Seite sind die einzelnen Striche aufgelistet, auf der rechten Seite wird der gleiche Strich innerhalb eines vollständigen Zeichens vorgeführt. Die Nummern von 1 bis 24 erscheinen dann in Rot auf den Seiten 24 bis 247, um anzugeben, aus welchen Strichen ein Radikal jeweils besteht. (Entnommen aus: Il carattere cinese, Foreign Languages Press. Peking 1978.)

der Jahrhunderte weiterentwickelt und verändern sich auch jetzt immer noch. Sie werden geprägt durch ihren individuellen Ausdruck und fortentwickelt von Schriftkünstlern mit besonderem Stilgefühl. Jeder chinesische Kalligraph muß die sechs verschiedenen klassischen Stile beherrschen, um sich dann in dem Stil zu vervollkommnen, der seinen Mitteln und seiner Geschicklichkeit am besten entspricht (s. Tafel S. 17).

Die sechs Familien

Niemand kennt die Zahl der chinesischen Schriftzeichen genau. Das neueste Lexikon verzeichnet mehr als 48000. Diese Information stammt aus einem allgemeinen Nachschlagewerk, es fehlen also viele klassische, wissenschaftliche und technische Ausdrücke. Außerdem ist das Chinesische eine lebende Sprache, sie wächst und schafft neue Zeichen. Dieses Problem hatte schon Liú Xīn und Xǔ Shèn beschäftigt, zwei Gelehrte, die zur Zeit der Östlichen Hàn-Dynastie (25–220) lebten. Xǔ Shèn hat alle Zeichen analysiert, in sechs Gruppen zusammengefaßt und dann detaillierte Regeln festgelegt, nach denen neue Zeichen zu konstruieren seien. Neue Begriffe wurden graphisch aufgenommen, die Eigentümlichkeiten der alten Zeichen aber gewahrt. So entstanden Sechs Familien (Liù Shū) von Zeichen: Piktogramme, Indikatoren, Ideogramme, Phonogramme, Ableitungen und geliehene Phonetikzeichen (s. S. 18).

Die Striche

Jedes chinesische Schriftzeichen, vom einfachsten bis zum kompliziertesten, ist aus einem oder mehreren Strichen zusammengesetzt, die untereinander in verschiedener Weise kombiniert sind.
Es gibt sechs Grundstriche; die übrigen sind Änderungen, Varianten oder Weiterentwicklungen, die aber immer auf die sechs Grundformen zurückgeführt werden können. In manchen Abhandlungen über chinesische Schriftzeichen finden sich Tabellen, in denen bis zu 32 Striche angegeben sind. Dieses Buch führt nur 24 auf, gemäß der Methode, nach der heute in China Schreibunterricht erteilt wird. Jeder Strich erhält eine Nummer, so daß er von den anderen zu unterscheiden ist (s. S. 20).
Jedes Zeichen wird genau nach der Regel geschrieben: Bei der Zusammensetzung der einzelnen Striche geht man von links nach rechts, von oben nach unten, von außen nach innen. Diese Vorschriften muß man, von wenigen Ausnahmen abgesehen, befolgen, wenn man korrekt, anmutig, ausgewogen, schnell und vor allem leserlich schreiben will.

Noch ein Wort an den Leser

Die folgenden Seiten bieten den Schlüssel zum Lesen der chinesischen Radikale, oder genauer gesagt, der 214 Radikale des Kāng Xī. Jedem Radikal ist eine Seite gewidmet.
Die Radikale sind auf Grund ihrer Ähnlichkeit in Form oder Bedeutung in Untergruppen aufgeteilt, und zwar nach klassischen Kriterien, die wir bei antiken, klassischen und auch modernen Texten über Schriftzeichen finden.
Um die Radikale finden zu können, werden sie in den modernen Wörterbüchern in numerischer Reihenfolge geordnet, wobei man mit dem einfachsten beginnt und mit dem kompliziertesten endet.
Wir haben die klassische Methode vorgezogen, die uns erlaubt, graphische und etymologische Verwandtschaften zu entdecken, indem sie Ähnlichkeiten unter den Zeichen und ihren Bedeutungen herausstellt.
Die acht Gruppen in unserem Buch werden von je einem übergeordneten Zeichen eingeführt: Mensch, Körper, Reisen, Dorf, Pinsel, Drache, Jade und Gelb. Sie sind nicht so sehr ihrer Schönheit wegen ausgewählt worden, sondern weil sie für die chinesische Kultur von großer Bedeutung sind.

Jede Seite ist auf die gleiche Weise angelegt: Zunächst steht oben groß der Radikal in Schwarz. Der Kalligraphiestil der Sòng-Dynastie (960–1279) wurde wegen seiner klassischen Klarheit gewählt.
Links daneben steht die Umschrift in *Pīnyīn* und darunter das deutsche Wort. Man muß sich immer wieder vergegenwärtigen, daß ein Zeichen oft verschiedene Bedeutungen hat, die nichts miteinander zu tun haben müssen. Daher erklären sich auch die unterschiedlichen Übersetzungen ein und desselben Zeichens.
Weiter unten links zeigt dann eine rote, naturalistische Zeichnung im klassischen chinesischen Stil das Element (den Gegenstand, Körperteil usw.), auf welches das Zeichen ursprünglich zurückging. Rechts von dieser Zeichnung beginnt mit dem Piktogramm die Reihe der Veränderungen, denen das Zeichen im Laufe der Zeit unterworfen wurde.
Unmittelbar unter diesen Varianten sind einzeln und in der richtigen Reihenfolge die Striche angegeben, aus denen sich jedes Schriftzeichen zusammensetzt. Sie sind mit der entsprechenden Kennzahl rot numeriert (s. S. 20).
Das in neun Teile gegliederte Rechteck auf der rechten Seite enthält, in Rot gemalt, den Radikal. Es soll die vollkommene Ausgewogenheit der Proportionen hervorheben, die zwischen den einzelnen Teilen eines Zeichens bestehen muß. Manchen Zeichen ist rechts davon, in einem Rechteck, die heutige, vereinfachte Form hinzugefügt.
Schließlich werden noch einige Beispiele dafür aufgeführt, wie ein Radikal in ein Zeichen eingebaut wird, oder aber für zusammengesetzte Wörter, von denen der Radikal ein Teil ist. Darauf folgt die Umschrift in *Pīnyīn* und die deutsche Übersetzung. Oft sind diese Beispiele in der vereinfachten Form wiedergegeben, so wie sie in China heute benutzt wird.
In der Spalte auf der linken Seite erläutert ein kurzer Text den Ursprung, die Geschichte und die Etymologie des Radikals und manchmal auch solche Bedeutungen, die über den eigentlichen Sinn hinausgehen, die aber als idiomatische Formen in der Sprache existieren.
Die Töne: Um ein chinesisches Schriftzeichen richtig lesen zu können, braucht man drei Elemente: das Zeichen, die Aussprache und den Ton. Nur zusammen ergeben sie die Bedeutung des Wortes. In der lateinischen Umschrift werden vier offiziell gebrauchte Akzente für die Töne benutzt und über die Silben gesetzt. In diesem Buch sind sie folgendermaßen verwandt:

ˉ hoher gleichbleibender Ton
ˊ aufsteigender Ton
ˇ abfallender und wieder aufsteigender Ton
ˋ kurz fallender Ton

Steht kein Akzent über dem Wort, so handelt es sich um den fünften, neutralen Ton.

DER MENSCH

人

Wenn wir davon ausgehen, daß die Schriftzeichen Wesenszüge des chinesischen Volkes spiegeln, liebenswerte und widersprüchliche, dann müssen wir zunächst die Zeichen betrachten, die mit dem Wort MENSCH *zusammenhängen. Sie liefern das aufschlußreichste und bedeutsamste Kapitel. Der Begriff des Menschen (rén) ist die Grundlage des Konfuzianismus. Man kann sie folgendermaßen zusammenfassen: Der Mensch verwirklicht sich in seiner Beziehung zu anderen Menschen und in der Stellung zur Natur, die ihn umgibt. Deshalb soll der Ausgangspunkt für diese Darstellung der Radikale kein anderer sein als das Zeichen für ›Mensch‹, mit den davon abgeleiteten Schriftzeichen für Wörter wie ›Vater‹, ›Frau‹, ›Sohn‹ . . .*

RÉN
MENSCH

Das Schriftzeichen ›Mensch‹ in seiner ursprünglich piktographischen wie auch in seiner gegenwärtigen Form hebt das besondere Merkmal des Menschen hervor: seinen aufrechten Gang. Zuerst sehen wir einen Menschen im Profil mit deutlich erkennbarem Kopf, mit Händen und Füßen. Das heutige Zeichen reduziert ihn auf seine Vorderansicht, mit gespreizten Beinen. Diese Haltung drückt Macht, Autorität und Selbstsicherheit aus.
»Einen Menschen beurteilt man nach seiner Kleidung, ein Pferd nach seinem Sattel.« Dies läßt erkennen, daß die Chinesen der Form des Auftretens große Bedeutung beimessen. Finden wir das Zeichen ›Mensch‹ neben dem ›Reisfeld‹, dann hat einer die Absicht, es zu pachten. Wird ›Mensch‹ jedoch mit ›stehen‹ verbunden, ergibt sich ›Stolz, Würde, gesellschaftliche Stellung‹. Zusammen mit ›Hund‹ allerdings heißt es ›sich auf die Knie werfen, sich verbeugen, verbergen‹. Mit der ›Lanze‹ in der Hand ist der ›Mensch‹ bereit zum ›Angriff‹.

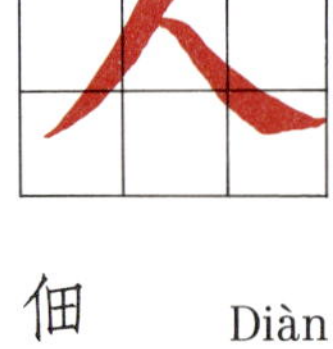

佃	Diàn	*Pachten*
位	Wèi	*Stellung*
伏	Fú	*Sich verbeugen*
伐	Fá	*Angreifen*

FÙ
VATER

父

Das Zeichen stellte ursprünglich eine Hand dar, die einen Stock hält: Symbol der väterlichen Autorität. Der Vater muß die Mitglieder der Familie erziehen, die Ordnung aufrechterhalten. Seine Rolle ist äußerst wichtig für die Wirtschaft seines Landes. Im zweiten Buch der *Drei Klassischen Bücher* lesen wir, daß »die Natur des Menschen, der keine angemessene Bildung erhält, sich immer mehr zum Bösen wendet«. Deshalb muß der Vater sogar zum Stock greifen.
Andere Forscher sehen in dem Zeichen eine Hand mit einer Axt: Symbol der Arbeitskraft, mit der der Erzeuger die wirtschaftliche Sicherheit gewährleistet. Im Chinesischen mangelt es nicht an Sprichwörtern zu diesem Thema: »Man ist besser zuerst streng und zeigt dann Verständnis.« – »Der Sohn mag wohl tugendhaft sein, ohne die väterliche Führung jedoch wird er die Wahrheit nicht erkennen.« – »Ein Land zu regieren ist leicht, die eigene Familie zu führen aber schon schwerer.«

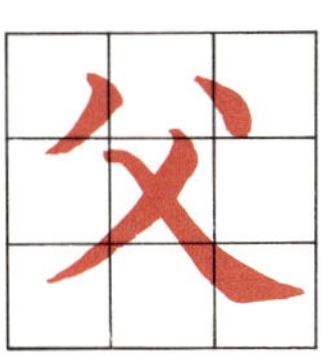

爸	Bà	*Papa*
斧	Fǔ	*Axt*
爷	Yé	*Großvater*
爹	Diē	*Vater*

NǓ
FRAU

女

Wenn auch nach allgemeiner Auffassung die Frau in der Gesellschaft keine große Rolle spielen sollte, so war doch in Wirklichkeit ihre Stellung bedeutend und hoch angesehen. Das Piktogramm stellt sie in der unterwürfigen Haltung dar, wie sie für die chinesische Frau typisch war: die Hände vor dem Körper in den Ärmeln verschränkt, den Rücken gebeugt, das Haupt geneigt. Später zeigt das Schriftzeichen die Frau im Profil, allerdings noch demütiger: auf den Knien. Damit ist jedoch längst nicht alles gesagt, denn das Sprichwort »der Mann ist das Haupt der Familie« wird ironisch ergänzt: ». . . und die Frau ist der Hals, der den Kopf bewegt, wie und wann es ihm gefällt.«
Die Idee des Guten, dessen, was geliebt wird, findet sich in der Verbindung von ›Frau‹ und ›Sohn‹. Die ›Frau‹ unter einem ›Dach‹ bedeutet ›Frieden, Ruhe, Heiterkeit‹. Erscheint ›nehmen‹ über dem Zeichen ›Frau‹, dann haben wir das Wort ›zur Frau nehmen‹. Geben wir der ›Frau‹ den ›Besen‹ in die Hand, ergibt sich das Zeichen ›Ehefrau‹.

好	Hǎo	*Gut*
安	Ān	*Friede*
娶	Qǔ	*Zur Frau nehmen*
妻	Qī	*Ehefrau*

ZĬ
SOHN

子

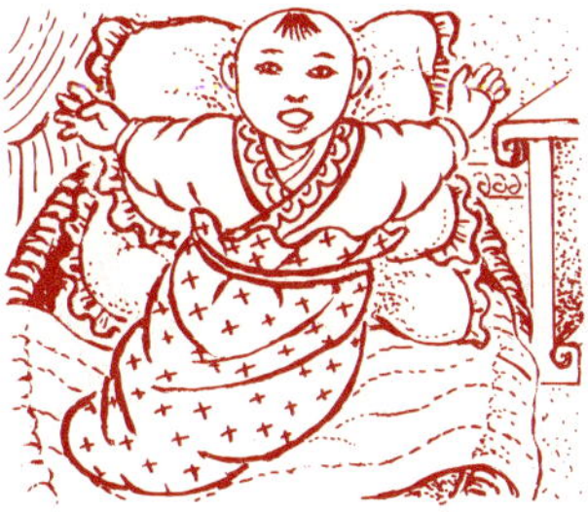

»Ziehe Söhne auf für das Alter, sammle Korn für die mageren Jahre.« Dieser Satz gibt eine Weisheit aus früheren Epochen wieder. Söhne sollen die Familie weiterführen, den Namen der Sippe erhalten, die geheiligten Riten tradieren und natürlich den Eltern auch wirtschaftliche Sicherheit für ihr Alter gewährleisten. Das Schriftzeichen stellt einen Menschen mit sehr großem Kopf, mit Armen und Beinen dar. Er wird später im Profil gesehen, wobei nur noch ein Bein erscheint, so, als sei der Körper eingewickelt. Dieses Schriftzeichen tritt in zahlreichen Verbindungen mit den unterschiedlichsten Bedeutungen auf. Unter einem ›Dach‹ bedeutete es früher ›großziehen, ernähren‹. Heute heißt es ›Wort‹ (Sohn des Gedankens) oder ›Schriftzeichen‹ (Sohn der Schrift). Neben einer ›Schwalbe‹ wird das Zeichen zum ›Loch‹, zur ›Öffnung‹. Unter einem ›Baum‹ ergibt sich die ›Pflaume‹. Stehen über dem Zeichen ›Sohn‹ zwei Vogelfüßchen, dann bedeutet es ›ausbrüten, beschützen‹.

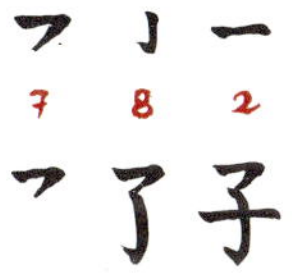

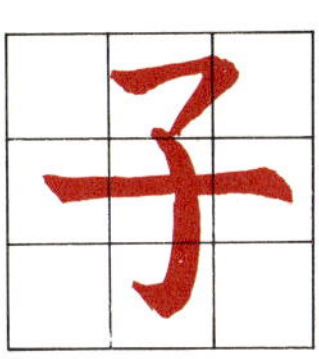

字	Zì	*Schriftzeichen*
孔	Kǒng	*Loch*
李	Lǐ	*Pflaume*
孚	Fú	*Ausbrüten*

SHÌ
FAMILIE

氏

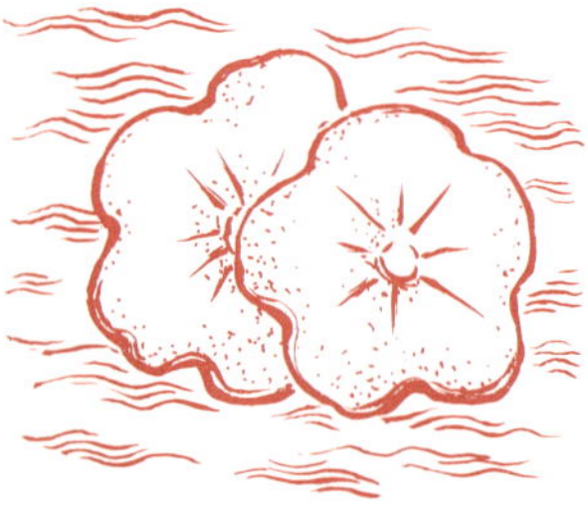

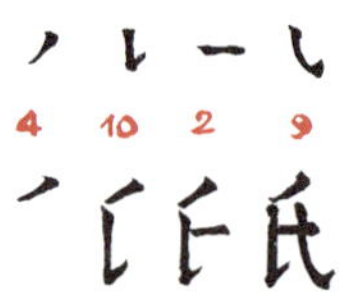

Das Piktogramm zeigt eine auf dem Wasser schwimmende Pflanze, die wächst und sich verzweigt wie die Seerosen. Sie entstehen aus einem schwimmenden Samen, der sich auf erstaunliche Weise entwickelt, bis er eine geeignete Stelle findet, an der er wurzeln kann. Vergleichbar mit den nomadisierenden Völkern, die durchs Land ziehen, bis sie einen günstigen Siedlungsort finden, der dann zum Ursprung der Familie, der Sippe wird.
In der klassischen Sprache heißt der Radikal noch: sich ›entwickeln, vermehren‹. In der modernen jedoch ›Name des Vaters‹.
Das vereinfachte Zeichen ›Mensch‹, die ›Familie‹ und ein kleiner Strich heißt ›tief‹. Eine ›Hand‹ noch dazu, und es bedeutet ›halten, stützen‹. Die ›Sonne‹ darunter ergibt ›Untergang, Dunkel‹. Wahrscheinlich ist auch das Zeichen ›Volk‹ aus dem Bild einer Pflanze entstanden, die, wie man glaubte, im Ur-Wasser der Schöpfung sich entwickelt hat.

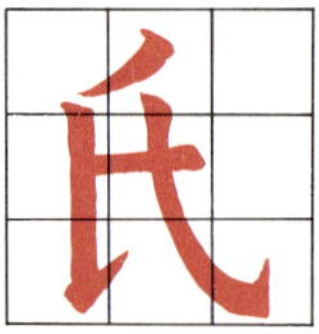

低	Dī	*Tief*
抵	Dǐ	*Stützen*
昏	Hūn	*Dämmerung*
民	Mín	*Volk*

ZÌ
SELBST

自

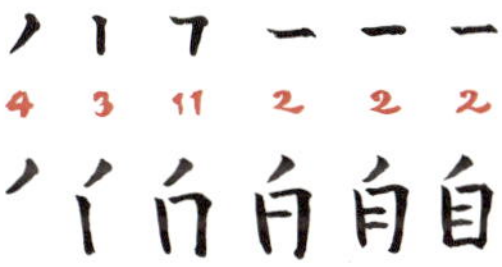

Das Kind, das auf sich selbst zeigen möchte, deutet mit der Fingerspitze auf seine eigene Nase. So soll dieses Zeichen entstanden sein. Gleichzeitig finden wir hier auch die Vorstellung von der Entstehung des Embryos: Die Chinesen glaubten, daß die Nase eines Menschen sich als erstes im Mutterschoß bilde. Zwei ›Flügel‹ über diesem Zeichen ergeben: die ›Übung‹. Man denkt an einen kleinen Vogel, der seine Flügel schlägt, bis er fliegen kann. Leider ist dem Zeichen dann nur noch ein ›Flügel‹ geblieben. Wird das ›Herz‹ darunter gesetzt, bedeutet es ›atmen‹: Für die alten Chinesen kam der Atem aus dem Herzen, strömte durch die Nase aus und kehrte durch die Nase zurück zum Herzen: Kreislauf des Lebens. Setzen wir ›selbst‹ über den ›Baum‹, dann droht Gefahr! Jetzt heißt es nämlich ›Zielscheibe‹. Steht unter dem Zeichen der ›Hund‹, dann handelt es sich um ›Gestank‹. Die ›Freiheit‹ schreibt sich mit zwei Schriftzeichen: mit ›selbst‹ und dem ›keimenden Korn‹ – das eigene Land.

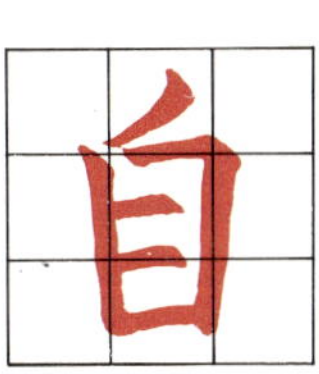

习	Xí	*Übung*
息	Xī	*Atmen*
臬	Niè	*Zielscheibe*
臭	Chòu	*Gestank*

SHÌ
DER GELEHRTE

士

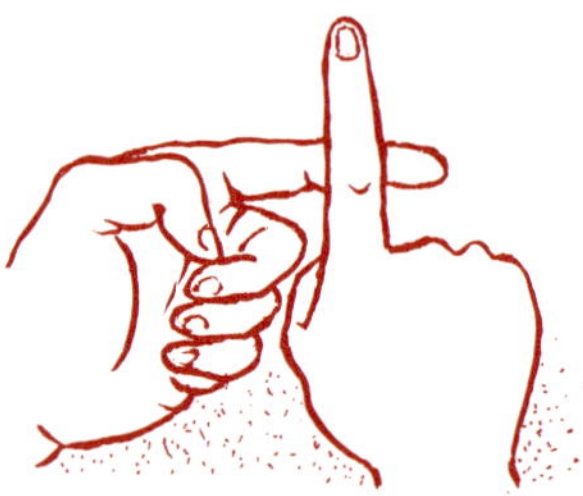

Das Ideogramm bedeutet ursprünglich ›zehn‹ und wird ausgedrückt durch einen Querstrich, der die fünf Finger einer Hand darstellen soll, während ein Längsstrich für die der anderen steht. So wird alles zwischen eins und zehn umfaßt: Anfang und Ende des Zählens und von daher das gesamte menschliche Wissen. Das führt dann zu der Bedeutung ›der Gelehrte, der Gebildete, Weise‹. Anderen Sinologen zufolge bedeutet das Zeichen jedoch einen Mann, der zehn andere leitet, woraus sich der ›Dekan‹, der ›Beamte‹ ergibt.
Die Aussage, daß eine wirklich gebildete Person selten vorkommt, steckt ebenfalls in unserem Radikal: eine unter zehn.
In dem Zeichen ›glücklich, günstig‹ steht der ›Weise‹ über dem ›Mund‹. Eine gelehrte Person weiß gute Ratschläge zu geben. Wenn wir das Zeichen für den ›Weisen‹ verdoppeln, dann erhalten wir das Jadetäfelchen, welches die kaiserlichen Beamten in den Händen halten mußten, wann immer sie vor den Kaiser traten: Zeichen ihrer großen Weisheit.

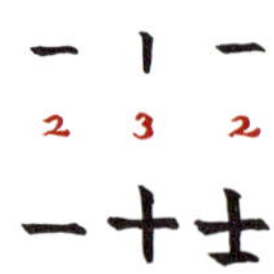

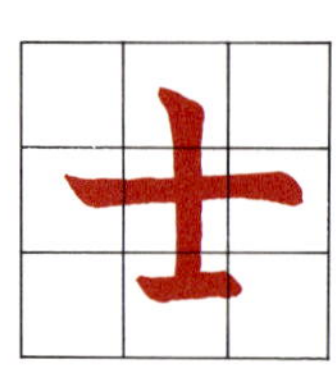

吉	Jí	*Glücklich*
圭	Guī	*Jadetäfelchen*
志	Zhì	*Wille*
坐	Zuò	*Sitzen*

CHÉN
MINISTER

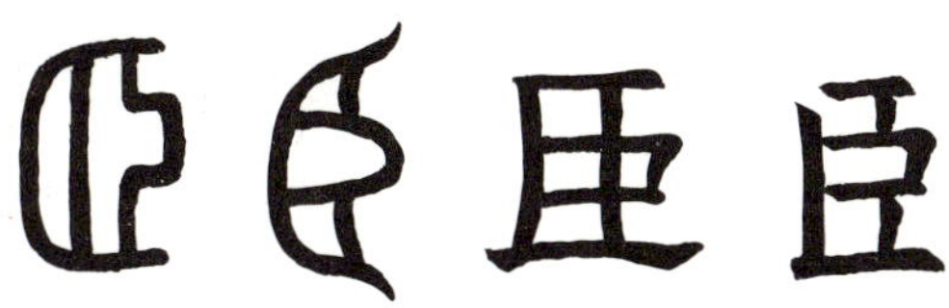

Den Kopf auf die Brust gesenkt, die Knie gebeugt und die Hände auf dem Boden: In dieser Haltung verharrte der Minister vor seinem König. Die Beamten lebten in großem Reichtum und bekleideten einflußreiche Ämter. Der Kaiser verlangte Treue und völlige Ergebenheit von ihnen. »Der Herrscher muß die Hochachtung seiner Höflinge genießen, doch diese müssen ihm treu ergeben sein.« Das Schriftzeichen für ›gerecht, gut‹ besteht aus drei Teilen: links ein Streifen aus Bambus, in der Mitte der Minister und rechts die Waffe, bestehend aus Lanze und Kriegsbeil – unsere Hellebarde. Die Bedeutung ist klar: Die Macht spricht Recht, der Kaiser wird von seinem Minister vertreten, der die Gesetze (auf dem Bambustäfelchen) kennt und die Macht besitzt, sie durchzusetzen (Hellebarde). Steht der ›Minister‹ unter einem ›Dach‹, bezeichnet das einen Beamten am Hof, einen Eunuchen, der zum Haushalt der Frauen und Konkubinen des Himmelssohnes gehörte.

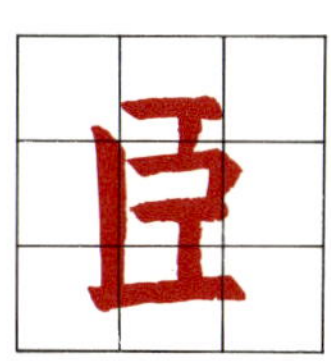

臧	Zāng	*Gerecht*
宦	Huàn	*Eunuch*
卧	Wò	*Liegen*
坚	Jiān	*Stark*

GUǏ
GEIST

鬼

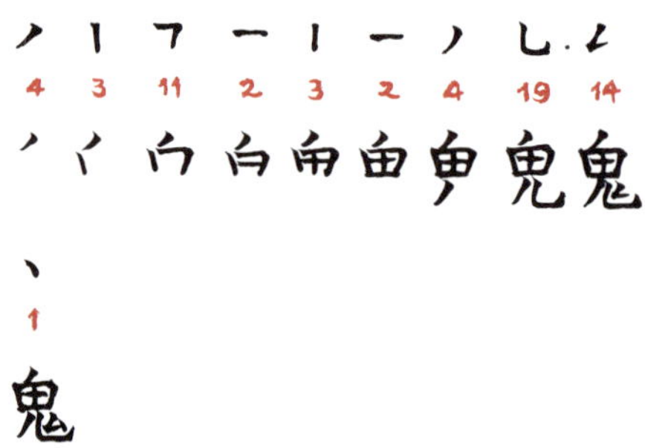

Eine durch die Lüfte gleitende menschliche Gestalt, körperlos, steht für den Geist. Die Locke, die wir in den ersten Zeichnungen finden, oft noch mit einem Schweif ausgestattet, bedeutet den Luftwirbel, den der fliegende Geist erzeugt. Erst später nimmt das Zeichen die Bedeutung ›Gespenst, Dämon‹ an und entwickelt sich zum Schrecklichen, Abstoßenden. Nach einer anderen Interpretation geht das Zeichen auf eine grobe Zeichnung einer Vogelscheuche zurück. Ob dies der wahre Ursprung ist, läßt sich schwer sagen: Wird doch das Wort ›Gespenst‹ von den Chinesen wenig benutzt. Der Radikal mit der ›Faust‹ kombiniert heißt ›Bandenchef‹. Daneben das Zeichen für ›groß‹ ergibt ›groß und kräftig‹, also eine Person, die sich physisch aufdrängt. Scham empfinden wir, wenn die Seele von Leidenschaften getrübt wird, hier ausgedrückt durch das ›Herz‹. Eine eher neue Wortbildung, denn die Chinesen legten früher den Sitz der Gedanken ins Herz, während die Gefühle in den Lenden saßen.

魁	Kuí	*Bandenchef*
魁伟	Kuí wěi	*Groß und kräftig*
愧	Kuí	*Scham*
魂	Hún	*Seele*

SHǑU
HAUPT

首

Um das Wort ›Oberhaupt, Führer‹ zu schreiben, genügte früher den Chinesen eine lustige Vereinfachung, nämlich eine schöne Nase und ein Paar Haarzöpfe darzustellen. Im modernen Chinesisch braucht das Wort ›Haupt‹ zwei Zeichen: unseren Radikal und den ›Hals‹, womit die Tatsache betont werden soll, daß ein Führer auch der Hilfe bedarf.
Mit ›gehen‹ erhält unser Radikal noch eine zweite, sehr wichtige Bedeutung: die ›Straße‹, das ›Leben‹, die ›Norm‹ – das berühmte DAO. Der Taoismus hat seine Wurzeln im Dao-de-jing, verfaßt von Lǎozǐ (570–490 v. Chr.), Bibliothekar und Archivar am Hofe, Zeitgenosse des Konfuzius (551–479). Die 81 sehr komprimierten Kapitel von insgesamt 5000 Zeichen sind der am weitesten verbreitete philosophische Text in China, auch wenn es heißt: »Ans DAO zu glauben ist leicht, schwer es zu leben.«
Der Radikal und die ›Reihe‹ heißt ›das erste Mal‹. Ein ›Führer‹ ist einer, der Weg und Entfernung kennt und auch die Zeit, die man dafür braucht.

首领	Shǒu lǐng	*Anführer*
道	Dào	*Weg*
首次	Shǒu cì	*Das erste Mal*
导	Dǎo	*Leiten*

JǏ
PERSÖNLICH

己

Ursprünglich zeigt das Schriftzeichen die auf einen Webstuhl gespannten Schußfäden. In der Tat können wir zwei Quer- und einen Längsfaden erkennen. Der untere Teil des Zeichens ist der an die Spule geknüpfte Faden. In der Folge wird dieser Radikal vereinfacht und als eines der drei Zeichen verwendet, die den chinesischen Mondkalender wiedergeben. Noch später erwirbt es die Bedeutung ›persönlich, eigen‹.
Wird dieses Zeichen mit demjenigen für ›Wort‹ verbunden, so haben wir das Verb ›erzählen‹. Es handelt sich dabei um die Wiedergabe der Ereignisse in ihrer zeitlichen Reihenfolge. Man stellt sich vor, es forme sich das Gewebe einer Geschichte. Setzen wir allerdings ›Frau‹ neben ›persönlich‹, das uns noch an Stoff und Webstuhl erinnert, dann entsteht die Konkubine, die, während sie auf ihren Herrn wartet, webt, und nicht nur am Webstuhl. Ein ›Herz‹ unter den ›Fäden‹ ergibt ›eifersüchtig‹. Der Heiratsvermittler mußte früher »die Fäden der Freundschaft knüpfen«.

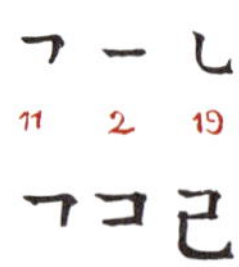

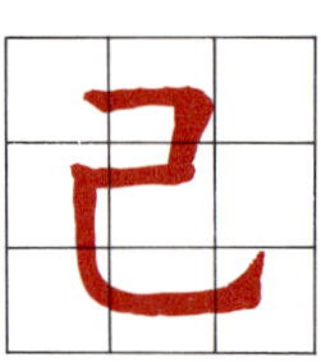

记	Jì	*Berichten*
妃	Fēi	*Kaiserliche Konkubine*
忌	Jì	*Eifersüchtig*
纪	Jì	*Heiratsvermittler*

DER KÖRPER

身

Der menschliche KÖRPER ist für die Chinesen ein Bestandteil der allumfassenden Natur. Er muß in vollkommener Harmonie mit der Umwelt leben. Das Zeichen geht auf den antiken Ahnenkult zurück, der in der chinesischen Tradition noch immer lebendig ist. Brennpunkt des Körpers ist das Herz, in dem sich auf untrennbare Weise Geist und Seele vereinen. Der Radikal ›Herz‹ kann in seinen Verbindungen auf zwei verschiedene Arten geschrieben werden. Manche Radikale, die in diesem Kapitel erscheinen, sind heute in modernen Wörterbüchern selten geworden; andere wie ›Zähne‹ und ›Hand‹ werden nur noch in der vereinfachten Form verwendet, und es ist schon schwierig, sie bis zu ihrer ursprünglichen Gestalt zurückzuverfolgen.

SHĒN
KÖRPER

身

In den ersten Piktogrammen kann man unschwer einen Körper mit auffällig hervortretendem Bauch erkennen. Ursprünglich sollte eine schwangere Frau gezeigt werden. Das gegenwärtige Zeichen steht für den männlichen wie weiblichen Körper. Bisweilen bedeutet das Zeichen auch die Lebensdauer. Die Chinesen haben die Schönheit des menschlichen Körpers in Literatur und Kunst immer wieder dargestellt, wenngleich bei künstlerischen Abbildungen des Körpers ein tiefes Schamgefühl vorherrschend geblieben ist.
In Verbindung mit dem ›Herzen‹ heißt der Radikal ›Körper und Seele‹. Gemeint ist der Mensch in seiner Gesamtheit. Folgt das Zeichen ›empfangen‹, welches aus der ›Milch‹ oben und dem ›Sohn‹ unten besteht, dann wird es zur ›schwangeren Frau‹. Mit dem ›Bogen‹, einer Waffe, heißt unser Radikal soviel wie ›persönlich, selbst‹. Mit der ›Maßeinheit‹ zusammen ergibt sich ›schießen‹. Eine Person, die den Abstand berechnet, um ihr Ziel zu treffen.

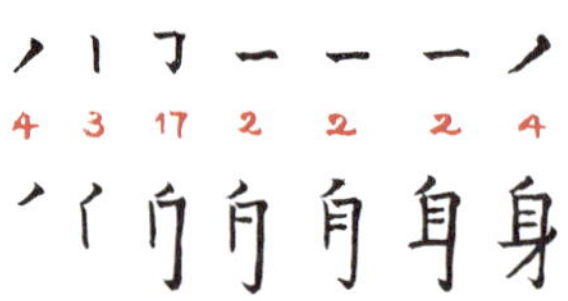

身心	Shēn xīn	*Körper und Seele*
身孕	Shēn yùn	*Schwanger*
躬	Gōng	*Persönlich*
射	Shè	*Schießen*

YÈ
KOPF

Wie bei so vielen ganz alten Schriftzeichen, vor allem bei solchen, die das Gesicht betreffen, so ist auch bei diesem noch die Nase zu erkennen, und was für eine Nase! Am Zeichen unten entdecken wir den Hals und in der Mitte die Nase. Darüber steht ein horizontaler Strich, der die Zeichnung abschließt: Das ist unser Wort ›Kopf‹. Da er sich frontal präsentiert, offen wie ein Blatt, nimmt das Zeichen oft auch diese Bedeutung an. Vom Baumblatt zum Blatt eines Buches ist es nicht weit, und so kommt es auch zu dieser Bedeutung. Die Zusammensetzung von ›Nagel‹ und ›Kopf‹ ergibt die ›Krone‹, die auf königlichen Häuptern sitzt, aber auch den ›Gipfel‹, die ›Spitze‹. Ersetzen wir den ›Nagel‹ durch den ›kleinen Bach‹, erkennbar an den drei Strichen, die das fließende Wasser darstellen, so heißt es ›in die gleiche Richtung gehen, dem Strom folgen‹. Das Zeichen zeigt einen Kopf, der in die Richtung blickt, in der das Wasser fließt.

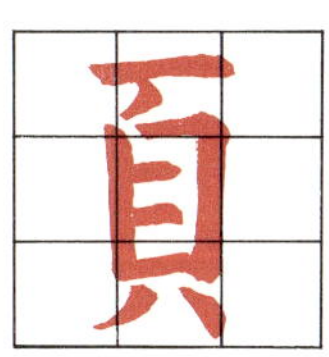

顶	Dǐng	*Gipfel*
顺	Shùn	*Folgen*
预	Yù	*Im voraus*
颐	Yí	*Wange*

MIÀN
GESICHT

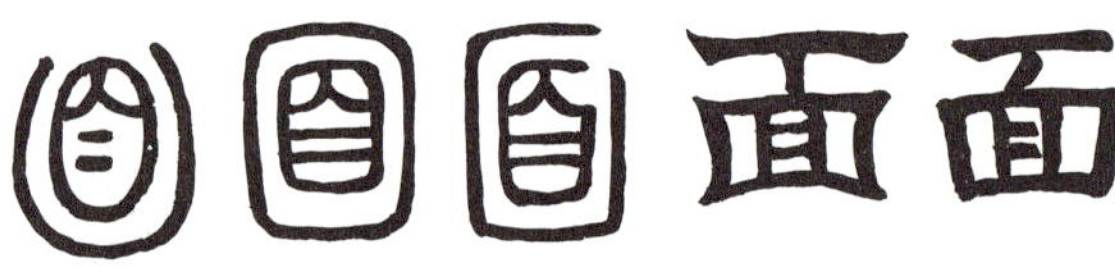

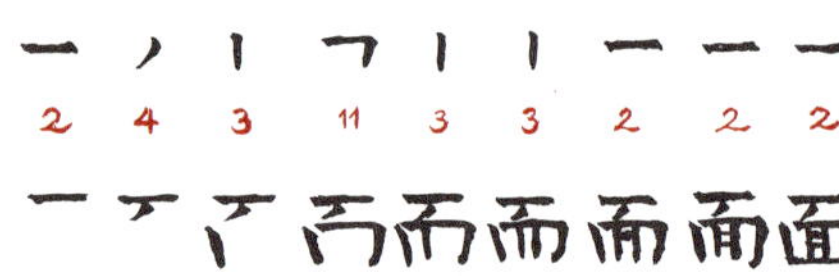

Der Radikal scheint mit seiner Schreibweise noch das menschliche Gesicht umrahmen zu wollen: einen Kopf, in dem die Augen zu sehen sind. Es existiert eine moderne Version mit einem Viereck – Zeichen für ›Mund‹ – im Innern des Rahmens. Dies ist aber eine irrtümliche Schreibweise des ersten Zeichens.
Das Gesicht ist sehr wichtig für die Chinesen. »Jemandem Gesicht geben« bedeutet, jemandes gesellschaftliche Stellung, seine Verdienste anerkennen. Deshalb ist in der Schrift der ›Ruf‹ soviel wie der ›Sohn des Gesichts‹. »Das Gesicht verlieren« heißt verachtet werden. Wer Gesicht verloren hat, ist ein Versager. »Gesicht und Kopf aufs Spiel setzen« will sagen: ›zuviel riskieren‹, besonders in bezug auf das andere Geschlecht. Auch der Begriff ›Mehl‹ setzt sich aus dem Zeichen für ›Gesicht‹ zusammen, das Korn wird plattgedrückt. ›Gesicht‹ plus ›Seide‹ heißt ›sehr weit‹. Wollen wir das ›Gesicht‹ verbergen, so setzen wir eine ›Maske‹ auf.

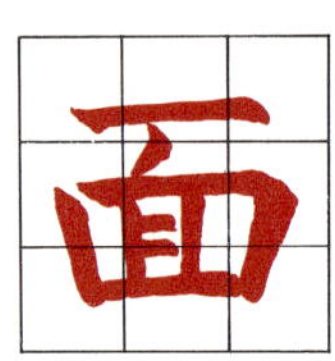

面子	Miàn zǐ	*Ruf*
面粉	Miàn fěn	*Mehl*
缅	Miǎn	*Sehr weit*
面具	Miàn jù	*Maske*

BĀO
HAARE

髟

Allein kommt dieses Zeichen im modernen Sprachgebrauch nicht mehr vor, doch taucht es in vielen Verbindungen auf, und zwar oft in seiner ursprünglichen Bedeutung von ›Körperhaar‹. Drei ›Haare‹ neben dem Zeichen ›lang‹ formen den ›Haarschopf‹.
Zu den ›Haaren‹ gibt es viele Redensarten und Sprichwörter: »Hasenhörner und Schildkrötenhaare« – das sind Dinge, die es gar nicht gibt. Von einem bösartigen Menschen sagt man: »Seine Haare mögen zwar kurz sein (Zeichen der Jugend, Unerfahrenheit), aber sein Herz ist lang.« Bei uns läßt die Furcht die Haare zu Berge stehen, in China jedoch ist jemand so wütend, daß »sich ihm die Haare sträuben«. Ein Pedant, ein Haarspalter ist dort jemand, der »Haare wegbläst, um einen Schönheitsfehler zu entdecken«. Eine geizige, egoistische Person würde »sich kein Haar ausreißen«.
Auch kleine Dinge können große Überraschungen verursachen: »Reiß dir ein Haar aus, und dein ganzer Körper wird darunter leiden!«

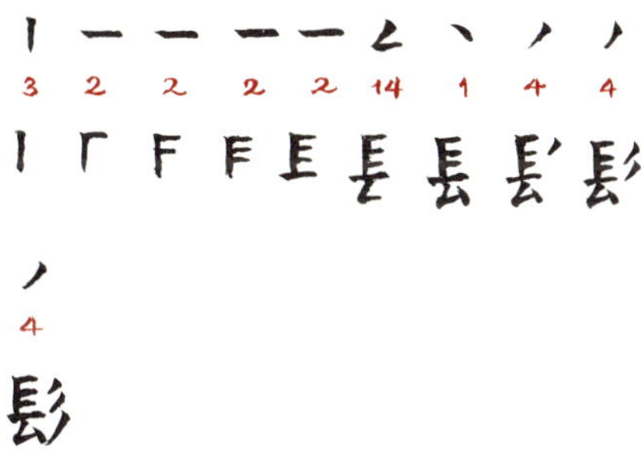

髯	Rán	*Schnurrhaare*
髫	Tiáo	*Büschel*
髻	Jì	*Haarknoten*
时髦	Shí máo	*Modisch*

ĚR
OHR

耳

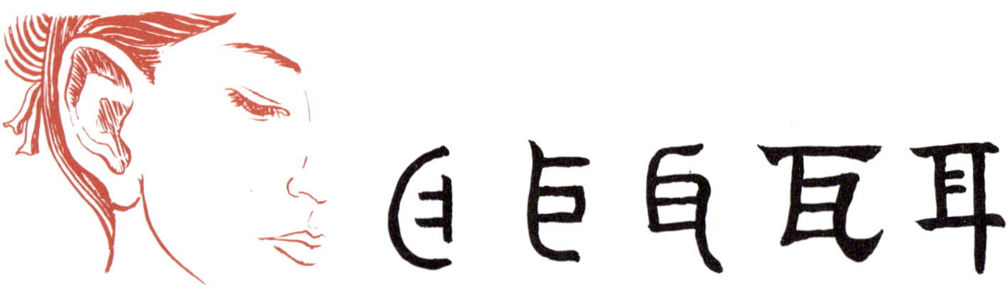

»Einer, der gut reden kann, ist nicht soviel wert wie einer, der aufmerksam zuhört.« An dieser alten Redensart erkennen wir, wie wichtig das Ohr als Instrument des Lernens ist. Das Zeichen ist aus einer getreuen Nachzeichnung des Organs entstanden, mit besonders ausgeprägter Hörmuschel. Zusammen mit dem ›Auge‹ ergibt es den ›Informanten‹, eine Person, die beobachtet und horcht.
Setzt man das ›Herz‹ neben das ›Ohr‹, so bedeutet das ›erröten, sich unwohl fühlen, sich schämen‹. Und es röten sich ja auch die Ohren, wenn das Herz sich verwirrt. Steht das Zeichen ›Ohr‹ innerhalb einer ›Tür‹, dann – und das ist auf der ganzen Welt so – bedeutet es natürlich ›lauschen‹. Bei den Chinesen kommt allerdings noch die Bedeutung ›sich Notizen machen, kennenlernen‹ hinzu. Setzen wir die ›Hand‹ zum ›Ohr‹, entsteht ›ergreifen‹, und als Ableitung davon auch ›aussuchen‹. Folgt dem ›Ohr‹ der ›Ring‹, so ist das einfach ein ›Ohrring‹.

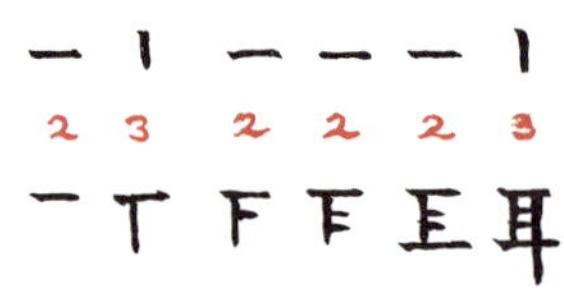

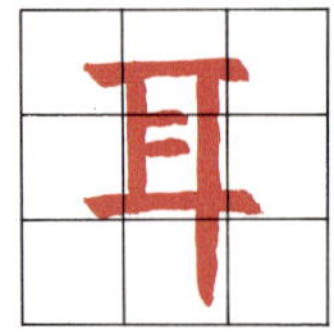

耳目	Ěr mù	*Informant*
闻	Wén	*Lauschen*
取	Qŭ	*Ergreifen*
耳环	Ěr huán	*Ohrring*

MÙ
AUGE

目

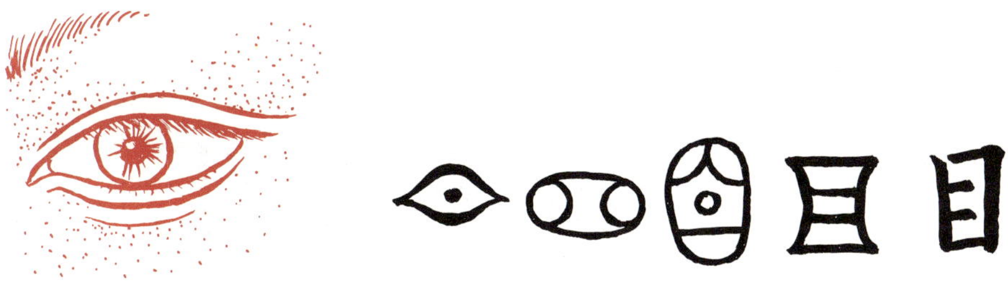

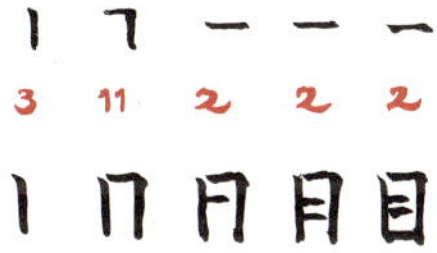

Zunächst von vorne gezeichnet, die Pupille in der Mitte, wurde das Auge später seitwärts gedreht, wohl aus praktischen Gründen und um es von der Zahl vier zu unterscheiden. ›Prüfen, erforschen‹ setzt sich zusammen aus ›Baum‹ und ›Auge‹. Entweder hat sich jemand, um besser beobachten zu können, hinter einen Baum gestellt, oder aber: Wenn man durch den Wald geht, muß man die Augen offenhalten. Wenn wir lachen, schließen wir die Augen halb. Das Wort schreibt sich denn auch mit ›Auge‹ und ›Reiskorn‹ (welches länglich und oval ist). Auch ›Aussicht‹ besteht aus zwei Zeichen, aus ›Auge‹ und ›Licht‹. Hier allerdings bleiben die beiden Zeichen getrennt, der Begriff besteht somit aus einem zusammengesetzten Wort. Das gilt auch für ›sehen‹, das aus ›Auge‹ und einem ›Menschen‹ besteht, der aber an der Stelle des Kopfes ein weiteres Auge hat. Die eigenen Grenzen zu erkennen ist schwer, darum sagen die Chinesen: »Ein Auge kann seine Brauen nicht sehen.«

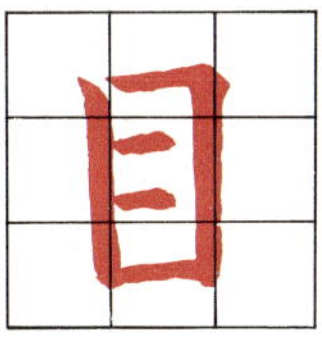

相	Xiāng	*Untersuchen*
眯	Mī	*Lachen*
目 光	Mù guāng	*Aussicht*
目 见	Mù jiàn	*Sehen*

BÍ
NASE

鼻

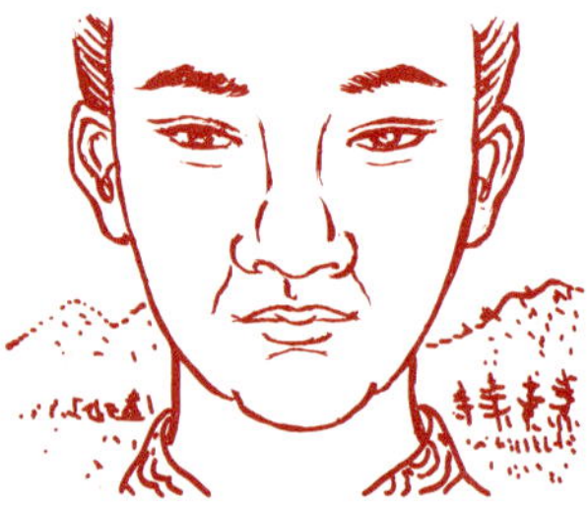

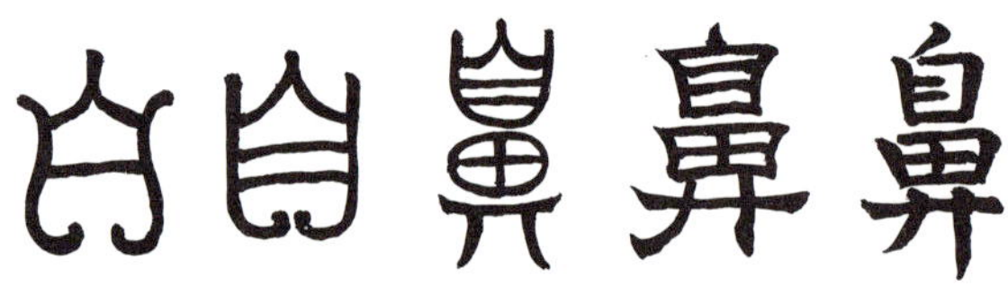

Die ältesten Zeichen geben die Nase ziemlich realistisch wieder. Später wurde sie aus anderen Zeichen gebildet. ›Nase‹ ist heute mit 14 Strichen einer der kompliziertesten Radikale. Damit sollte er von einem anderen Zeichen gleichen Ursprungs unterschieden werden, nämlich von ›selbst‹. In der gegenwärtigen stilisierten Form ist noch der ›Hals‹ zu erkennen, der den ›Mund‹, ein viergeteiltes Rechteck, unterhalb der ›Nase‹ trägt.
Wir haben schon erwähnt, daß für die Chinesen die Nase der Ausgangspunkt der Entwicklung im Mutterleib ist, sowohl der äußeren Merkmale als auch der Persönlichkeit. Folgt dem Radikal das Zeichen ›Loch‹, dann handelt es sich um die ›Nasenlöcher‹, während er mit ›Ton‹ die ›nasale Stimme‹ bedeutet. Mit dem ›Rauch‹ geht es um den Tabakgenuß. Und ›schnarchen‹ schreibt sich mit der ›Nase‹ und dem ›Baum‹, wohl weil das Geräusch des Holzsägens assoziiert wird.

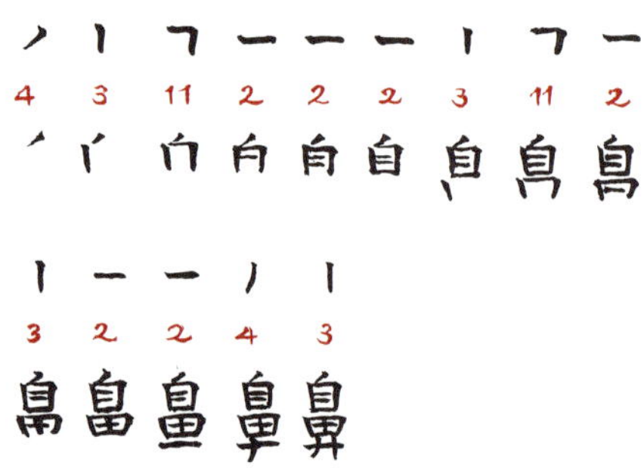

鼻孔	Bí kǒng	*Nasenlöcher*
鼻音	Bí yīn	*Nasale Stimme*
鼻烟	Bí yān	*Tabak schnupfen*
鼾	Hān	*Schnarchen*

KŎU
MUND

Das erste Piktogramm zeigt den Mund beim Lachen weit geöffnet: Das ist wohl die beste Art, diesen Radikal vorzustellen. Er ist eines der einfachsten Zeichen und immer leicht zu erkennen.
Ein ›Mund‹ neben einem ›Nagel‹ bedeutet ›stechen‹. Zusammen mit einem ›Hund‹ wird daraus ›bellen‹. Treten ›Mensch‹ und ›Mund‹ gemeinsam auf, handelt es sich um eine Anzahl von Personen, die zu ernähren sind, d. h. die ›Bevölkerung‹. Diese wird von dem, der sie ausbeutet, eher als eine Masse von zu fütternden Mündern gesehen denn als eine Produktivkraft. ›Mund‹ und ›Wasser‹ machen den ›Speichel‹. Ein heute benutztes Wort schreibt vier ›Münder‹ um einen ›Hund‹ herum; es bedeutet ›Küchengerät‹. Will man in China einen am Reden hindern, muß man ihm »den Mund versiegeln und die Zunge festbinden«. Über den größten taoistischen Schriftsteller Guō Xiàng (253–312) heißt es: »Worte stiegen aus seinem Mund auf wie die Gischt vom Wasserfall.«

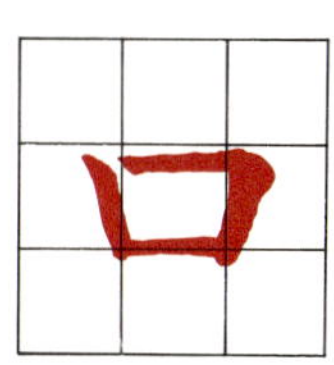

叮	Dīng	*Stechen*
吠	Fèi	*Bellen*
人口	Rén kǒu	*Bevölkerung*
口水	Kǒu shuǐ	*Speichel*

SHÉ
ZUNGE

舌

Die Chinesen hatten schon immer eine negative Vorstellung von der Zunge, die »wie eine Klinge geschliffen ist und töten kann, ohne einen Tropfen Blut zu vergießen«. Deshalb sehen wir hier in der Zeichnung eine gespaltene Zunge aus dem Mund herauszüngeln.
Die ›Zunge‹ und das ›Messer‹ ergeben das Wort ›schaben‹. Das vereinfachte Zeichen ›Kind‹ daneben bedeutet ›Unordnung, Chaos‹. Schreiben wir neben der ›Zunge‹ das Zeichen ›angenehm‹, so heißt es ›süß‹.
›Zunge‹ und ›Schlacht‹ deuten auf eine ›angeregte Diskussion‹ hin. Bei »trockener Zunge und abgenutzten Lippen« hat man Zeit und Mühe verschwendet in nutzlosen Bemühungen. Was die Zunge verlassen hat, kann man nicht mehr ändern. »Vier Pferde in vollem Gang sind nicht so schnell wie die Zunge.« – »Die Lippen bewegen und die Trommel mit der Zunge rühren« heißt: seine Zeit mit Geschwätz vergeuden.

刮	Guā	*Schaben*
乱	Luàn	*Chaos*
甜	Tián	*Süß*
舌战	Shé zhàn	*Angeregte Diskussion*

CHǏ
ZÄHNE

Anfangs wurde ein aufgerissener Mund mit drohenden Zähnen gezeichnet. Später blieben dem Radikal nur noch vier Schneidezähne, und heute zeigt er nur noch einen Zahn.
In dem Alter, in dem man die Zähne verliert, sollte man Weisheit erworben haben. Die Chinesen meinen, daß »manch ein wahres Wort mit falschen Zähnen gesprochen wird«. Zwei Ereignisse, die zusammen auftreten, umschreibt man mit dem Satz: »Wenn die Lippen sich zurückziehen, frieren die Zähne.«
Dieser Radikal wird in nur wenigen Kombinationen verwandt, weil er oft durch andere Zeichen ersetzt wird. ›Zahn‹ und ›gesamt‹ bedeuten das ›Alter‹. Aus der Anzahl der Zähne kann man auf die Jahre schließen. Mit dem Zeichen ›Rad‹ ergibt unser Radikal ›Getriebe‹ – gezahnte Räder. ›Widerstandsfähig‹ hinter den ›Zähnen‹ meint den ›Gaumen‹, in dem unsere Zähne sitzen. Folgt statt dessen das Zeichen ›Schmerzen‹, dann plagen uns ›Zahnschmerzen‹.

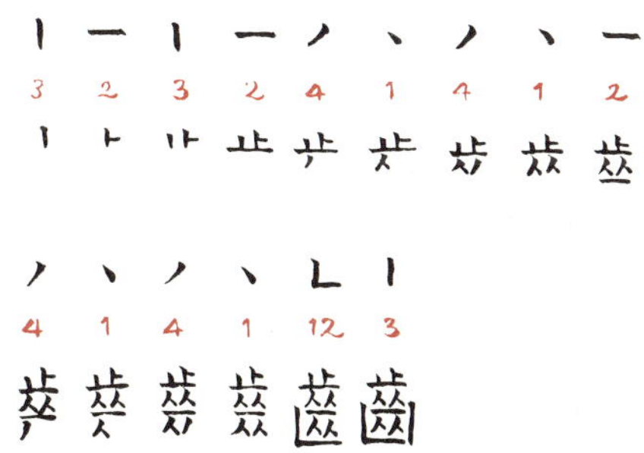

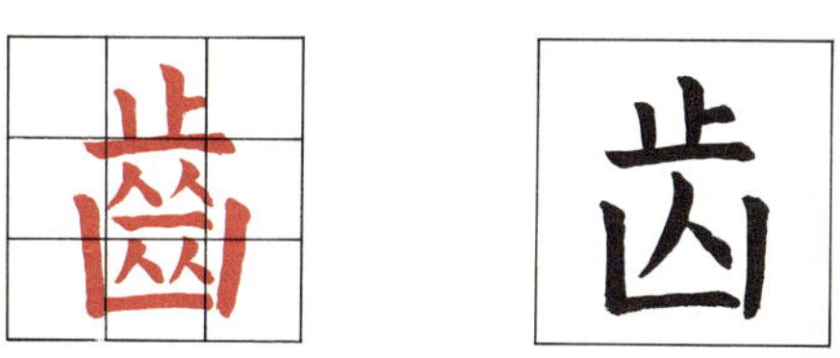

龄	Líng	*Alter*
齿 轮	Chǐ lún	*Getriebe*
齿 龈	Chǐ yín	*Gaumen*
齿 痛	Chǐ tòng	*Zahnweh*

XŪ
BART

Der Radikal zeigt nur drei Haare; aber das soll nicht bedeuten, daß mehr davon auf einem chinesischen Kinn nicht wachsen. Früher haben sich Männer in China, die es sich erlauben konnten, kurz vor der Übernahme von Ämtern einen Bart wachsen lassen. Und so hat das Zeichen ›Bart‹ auch die Bedeutung ›notwendig, erforderlich‹ angenommen. Schauen wir uns einige Ableitungen von diesem Radikal an, werden wir begreifen, wie wichtig den Chinesen »die Ehre des Kinns« war.
›Sprichwort‹ setzt sich aus den Zeichen für ›Wort‹, ›stehen‹, ›Unterschlupf‹ und ›Bart‹ zusammen: Sprichwörter stammen aus dem Haus eines Weisen, der einen Bart trägt. Das ›Kapitel in einem Buch‹ neben ›Bart‹ heißt ›klar, offensichtlich‹. Ein Mann mit Bart ist alt und weise und kann die Bücher klar erläutern. Jetzt verstehen wir auch, warum chinesische Götter, Kaiser, Generäle und große Denker immer mit Bart dargestellt werden, auch wenn alle wissen, daß sie keinen trugen.

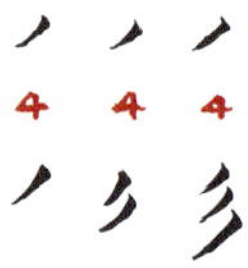

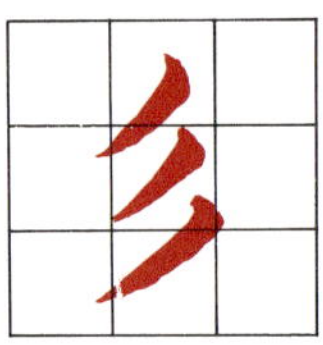

须	Xū	*Bart*
谚	Yàn	*Sprichwort*
彰	Zhāng	*Klar*
形象	Xíng xiàng	*Gestalt*

XĪN
HERZ

心

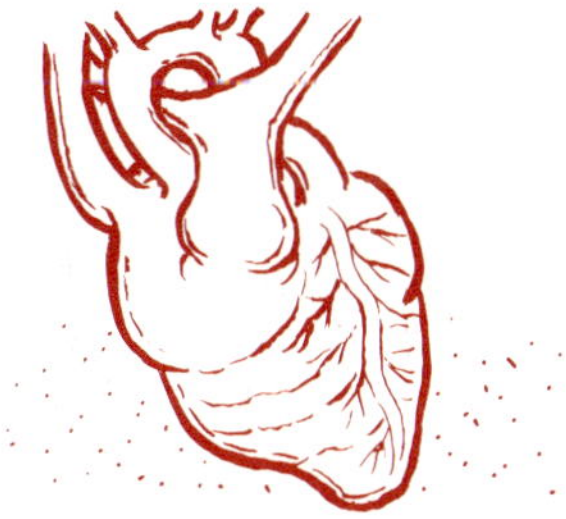

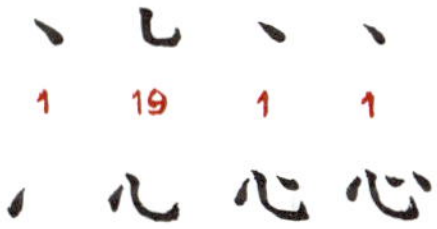

In den modernen Wörterbüchern finden wir den Radikal ›Herz‹ in zwei Versionen, in einer vereinfachten Form und in der anderen so, wie es unser Zeichen zeigt. Ein Beispiel dafür, wie aus den 214 dann 227 Radikale geworden sind. Man muß aber sagen, daß die offizielle Liste der 214 Radikale des Kaisers Kāng Xī auch nicht ganz ohne Fehler ist.
Die Chinesen sehen im Herzen die Quelle der Gedanken. Es ist eines der fünf für die Gefühle verantwortlichen Organe und wird von dem Element Feuer beherrscht. Wáng Chāng, Dichter der Táng-Dynastie (618 – 907), schrieb: »Ein reines Stück Eis ist mein Herz, in Jade eingeschlossen.« Damit will er seine Reinheit versichern. ›Herz‹ und ›Liebe‹ heißt ›geliebt‹. ›Gefangen‹ darüber ergibt ›Zärtlichkeit, Mitleid‹. Setzen wir allerdings einen ›Sklaven‹ über das ›Herz‹, dann geht es um die ›Leidenschaften‹, die das Herz in Fesseln legen. Und wie schreibt sich die Psychologie? ›Gesetze‹ des ›Herzens‹.

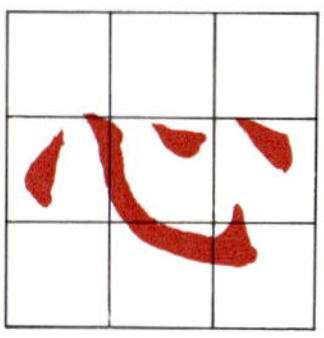

心爱	Xīn ài	*Lieb, geliebt*
恩	Ēn	*Erbarmen*
怒	Nù	*Leidenschaft*
心理	Xīn lǐ	*Psychologie*

SHŎU
HAND

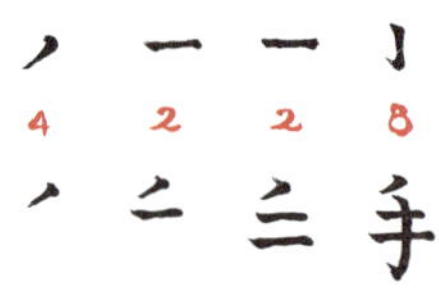

Betrachten wir das Piktogramm, so haben wir den Eindruck, daß eher die Linien der Handfläche als die Finger wiedergegeben werden.
Die Zeichen ›Hand‹, ›Schwert‹ und ›Mund‹ zusammen ergeben das Wort ›einberufen, rekrutieren‹. Stehen neben der ›Hand‹ das ›Gefäß‹ und der ›Stock‹ (ein waagrechter Strich), dann ergibt das ›tragen‹. Auch heute noch transportiert man im Orient Lasten mit Hilfe von Tragestangen, die auf den Schultern liegen. ›Ergreifen, festnehmen‹ wird mit ›Hand‹ und ›Fuß‹ geschrieben. Auch bei uns fesselt man Gefangene an Händen und Füßen. ›Festbinden‹ schreibt man aber, indem man ›Hand‹ mit dem Zeichen für ›fertige Arbeit‹ kombiniert. »Die Hand führt aus, was das Herz will« soll bedeuten, daß da, wo Verstand, auch Fähigkeit ist. Wird jemand getadelt, dann »zeigen 10 Hände auf ihn, starren ihn 10 Augen an«. »Leere, aber fleißige Hände« bezeichnen einen armen, aber fähigen Menschen.

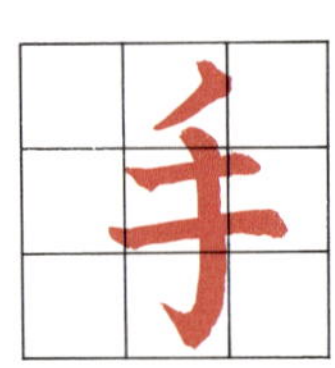

招	Zhāo	*Einberufen*
担	Dān	*Tragen*
捉	Zhuō	*Ergreifen*
拴	Shuān	*Binden*

ZÚ
FUSS

Die älteste Zeichnung, aus der das Zeichen entstanden ist, zeigt ein Bein mit einem Fuß in ruhender Stellung: Vom Knie, dem Rechteck, aus geht das Bein abwärts, die Ferse ist unten links, die Zehen rechts. Es scheint sich nicht um die »Lousblüte«, den acht Zentimeter langen Fuß zu handeln, der seit der Sòng-Dynastie (960–1279) die Männer erregte. Fāng Sūn (17. Jh.) nennt in seiner Abhandlung über die Schönheit, die bis 1900 galt, 58 Formen des chinesischen Fußes. Um dieses Ideal zu erreichen, wurden der Frau von klein auf die Füße eingebunden, um sie am Wachsen zu hindern.
Der Radikal in seiner Bedeutung ›ganz‹ neben dem ›Metall‹ heißt ›reines Gold‹. Das Wort ›Ruhe‹ am ›Fuß‹ meint die ›Zehen‹. Der Radikal mit einem nach vorne gelehnten Menschen ergibt ›springen‹. Zusammen mit dem ›Mond‹ entsteht ›reif‹. Es geht auf das Neugeborene zurück, das im richtigen Monat zur Welt kommt.

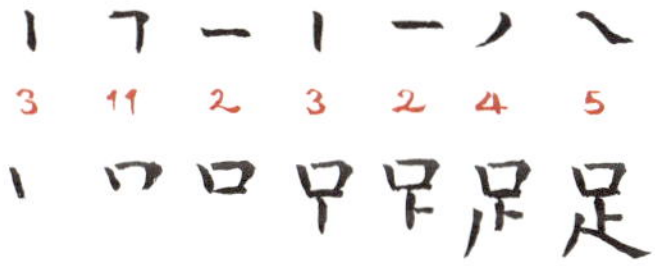

足金	Zú jīn	*Reines Gold*
趾	Zhǐ	*Zeh*
跃	Yuè	*Springen*
足月	Zú yuè	*Reif*

SHĪ
KÖRPER

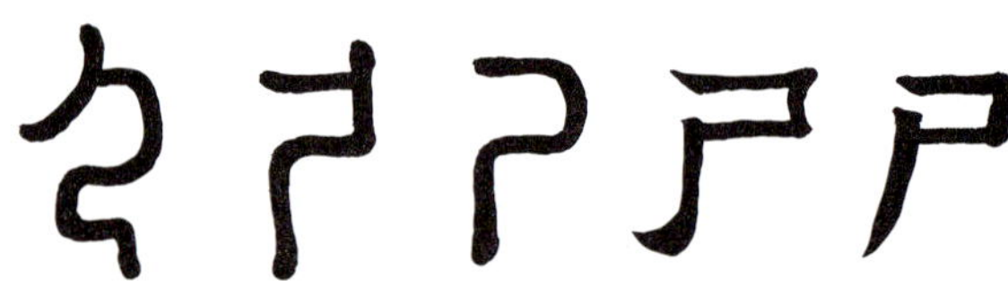

Dieses Zeichen leitet sich von der Kontur eines in sich zusammengekauerten Menschen her. Es bedeutete ursprünglich ›sitzend‹. Gemeint war die kauernde Stellung der Verstorbenen. Andere Gelehrte sehen darin kein Abbild, sondern ein erfundenes Zeichen, mit dem der primitive Mensch den Ahnen darstellen wollte, der nicht mehr sehen konnte.
Zusammen mit dem ›Körperhaar‹ ergibt sich der ›Schwanz‹, behaarte Extremität mancher Tiere. Aus alten Texten wissen wir, daß sich die prähistorischen Chinesen falsche Schwänze anhefteten, um »schön wie die Tiere« zu erscheinen. Mit dem ›Dampf‹ entsteht das ›Abgas‹ – Gas aus den Schwänzen der Autos. ›Ankommen‹ unter unserem Radikal ergibt ›Zimmer‹. Eine Kuriosität: ›Exkrement‹ schreibt sich mit ›Körper‹, unter dem der ›Reis‹ steht. Wahrscheinlich wohl deshalb, weil Reis das Grundnahrungsmittel ist und somit auch den Hauptanteil der körperlichen Ballaststoffe ausmacht.

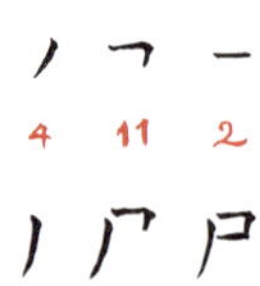

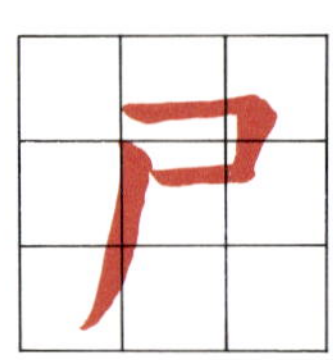

尾	Wěi	*Schwanz*
尾气	Wěi qì	*Abgas*
屋	Wū	*Zimmer*
屎	Shī	*Exkrement*

REISEN

行

Eine Reise zu Fuß, die für den Weg zur Entdeckung steht, zum Fortschritt, zur Erkenntnis und der Willensbildung mit dem Ziel, andere Menschen und ihre Umwelt kennenzulernen – all das finden wir wieder im Radikal ›Füße‹. In diesem Kapitel untersuchen wir die vielfältigen Aktivitäten des Menschen. Die hierher gehörenden Schriftzeichen gehen häufig auf die ›Füße‹ zurück.

Ein Satz faßt besser als alle anderen die mit diesem Zeichen verbundene Vorstellung zusammen: »Geräusche von Schritten klingen aus einem verlassenen Tal.«
Für die Chinesen heißt das soviel wie: einen ganz außerordentlichen Menschen treffen oder von einem ungewöhnlichen Ereignis hören.

SHĒNG
ZUR WELT BRINGEN

»Der Mensch ist ein Jahrhundert, das Gras ein Frühling.« Dieser geheimnisvolle Satz birgt in sich den Ursprung des hier dargestellten Zeichens. Sein unterer Teil besteht aus der ›Erde‹, die einer Pflanze das Leben gibt. Später stehen dafür einige nach oben ragende Striche. Das Zeichen wurzelt in dem Bild eines Samens, der sich mit seinen Trieben einen Weg nach oben bahnt. ›Geboren werden, wachsen, schaffen‹ ist dann seine Bedeutung. Setzen wir das ›Herz‹ in seiner vereinfachten Form vor unsern Radikal, dann erhalten wir die ›Natur‹, die ›Wesensart‹, das ›Verhalten‹. Die Veranlagung, die Werte, die Einstellung eines Menschen sind schon in seinem Herzen enthalten, wenn er zur Welt kommt. Mit der ›Sonne‹, dem ›Tag‹ daneben heißt es ›Geburtstag‹. Setzen wir die ›Sonne‹ über den Radikal, dann ergibt es die ›Sterne‹, Inbegriff aller erdhaften Dinge, am Himmel strahlend. Zusammengesetzt mit der ›Sache‹ heißt der Radikal ›Lebewesen‹.

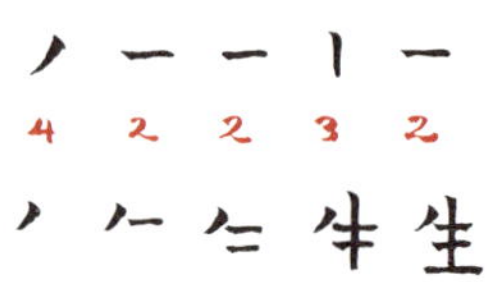

性	Xìng	*Wesensart*
生日	Shēng rì	*Geburtstag*
星	Xīng	*Stern*
生物	Shēng wù	*Lebewesen*

SHÍ
ESSEN

Nichts Wichtiges geschieht im Orient ohne ein Mahl. Im Gasthaus feiert man die Geburt eines Kindes, dort werden Freundschaften gepflegt, Geschäfte abgewickelt und Streit beigelegt. Bei der Hochzeit trinken die Neuvermählten je einen Schluck Tee aus dem gleichen Becher. Diese einfache Geste bedeutet den gesetzlichen Beginn des gemeinsamen Lebens.
Unter dem Zeichen ›zusammen‹ steht der ›Topf‹ mit Deckel, und auch ein Kochlöffel ist zu sehen. Man versammelt sich im Haus dessen, der gekocht hat, nimmt an der gemeinsamen Mahlzeit teil. Der bekannte Sinologe Glose interpretiert allerdings das Zeichen ›zusammen‹ als eine Mischung verschiedener Getreidesorten, aus denen ein Teig hergestellt wird. Bei einer ›Mondfinsternis‹ wird der Mond von dem bösen Stern Luóhoú Xīng gefressen: ›Mond‹ steht neben ›essen‹. Wer sein gegebenes ›Wort‹ wieder ›ißt‹, hält sein Wort nicht. Alle eßbaren Produkte sind ›Speisen‹.

月食	Yuè shí	*Mondfinsternis*
食言	Shí yán	*Sein Wort brechen*
食物	Shí wù	*Speisen*
飨	Xiăng	*Zum Essen einladen*

GŌNG
ARBEIT

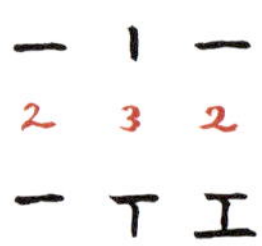

Ein einfaches Zeichen, das auf zweierlei Art erklärt werden kann: Wahrscheinlich stellt es das Meßgerät eines Schreiners dar, mit dem man ein Quadrat, aber auch einen Kreis ziehen konnte. In einer alten Variation der Zeichnung sieht man rechts noch drei parallele Striche. Es könnte sich also vielleicht auch um ein Werkzeug handeln, das man zum Planieren des Erdreichs verwendete. Verbunden mit dem Zeichen ›Kraft‹ bedeutet es ›verdienstvoll‹. Die Arbeit wurde mit vollem Einsatz geleistet. Setzen wir unter die ›Arbeit‹ die heute vereinfachte ›Muschel‹, heißt das Ganze ›Tribut, Steuern, Gehalt‹. Muscheln dienten früher als Geld. ›Arbeit‹ und ›Mensch‹ ergeben den ›Arbeiter‹. Die Begriffe ›Zauberer‹ und ›Hexe‹ zeigen zwei ›Menschen‹ im Zeichen ›Arbeit‹. Wir werden an die Mädchen erinnert, die tanzten, um Regen vom Himmel zu erflehen. Von dieser ermüdenden Übung gelangen wir zur Bedeutung ›Wahrsager‹. Ein Mann, der mit den übernatürlichen Kräften in Verbindung tritt.

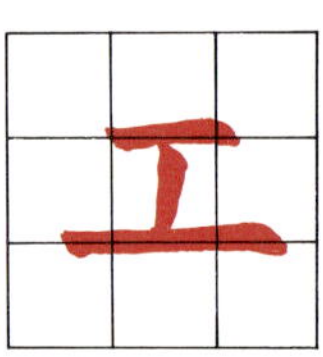

功	Gōng	*Verdienst*
贡	Gòng	*Steuer*
工人	Gōng rén	*Arbeiter*
巫	Wū	*Zauberer*

LÌ
KRAFT

力

Es läge nahe, dieses Graphem durch eine moderne Zeichnung zu deuten: als einen Mann, der seinen Bizeps schwellen läßt. Es handelt sich jedoch um die Darstellung der Sehne, die Muskeln und Knochen zusammenhält und Kraft bedeutet. Andererseits führen manche das Zeichen auf einen Spaten zurück, den ein Mann mit viel Kraft ins Erdreich zu stoßen versucht.
Setzen wir ›Kraft‹ und ›klein‹, dann entsteht ›böse, schwach, minderwertig‹. Steht über unserem Radikal das ›Reisfeld‹, ergibt sich ›männlich‹. Der Mann ist es, der seine Kraft dazu benutzt, um die Felder zu bestellen. Eine etwas ungerechte Definition, denn auf den Feldern arbeiten ebenso Frauen. Doch ging es ursprünglich darum, daß es Sache des Mannes war, die Familie durch seine Arbeit auf dem Feld zu ernähren, während die Frau das Haus verwaltete und die Kinder aufzog. ›Kraft‹ dreimal geschrieben (heute vereinfacht zu einer ›Kraft‹ und zwei Tropfen), heißt ›Vereinigung, Einheit‹.

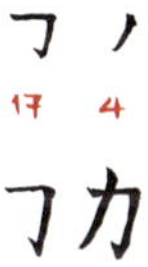

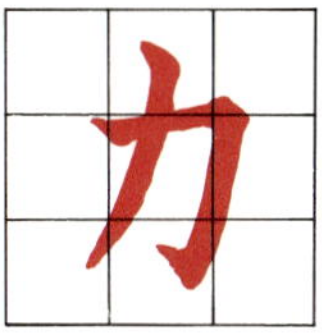

劣	Liè	*Minderwertig*
男	Nán	*Männlich*
协	Xié	*Vereinigung*
人力	Rén lì	*Arbeitskraft*

BŌ
AUFSTEIGEN

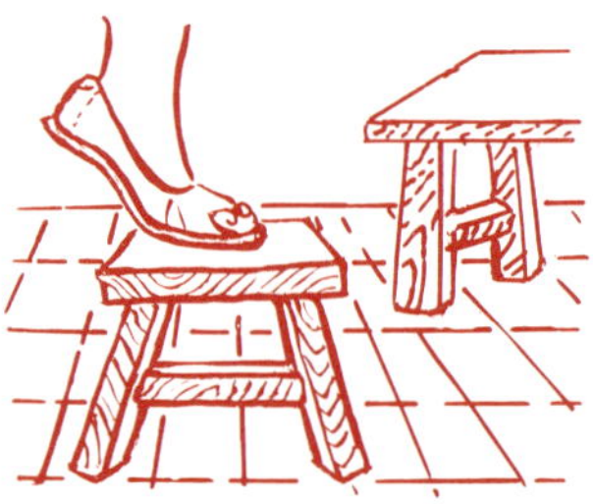

Dies ist wiederum ein veraltetes Zeichen, das sich heute in den neuen Wörterbüchern nur noch in Verbindung mit anderen findet und drei Ableitungen hat. Wir sehen zwei Füße, die in entgegengesetzte Richtung zeigen. Es bedeutet ›Trennung, Unterschied‹, aber auch ›aufsteigen‹, und zwar mit Hilfe eines Hockers auf einen Wagen steigen. Hierher gehört auch das Zeichen für die »10 Himmelsstämme«. Der chinesische Mondkalender, unter den Bauern auch heute noch gebräuchlich, besteht aus zwei Zyklen: den »10 Himmelsstämmen« und den »12 Erdzweigen«. Für beide Zyklen stehen Zeichen, die sich verbinden und einen fortlaufenden Kalender von insgesamt 60 Jahren ergeben. Das Wort ›aufsteigen‹ schreibt sich heute mit dem ›Hocker‹ unter unserem Radikal. Lassen wir dieser Zusammensetzung die ›Tür‹ folgen, dann ›gehen wir jemanden besuchen‹. In der Antike hatten alle Türen eine Stufe. Ersetzen wir die ›Tür‹ durch den ›Berg‹, geht es um ›bergsteigen‹.

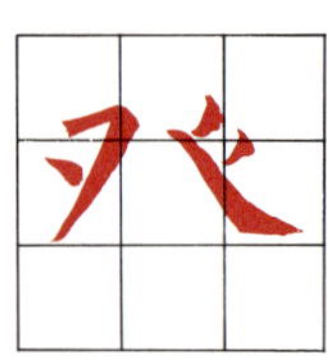

癸	Guǐ	*10. Himmelsstamm*
登	Dēng	*Aufsteigen*
登门	Dēng mén	*Jemanden besuchen*
登山	Dēng shān	*Bergsteigen*

RŌU
ABREISEN

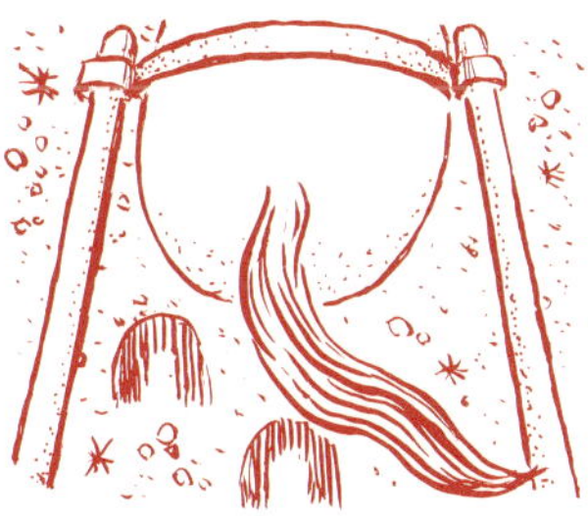

Dieser Radikal ist aus den neuen Wörterbüchern verschwunden, aber noch in vielen Zusammensetzungen erkennbar. Das Piktogramm zeigt eine Spur von einem Vierfüßler. Von ihm selbst sieht man noch den Schwanz durch die Bretter des Karrens hindurch. Ein vor einen Wagen gespanntes Tier, mit dem Schwanz wedelnd, heißt soviel wie ›abreisen‹. In seiner ursprünglichen Form erscheint es in einem Zeichen, das ›Goldamsel‹ und im übertragenen Sinne ›verlassen, sich trennen‹ heißt. Die chinesische Goldamsel erschien in den ersten Tagen des Monats Mai in den Dörfern und blieb dort während der Paarungszeit. Das war für die heiratsfähigen Mädchen das Zeichen, daß sie bald zu ihrer neuen Familie ziehen würden. Der Gründer der Xià-Dynastie (21.–16. Jh. v. Chr.), der Kaiser Yu, schreibt seinen Namen mit unserem Radikal. In dem Zeichen scheint ein Insekt mit langem Schwanz abgebildet zu sein, vielleicht ein Skorpion. ›Abreisen‹ und ›Hochzeit‹ heißt: es kommt zur ›Scheidung‹.

离	Lí	*Verlassen*
禹	Yǔ	*Kaiser Yu*
离婚	Lí hūn	*Scheidung*
离奇	Lí qí	*Phantastisch*

LÌ
ERGREIFEN

Die Deutung dieses Zeichen ist umstritten. Es geht auf zwei Abbildungen zurück: die einer Hand, die etwas festhält, dann die eines behaarten Tierschwanzes. Zwei klare Aussagen in ihrer alten Form, aber unverständlich im Rahmen der späteren Kultur. Eine plausible Hypothese: Unter den Zhōu (1066–256 v. Chr.) wurden Tiere geopfert, wenn ein Monarch vom Himmel oder den Ahnen eine Gnade erflehte. Priester begleiteten das Opfertier und hielten es am Schwanz. Daher dann ›erflehen‹. Zunächst hatte es wohl einfach ›halten‹ geheißen. Manchmal opferte man auch die Haare eines Sklaven. Daher dann die Bedeutung ›Untergebener, unterworfen‹. »Sein Schwanz ist zu dick zum Wedeln«, sagt der Chinese von einem Mann, der zuviel Macht hat, um sich zu unterwerfen. Wer einen andern demütig um etwas bittet, »senkt den Kopf und wedelt mit dem Schwanz«. ›Festnehmen‹ schreibt man heute mit unserem Radikal und ›rasch gehen‹.

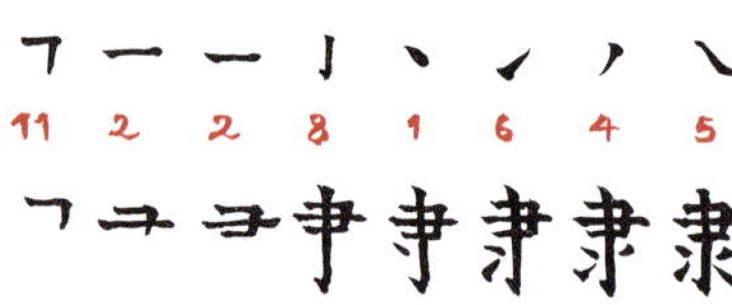

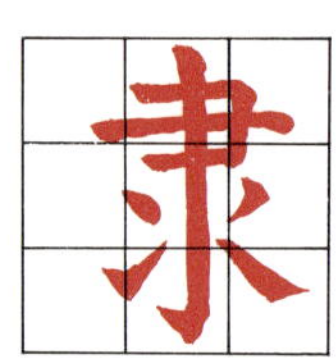

隶	Lì	*Untergeben*
隶书	Lì shū	*Kalligraphischer Stil*
奴隶	Nú lì	*Sklave*
逮	Dài	*Festnehmen*

BĀO
UMARMEN

In der ältesten Form dieses Radikals erkennt man einen nach vorne gebeugten Menschen, der etwas oder jemanden umfaßt, umarmt. Kombiniert mit dem vereinfachten Zeichen für ›Nahrung‹ heißt es ›satt, befriedigt‹. Dieses Wort besteht eigentlich aus drei Zeichen: aus ›Fötus‹, ›einwickeln‹ und ›Nahrung‹. Das Kind im Mutterschoß hat noch keine Nahrungsprobleme, es ist völlig zufrieden. Ein Neugeborenes in seine Arme schließen steht für ›umarmen‹. Ein Punkt, ein Tropfen im Radikal ergibt den ›Löffel‹. Ein Mensch, der sich an allem Wissenswerten, Lernbaren gesättigt hat, ist ein ›Gelehrter‹. Das ›Reisfeld‹ unter unserem Radikal bedeutet ein durch einen Zaun abgetrenntes Feld: die ›Weide‹. Setzen wir den ›Reis‹ in unser Zeichen, erhalten wir die ›Handvoll‹, also alles, was man in einer Hand fassen kann. Es handelt sich hier um eine Maßeinheit, die auf den Dörfern für Getreide benutzt wurde.

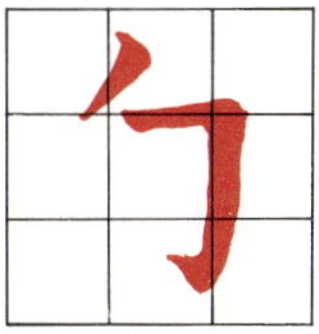

饱	Bǎo	*Satt*
勺	Sháo	*Löffel*
饱学	Bǎo xué	*Gebildet*
甸	Diàn	*Weide*

XÍNG
REISEN

行

Ein Schritt vorwärts mit dem linken Fuß, ein zweiter mit dem rechten – das deutet unser Zeichen an, so wie es jetzt in Gebrauch ist. Es besteht aus zwei nebeneinander gesetzten Teilen. Das ursprüngliche Piktogramm zeigt eine Straßenkreuzung, daher auch die doppelte Bedeutung: einmal ›gehen‹ – die Schritte auf sich kreuzenden Straßen –, dann das ›Geschäft‹, der ›Handel‹ – der Ort, wo Ware gekauft und verkauft wird. Dieses Zeichen erscheint auch auf allen chinesischen Banknoten, vielleicht in Anlehnung an ein Shakespeare-Zitat, daß »sich dem Geld alle Wege öffnen«. Unser Zeichen in der Bedeutung von ›Geschäft‹ neben dem ›Haus‹ heißt: der ›Experte‹. Schreiben wir statt ›Haus‹ den ›Palast‹, geht es um die kaiserliche Residenz außerhalb der Hauptstadt. Ein am Himmel ›wandernder Stern‹ ist ein ›Planet‹, wie unser Zeichen in dieser Verbindung zeigt. Unser Radikal kombiniert mit ›Mensch‹ bedeutet ›Fußgänger‹.

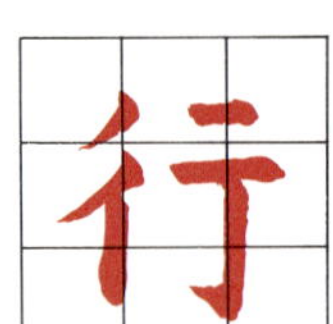

行家	Háng jiā	*Experte*
行宫	Xíng gōng	*Kaiserpalast*
行星	Xíng xīng	*Planet*
行人	Xíng rén	*Fußgänger*

ZǑU
MARSCHIEREN

Ein Mensch, der die Arme schwingt, eine Andeutung von Beinen, das erweckt in uns das Bild einer Person in Bewegung. Im Laufe der Entwicklung des Zeichens beugt sich der Mensch immer weiter nach vorne, der Schritt wird entschlossen, rasch – er marschiert. Das Zeichen ›Wahrsagen‹ wurde besonders bekannt durch die Funde von Orakelknochen, und es gehört damit zu den Vorfahren der gegenwärtigen Schriftzeichen. In Zusammensetzung mit unserem Radikal heißt es ›an einer Zeremonie teilnehmen‹. Lassen wir dem Radikal den ›Pinsel‹ in seiner vereinfachten Form folgen, bedeutet das ›schnell schreiben‹. Mit dem Zeichen ›besuchen‹ heißt es ›interviewen‹. Während der europäischen Besatzung einiger chinesischer Gebiete im letzten Jahrhundert wurden die kollaborierenden Chinesen als *running dogs* beschimpft, will sagen ›Diener der Weißen‹. Geschrieben wird das mit unserem Radikal und einem ›bellenden Hund‹.

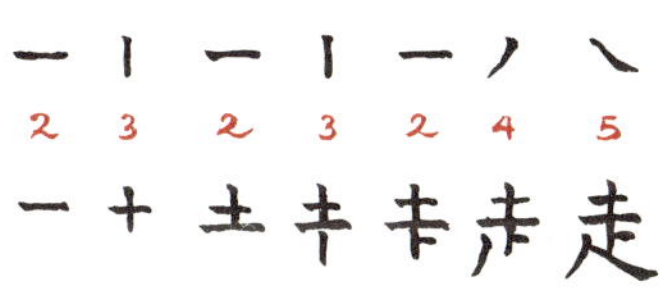

赴	Fù	*Teilnehmen*
走笔	Zǒu bǐ	*Schnell schreiben*
走访	Zǒu fǎng	*Interviewen*
走狗	Zǒu gǒu	*»Running dogs«*

ZHÌ
FOLGEN

Auf den Spuren eines andern wandern heißt ›folgen‹. Der ›Mund‹ unter unserem Zeichen bedeutete: seiner eigenen Wege gehen, ohne auf andere (den Mund) zu hören. Heute ist der Sinn dieser Zusammensetzung ›verschieden‹. In einer anderen Verbindung hat sich ›folgen‹ ganz verändert und heißt nun ›Irrtum‹. Der entstand so: Unser Radikal, der ›Mund‹, und die ›Wahl‹ werden kombiniert, um eine Person zu bezeichnen, die eine bestimmte Meinung hat und sich entsprechend eigenwillig verhält. Ein solcher Mensch wird unweigerlich andere verletzen oder sich zu Feinden machen. So entstand die Bedeutung ›Tadel, Fehler‹. Niemand würde sie aus den Graphemen, für sich genommen, herauslesen können.
Ein ›Dach‹ über dem Radikal, und wir bekommen den ›Reisenden‹, den ›Gast‹, der nur vorübergehend in einem Haus wohnt, das nicht sein eigenes ist. Mit der ›Wahl‹ zusammen schreiben wir ›wohl sein, nach Wunsch verlaufen, sich vertragen‹.

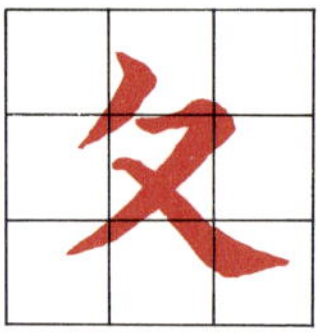

各	Gè	*Verschieden*
咎	Jiù	*Fehler*
客	Kè	*Reisender*
处	Chǔ	*Sich vertragen*

ZHǏ
STEHENBLEIBEN

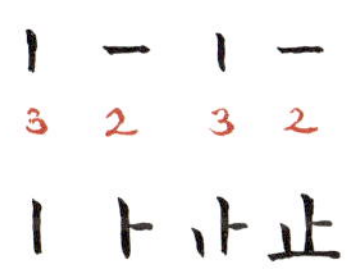

Wir sind dieser Zeichnung schon begegnet, als wir es mit den Füßen zu tun hatten. Hier nun wird der Fußabdruck auf dem Boden ganz deutlich markiert. Er bedeutet: stehenbleiben. Der Unterschied zwischen beiden Radikalen ist leicht zu erkennen: Der vorige betont die Bewegung, wobei sich die Ferse vom Boden abhebt, während hier der Fuß ganz flach aufliegt: Man ist stehengeblieben.
Im Sinne von ›stehenbleiben, ein Ende machen‹ tritt unser Radikal in vielen Verbindungen auf. Neben dem Zeichen für ›Blut‹ stehend, heißt es ›blutstillend‹. In gleicher Weise wird ›hustenstillend‹ oder ›durstlöschend‹ gebildet. Schreiben wir den ›Menschen‹ in seiner vereinfachten Form darüber – diese Kurzform ist nicht mit dem geöffneten ›Dach‹ zu verwechseln –, dann stellt sich jemand auf die Zehenspitzen. Vielleicht tut er es, um besser sehen zu können? Ja, das Zeichen heißt heute ›in die Ferne blicken‹.

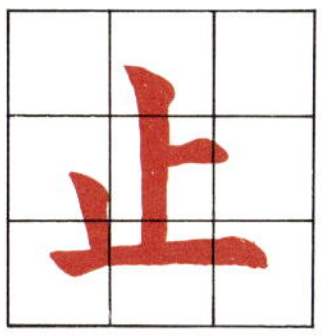

止血	Zhǐ xuè	*Blutstillend*
止咳	Zhǐ ké	*Hustenstillend*
止渴	Zhǐ kě	*Durstlöschend*
企	Qǐ	*Erforschen*

ZHUŌ
RASCH GEHEN

Dieser Radikal besteht aus einem einzigen Fuß in Bewegung, dazu noch ein paar Spuren auf der Erde.
Mit dem ›keimenden Getreide‹ zusammen gibt unser Radikal das Wort ›vertraut‹ wieder. ›Seinen Weg und seine Nahrung mit jemandem teilen‹. Meiner Meinung nach handelt es sich hier um einen Schreibfehler: Das Zeichen bedeutete ›Reisfeld‹. Später hat ein unaufmerksamer Schreiber den Strich zu lang ausgezogen, wodurch sich die Bedeutung veränderte. Sollte dies zutreffen, dann lautet die Erklärung: Ein bebautes Reisfeld ist so wertvoll, daß nur einem guten Freund gestattet werden könnte, hindurch zu laufen. Sich rasch von einer Ansammlung von Häusern entfernen hieß früher ›fliehen‹; heute dagegen ›weit weg‹. Entstanden ist das Wort durch eine Umzäunung, die Gebäude umschließt, woran sich unser Radikal anschließt. Zusammen mit ›Kraft‹ wird der Radikal zu ›Rand, Ufer‹; mit der ›Kunst‹ zu ›erzählen‹.

迪	Dĭ	*Vertraut*
迥	Jiŏng	*Weit weg*
边	Biān	*Rand*
述	Shù	*Erzählen*

CHÌ
SPAZIERENGEHEN

Hier sehen wir den Abdruck des linken Fußes nach einem Schritt und assoziieren langsames Wandern, Spazierengehen. Setzt der Spaziergänger auch den anderen Fuß auf die Erde, und sind dann beide Abdrücke zu sehen, dann heißt das ›Linie, Reihe, Fortschritt‹, aber auch ›Verhandlung, Geschäft‹. Aus der Verbindung mit dem ›kaiserlichen Hof‹ entsteht ›behandeln‹. Ein bedeutungsreiches Wort: Der Hof erscheint als der Ort, an dem das Gesetz blüht wie ein Baum. ›Behandeln, mit jemandem umgehen‹ schließt demzufolge das Wissen ein, daß Gesetze kontrolliert angewendet werden müssen, Schritt für Schritt. Auch die ›Tugend, Güte‹ entsteht aus diesem Radikal, wenn wir ihm die ›Zehn‹, das ›Herz‹ und das ›Auge‹ hinzufügen. Die Straße der Tugend wird bewacht vom Herzen und mehr als zehn Augen. ›Spazieren‹ und ›marschieren‹ zusammen ergeben den ›Anhänger, Schüler‹, der langsam dem voranschreitenden Meister folgt. Entschlossen auf ein Ziel zugehen heißt ›reisen‹.

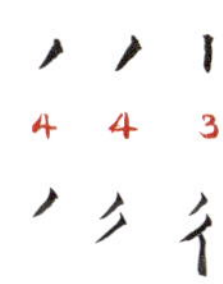

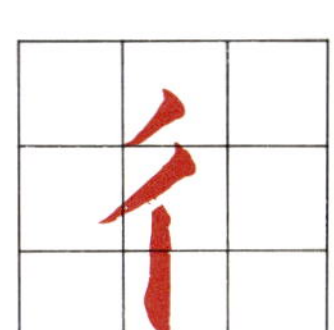

待	Dài	*Behandeln*
德	Dé	*Tugend, Güte*
徒	Tú	*Schüler*
征	Zhēng	*Reisen*

SUĪ
SICH HINSCHLEPPEN

Eine Gruppe von Archäologen, die in der Nähe von Peking, in Liúlíhé im Kreis Fángshán, arbeitete, machte 1973/74 einen makabren Fund: Von 46 Gräbern, die man öffnete, enthielten sieben die Skelette von Sklaven, die beim Tod ihres Herrn geopfert oder lebendig mit ihm begraben worden waren. Die Gräber stammten aus der Zeit der Dynastie der Westlichen Zhoū (1066–771 v. Chr.). Aus historischen literarischen Quellen und Bronzeinschriften wußte man, daß es seit der Shāng-Dynastie Sklavenopfer gab. Aber es war das erste Mal, daß man Überreste von 7- bis 15jährigen Burschen mit Ketten am Hals und an den Füßen fand. Auch im ursprünglichen Piktogramm sieht man die Ketten. Zur Bedeutung ›sich müde hinschleppen‹ kommt später noch ›Willenskraft, Hartnäckigkeit‹ hinzu. In einer anderen Verbindung heißt unser Radikal ›sich widmen‹. ›Sich zurückziehen, sich weigern‹ wird ebenfalls aus unserem Zeichen abgeleitet: Einer, der sich lange hingeschleppt hat, will nicht mehr.

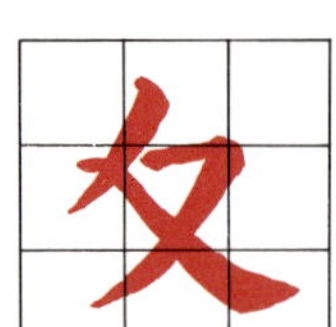

致	Zhì	*Sich widmen*
退	Tuì	*Sich zurückziehen*
复	Fù	*Von neuem*
致力	Zhì lì	*Arbeiten für . . .*

JIÉ
EIN SIEGEL SETZEN

卩

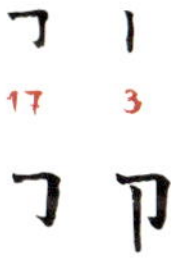

Erteilte der Kaiser einem seiner Untergebenen einen dienstlichen Auftrag, dann ließ er ein Stück Jade oder Holz fein bearbeiten und in zwei Teile brechen. Die eine Hälfte erhielt der Beamte, die andere wurde im Palast zur Kontrolle aufbewahrt. Der Beamte, der seinen Auftrag durchführte und dann wieder vor dem Kaiser erschien, mußte mit seiner Hälfte die Echtheit seines Auftrags und seiner Legitimation beweisen. Später, unter den Sòng (960–1279), hat sich dann der Brauch entwickelt, daß zum Nachweis der Authentizität jeder, vom Kaiser bis zum Handwerker, sein Siegel hatte. Früher zeigte der Radikal einen Mann, der vor seinem Herrn auf den Knien lag, das Siegel in Händen. Heute bedeutet er ›Würde, Autorität, Siegel‹, aber auch ›Knoten, Fragment, Teil eines Ganzen‹. Wer ein Siegel hält, hat einen Auftrag, ist ein ›Verteidiger‹. Das Zeichen steht im Kalender auch für den »vierten Erdzweig«. Mit ›Rot‹ (Farbe der Siegel) markieren wir den ›Festtag‹.

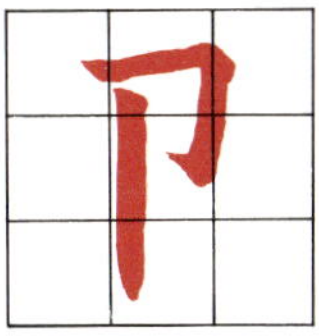

印	Yìn	*Siegel*
卫	Wèi	*Verteidiger*
卯	Măo	*Vierter Erdzweig*
节日	Jié rì	*Festtag*

LÌ
AUFRECHT STEHEN

立

Dieses Zeichen ist leicht zu deuten, denn das Piktogramm entfernt sich nicht weit von der Wirklichkeit. Es zeigt einen Mann, der fest auf dem Boden steht, mit gespreizten Beinen; das war ein Zeichen der Macht, Symbol der Autonomie, der Fähigkeit und des Willens zu handeln. Die ›Sonne‹ über diesem Radikal ergibt ›Tag‹; steht dagegen ›Frau‹ unter dem Radikal, so ergibt sich ›Konkubine‹. Dies mag ein Hinweis auf die soziale Stellung dieser ›Nebenfrau‹ sein, doch handelt es sich womöglich um einen Schreibfehler. Ursprünglich nämlich enthielt das Zeichen ›Konkubine‹ anstelle unseres Radikals das Zeichen ›Schuld‹. Nach der konfuzianischen Ethik war das Konkubinat Ergebnis eines schuldhaften Vergehens. Die Frau hatte danach nur die Möglichkeit, Dienerin, Sklavin zu werden, woraus sich der erweiterte Sinn ›Konkubine‹ ergibt. Den militärischen Befehl ›Achtung!‹ könnte man mit »aufrecht und gerade« wiedergeben. Setzt man seinen ›Fuß‹ entschlossen dorthin, wo man bleiben will, heißt das ›wohnen‹.

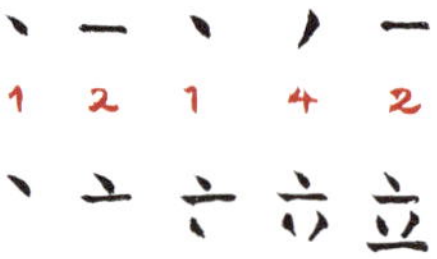

昱	Yù	*Tag*
妾	Qiè	*Konkubine*
立正	Lì zhèng	*Achtung!*
立足	Lì zú	*Wohnen*

YÍN
GEHEN

Offensichtlich waren die Chinesen von den Füßen außerordentlich beeindruckt – daher die bemerkenswerte Anzahl der Radikale aus dieser Bedeutungsgruppe. Mit diesem hier hat es aber eine besondere Bewandtnis: Hier geht ein Mensch mit Riesenschritten vorwärts. Ein entschlossenes Fortkommen wirkt sich motivierend auf die Willenskraft des Menschen aus, und so spricht man dann von ›Fortschritt‹.
Zusammen mit dem ›König, Herrn‹ heißt unser Radikal: ›vor Gericht gehen‹. Das Zeichen bezeichnete früher den, der am kaiserlichen Hof erscheinen mußte oder dort, wo in Vertretung Recht gesprochen wurde. Später entwickelte sich daraus der ›Regierungssitz‹. Mit der ›Hand‹ und einer ›Schreibtafel‹ entsteht ›konstruieren‹. Bei der Verwirklichung von Projekten Fortschritte machen heißt ›errichten‹. Unser Radikal (in der Vereinfachung verschwunden) mit dem doppelten ›Zaun‹ bedeutet ›umkehren‹, die Zäune umschreiten, dann in die Sicherheit des Dorfes ›zurückkehren‹.

廷	Tíng	*Vor Gericht gehen*
建	Jiàn	*Konstruieren*
回	Huí	*Zurückkehren*

JIÀN
SEHEN

見

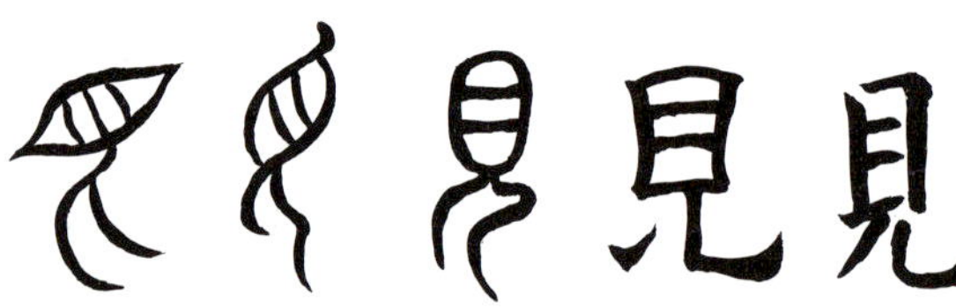

Ein großes Auge auf zwei Beinen, das ist ›sehen‹. Die Größe des Auges unterstreicht, wie wichtig die eigene Erfahrung ist im Gegensatz zu dem, was die andern erzählen. Die alte chinesische Redensart »Besser eine Sache gesehen, als hundert gehört« wird dem General Zhào Chónggúo (120–52 v. Chr.) zur Zeit der Hàn-Dynastie zugeschrieben. Erst nachdem er die Situation auf dem Schlachtfeld mit eigenen Augen gesehen hatte, entwickelte er die geeignete Strategie im Kampf gegen die Tibeter, die das Reich von Südosten her bedrohten.
Mit dem ›Gespenst‹ heißt unser Radikal ›absurd, irrational‹, wie der Glaube an Geister, der bei den alten Chinesen so tief verwurzelt war. Mit dem ›Dach‹ über ›sehen‹ bedecken wir unsere Augen und ›schlafen‹. Mit der ›Übung‹ zusammen handelt es sich um die ›Berufsausbildung‹. Wir beobachten und üben, was ein Lehrer vormacht. ›Sehen‹ wir etwas ›nicht‹, dann wird es wohl ›verschwunden, verloren‹ sein.

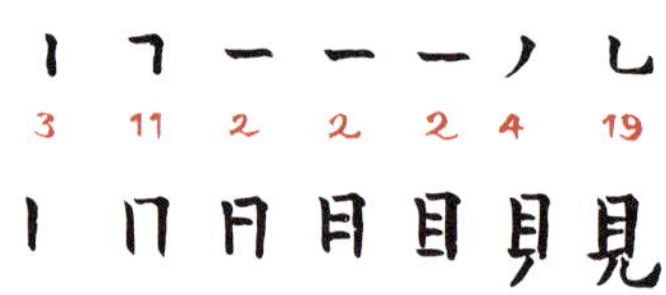

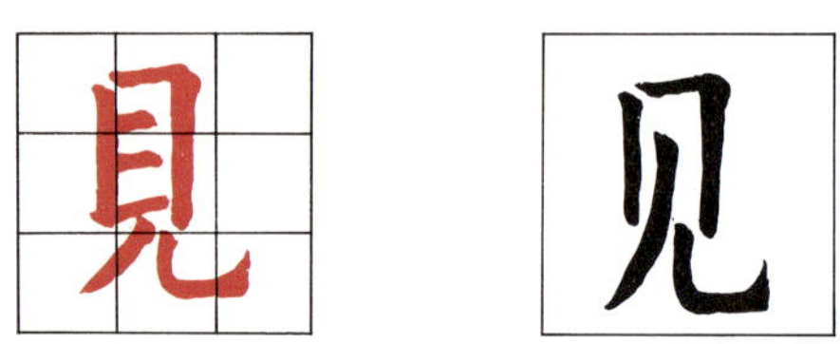

见鬼	Jiàn guǐ	*Absurd*
觉	Jiào	*Schlafen*
见习	Jiàn xí	*Ausbilden*
不见	Bù jiàn	*Verschwunden*

YÁN
SPRECHEN

言

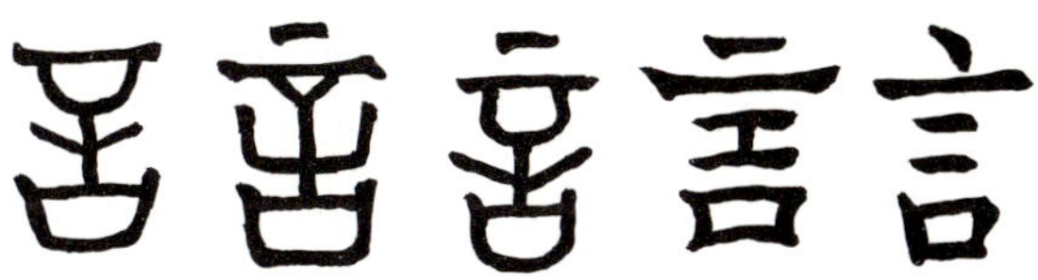

Manche leiten diesen Radikal von der ›Zunge‹ im ›Mund‹ her. Natürlich: Beim Sprechen bewegt sich die Zunge im Munde. Doch gilt unsere Logik nicht unbedingt auch für die Chinesen. Das Piktogramm besteht aus zwei anderen, eindeutigen Teilen: aus dem ›Mund‹, dem ein ›Fehler‹ entweicht. Dies spiegelt eine alte Weisheit wider, die besagt: »Unter einer Vielzahl von Worten sind auch ein paar falsche.« Nach einer poetischen Vorstellung entsteigen die Worte wie Wellen dem Herzen.
Schreibt man den ›Menschen‹ neben das ›Wort‹, dann erhält man ›Treue, Ehrlichkeit, Brief‹. Wer sich hinter seine Worte stellt, versichert ihre Richtigkeit. Eine andere Interpretation: Er bringt gerade seine Ausführungen zu Papier. Das ›Herz‹ neben der ›Treue‹ bedeutet ›Vertrauen‹. Wer treu seinem Meister folgt, ist ein ›Schüler‹ – eine tief im Konfuzianismus wurzelnde Vorstellung. ›Sprechen‹ und ›gehen‹ endlich bedeutet ›Worte und Taten‹.

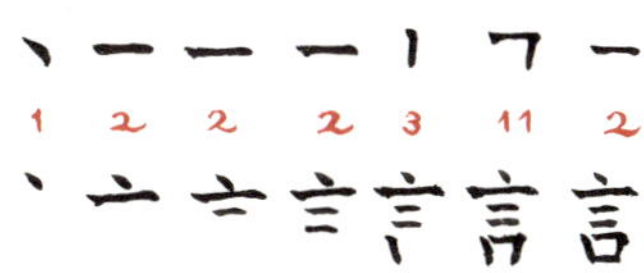

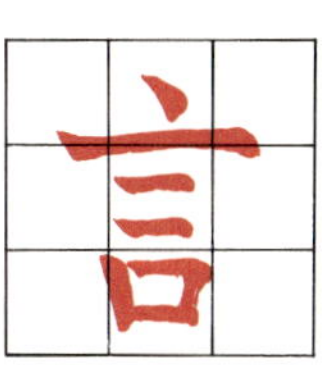

信	Xìn	*Treue*
信心	Xìn xīn	*Vertrauen*
信徒	Xìn tú	*Schüler*
言行	Yán xíng	*Worte und Taten*

YUĒ
SAGEN

Das uns mittlerweile vertraute Zeichen ›Mund‹, dem eine Art Sprechblase entsteigt, heißt ›sagen‹. Im weiteren Sinn auch: hervorbringen, ausströmen. Zu den vielen Ableitungen des Radikals gehört auch ›rufen, mit erhobener Stimme verlangen‹. Dieses Wort ist merkwürdigerweise aus dem ›Bettler‹ entstanden, dem Armen, der sich von Tür zu Tür schleppt und um eine milde Gabe bettelt. In Verbindung mit dem Radikal ›sagen‹ heißt es dann ›demütig bitten‹.
Um die gegenwärtige Bedeutung ›rufen, laut verlangen‹ mitzuteilen, mußte links noch einmal der ›Mund‹ davorgesetzt werden. Schreiben wir den Radikal doppelt, dann meinen wir ›gedeihend, blühend‹. Eine ›Frau‹, die ihre ›blühenden‹ Formen zur Schau stellt, ist eine ›Prostituierte‹. Ein eher volkstümlicher Begriff, da es für diesen alten Beruf unzählige poetische Namen gibt. Stecken wir etwas Angenehmes in den ›Mund‹, dann wird aus unserem Radikal ›süß‹ – auch im übertragenen Sinne.

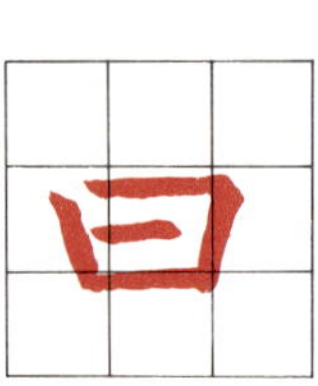

喝	Hè	*Rufen*
昌	Chāng	*Blühend*
娼	Chāng	*Prostituierte*
甘	Gān	*Süß*

GŌNG
ZUSAMMEN

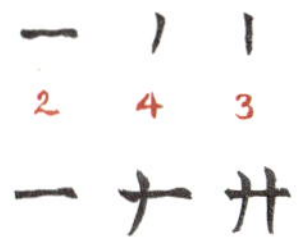

Dieses Beispiel zeigt sehr gut, wie die moderne Schreibweise die Herkunft eines Zeichens verwischt, wenn nicht unverständlich werden läßt. Unser Radikal stellt ursprünglich zwei sich vereinende Hände dar und steht somit, leicht verständlich, für ›zusammen, vereint, Zusammenarbeit‹.
Einer, der die Arbeit seiner Hände mit der Arbeit der anderen vereint, schafft für eine ›Gemeinschaft‹. Dieser Begriff spielt in der politischen Terminologie des modernen China eine große Rolle, führt aber eine in der konfuzianischen Tradition wurzelnde Philosophie weiter: Die Gemeinschaft und ihre Interessen haben Vorrang. Drücken zwei ›Hände‹ den Riegel eines Tores hoch, dann läßt es sich ›öffnen‹. Das moderne Wort für ›Soldat‹ stammt ebenfalls von den ›zwei Händen‹ ab: Diesmal halten sie eine Kriegsaxt. Ähnlich steht es mit dem Wort ›bedrohen‹: Zwei Hände halten eine Hellebarde.

共	Gòng	*Gemeinsam*
开	Kāi	*Öffnen*
兵	Bīng	*Soldat*
戒	Jiè	*Bedrohen*

ÉR
STÜTZEN

儿

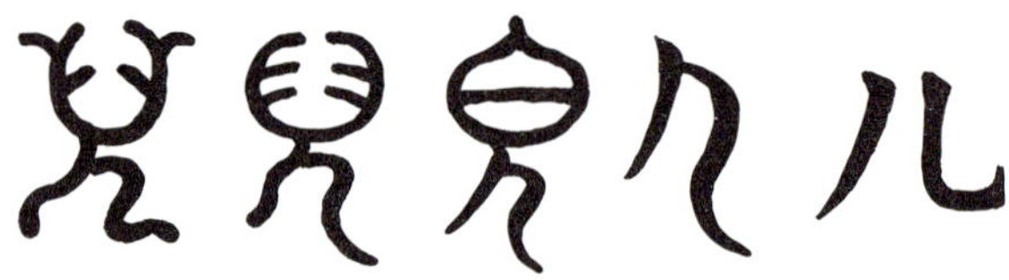

Der Radikal stand ursprünglich für ein Kind, das auf den Knien rutscht und versucht, sich aufzurichten, um später auf zwei unsicheren Beinchen zu balancieren. In der älteren Form werden nicht nur die zwei Zöpfchen, sondern auch die noch nicht zusammengewachsenen Fontanellen angedeutet; deshalb ist der Kopf nach oben hin offen. Der vereinfachten Form sind nur noch die Beine und die Bedeutung ›stützen‹ geblieben. Der ›Mund‹ darüber ergibt ›rufen, deklamieren, befehlen‹. Das war wenigstens zunächst so. Heute bedeutet das Zeichen ›älterer Bruder‹, der Bruder, der die jüngeren Geschwister zurechtweisen muß, wenn nötig laut. Schreiben wir ›atmen‹ über den Radikal, erhalten wir ›zustimmen‹. Das Bild stellt einen Menschen dar, der seine zustimmende Meinung wie eine Rauchfahne aus dem Mund aufsteigen läßt. Mit der Ableitung ›Sohn‹ neben der ›Frau‹ schreiben wir ›Kinder‹, im Sinne von Buben und Mädchen. Das ›Lied‹ dazu, und die Familie singt ›Kinderlieder‹.

丿	乚
4	19
丿	儿

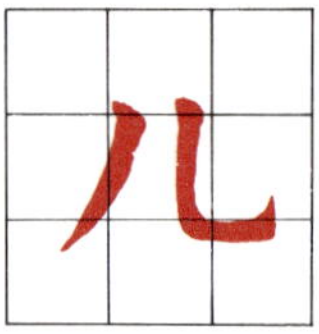

兄	Xiōng	*Älterer Bruder*
允	Yǔn	*Zustimmen*
儿女	Ér nǚ	*Kinder*
儿歌	Ér gē	*Kinderlieder*

GĔN
ENTSCHLOSSEN

艮

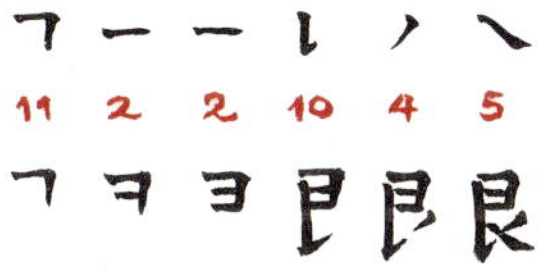

Die Bedeutung des Wortes leitet sich folgendermaßen her: In der ursprünglichen Zeichnung sind Beine zu sehen, die nach rechts weisen, während das Auge nach links blickt. Man kann das dahingehend deuten, daß einer seinen Blick abwendet. Daraus schließen einige die Bedeutung ›vermeiden‹. Vielleicht aber richtet einer sehr bestimmt seinen Blick auf die Augen eines andern zum Zeichen der Herausforderung. Wir haben diese letzte Deutung vorgezogen, auch weil einige Ableitungen sie uns nahelegen.
Wenn es um Lederwaren geht, bedeutet unser Radikal ›hart, widerstandsfähig‹. Nur ein Punkt darüber, der wahrscheinlich für den Himmel steht, so wie er über den Menschen erscheint, und wir haben ›gut, fähig‹. Das ›Herz‹ darunter läßt ›ehrlich‹ entstehen, während die ›Erde‹ zu ›urbar machen‹ führt, auch für Land, das man aus dem Meer gewonnen hat. Die ›Gewissenhaftigkeit‹ setzt sich aus ›gut‹ und ›Herz‹ zusammen.

良	Liáng	*Gut*
恳	Kĕn	*Ehrlich*
垦	Kĕn	*Urbar machen*
良心	Liáng xīn	*Gewissenhaftigkeit*

BǏ
VERGLEICHEN

比

Das Zeichen cóng = folgen wird hier seitenverkehrt geschrieben. Zwei Menschen, die stehenbleiben, sich mustern, ›vergleichen, untersuchen‹ sich. In den modernen Wörterbüchern erscheint unter dem Radikal auch noch die Bedeutung ›Kopie, Modell‹. ›Vergleichen‹ unter einem ›Dach‹ heißt ›Schutz, sich unter jemandes Obhut stellen‹. Schreiben wir das vereinfachte Zeichen ›Hand‹ davor, dann setzt es eine ›Ohrfeige‹, wird kritisiert. Im ersten Fall entsteht ein Handgemenge, im zweiten ist die Ohrfreige eine moralische, jemand wird gemaßregelt. Steht die ›Sonne‹ über dem Radikal, bedeutet es heute ›Kinder, Nachkommen‹, während es früher für ›eine Ansammlung von Menschen‹ stand. Wollen wir heute ›viele Leute beisammen‹ schreiben, dann benutzen wir unseren Radikal und ›persönlich‹. Mit dem ›Reisfeld‹ vor unserem Zeichen entsteht ›neben, Nachbar‹. Zwei Menschen, deren Reisfelder aneinander grenzen, sind sich nahe, sind ›Nachbarn‹.

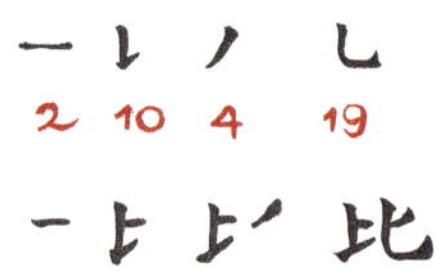

庇	Bì	*Schutz*
批	Pī	*Ohrfeigen*
昆	Kūn	*Nachkommen*
毗	Pí	*Benachbart*

SHÌ
VEREHREN

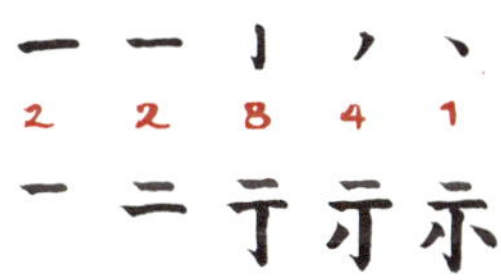

Die beiden Querlinien sind eine alte Schreibweise für das Zeichen shàng = oben, darüber; bei unserem Radikal stehen sie für den Himmel. Die drei senkrechten Linien hingegen sind die Sonne, der Mond und die Sterne mit ihren Veränderungen und erinnern die Menschen an ein höheres Wesen, welches ihr Leben positiv oder negativ beeinflussen kann. Die modernen Wörterbücher drucken zwei Schreibweisen. Die erste ist vereinfacht und beinhaltet noch die ursprüngliche Bedeutung ›verehren, opfern‹ und hat viele Verbindungen. Die zweite wird wie unser Radikal hier geschrieben und heißt ›mitteilen, zeigen, unterweisen‹.
Zusammen mit dem ›Fötus‹ heißt es ›den Göttern oder den Ahnen opfern‹. Neben der ›Erde‹ ist es der ›Erdgott‹. Verbunden mit *qiě,* einer Art Regal, das man früher für die Opfer brauchte, ist es der ›Ahne‹. Zusammengesetzt mit ›alt‹, etwas, das zehn Generationen überstanden hat, ist es ›eine Wohltat, ein Segen‹ geworden.

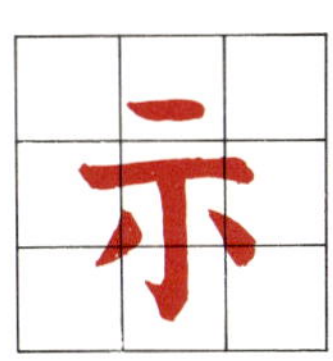

祀	Sì	*Opfer darbringen*
社	Shè	*Erdgott*
祖	Zǔ	*Ahne*
祜	Hù	*Segen*

BŬ
WAHRSAGEN

卜

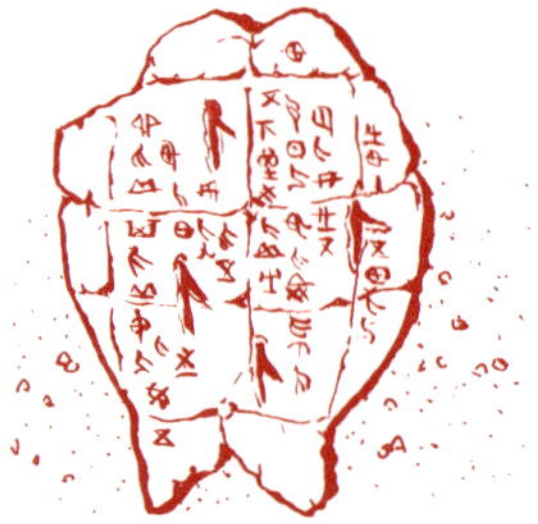

Das hier ist sicher der berühmteste unter den Radikalen und einer der ältesten. Bekannt wurde er Ende des letzten Jahrhunderts, als ein gewisser Herr Wāng dem Apotheker seines Ortes »Drachenknochen« verkaufte, auf denen geheimnisvolle Zeichen eingeritzt waren. Sie gehen 4000 Jahre zurück bis in die Shāng-Zeit. Unser Radikal zeigt die Quer- und Längsrisse auf den Schulterblattknochen und den Panzern von Schildkröten, die im Feuer entstanden waren. Aus dem Verlauf dieser Linien weissagte man die Zukunft. Der ›Mund‹ unter unserem Radikal ergibt die ›Weissagung‹, die Kunst der Vorhersehung, die Fähigkeit, mit dem Jenseits zu sprechen. Mit einem Trigramm davor gehört er zu den acht Symbolen des Yì Jīng, mit denen die Zukunft vorhergesagt wird. Mit der ›Muschel‹ (Geld) unter dem Radikal wird ein Priester in bar entlohnt, eine Pflicht, der sich niemand zu entziehen wagte. Daher die heutige Bedeutung ›treu, loyal‹.

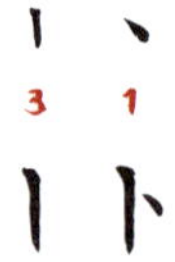

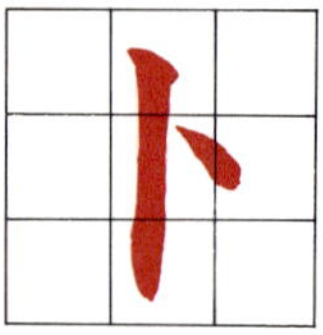

占	Zhān	*Weissagung*
卦	Guà	*Symbole der Wahrsagu*
占 卦	Zhān guà	*Wahrsagung*
贞	Zhēn	*Treu*

YÒNG
BENUTZEN

Die ursprüngliche Zeichnung einer Bronzevase wurde später zu einem Ex-voto für die Ahnen. Im Innern von Bronzevasen stehen häufig Widmungsinschriften, in denen die Absicht der Opferbringenden zum Ausdruck kommt. In der Folge blieb dann nur noch ›benutzen‹ übrig.
In diesem Sinn wird das Zeichen auch zu ›Korb, Faß, Eimer‹, woran man nur noch einen ›Baum‹ und ›Henkel‹ fügen muß. Mit dem vereinfachten Zeichen ›Mensch‹ handelt es sich dann um ›einstellen‹: Wir ›benutzen‹ eine Person und lassen sie für uns arbeiten. Die ›Kraft‹ hingegen verkompliziert unseren Radikal. Einmal wird er zum ›Horn‹ oder auch zur ›Ecke‹, aber auch zum Namen des Patrons der »Teufelsanbeter«, einer Sekte, die im 12. Jh. die Provinz Fújiàn verheerte und 1840 zu den taoistischen »Gelben Turbanen« führte. Das gleiche Zeichen anders augesprochen bedeutet den Bronzebecher, aus dem die Chinesen warmen Wein tranken.

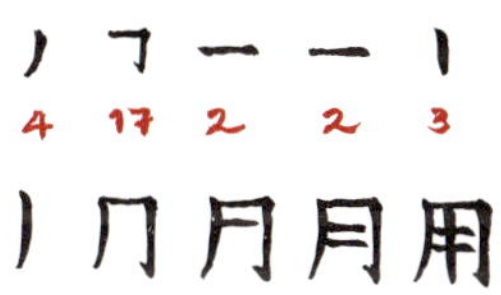

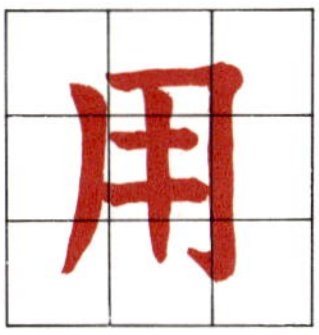

桶	Tǒng	*Eimer*
佣	Yòng	*Einstellen*
角	Jiǎo	*Ecke*
角	Jué	*Becher*

TŌU
SCHÜTZEN

Das Zeichen ist die ein wenig vereinfachte Zeichnung eines Deckels mit Knopf. Setzen wir ein ›Reisfeld‹ darunter, erhalten wir ein Mŭ, ein Flächenmaß, das 0,0667 ha entspricht. Der ›Deckel‹ über einem ›Hocker‹ heißt ›hoch‹. Fügen wir dieser Verbindung noch den ›Menschen‹ in seiner Kurzform hinzu, entsteht ›Ehepaar‹, Mann und Frau also, die unter einem Dach leben und an demselben Tisch sitzen. Ein ›Mund‹ und ein ›Kind‹ unter dem Radikal ergibt ›genießen‹. Oft legt der Begriff ›Deckel‹ die Interpretation ›Schutz‹ nahe und wird von daher mit der Familie verbunden, aber auch mit Reichtum und Wohlstand. Amphoren verbargen nicht selten unter ihrem Deckel, gut geschützt, unerhörte Reichtümer: Geld, Juwelen, wertvolle Jade, seltene Arznei. Der berühmteste Deckel wurde am 10. Februar 1982 im Kreis Xūyí, in der Provinz Jiāngsú, gefunden: ein Deckel aus massivem Gold, 9,1 kg schwer, datiert ins 8. Jh. v. Chr.

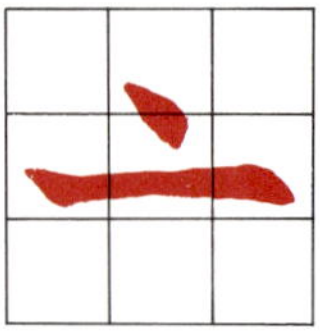

亩	Mŭ	*Flächenmaß*
亢	Kàng	*Hoch*
伉	Kàng	*Mann und Frau*
享	Xiăng	*Genießen*

PŪ
SCHLAGEN

攴

Als Radikal hat sich dieses Zeichen heute verändert und kommt nur noch in Verbindungen vor. Sein Ursprung ist eindeutig: Eine Hand hält einen Stab, ein Stöckchen, Symbol der Autorität, aber auch Mittel zur Bestrafung. Wir finden den Radikal im Wort ›unterrichten‹. Hier nimmt der Lehrer im Umgang mit seinen Schülern (›Sohn‹) eine Gerte zu Hilfe und wendet damit eine didaktische Methode an, die in China eine lange Tradition hat. »Lehrer, die ihre Pflicht nicht mit Strenge ausüben, sind nutzlos.« Doch auch ›regieren‹ liegt auf der gleichen Linie. Das Zeichen setzt sich zusammen aus ›Festigkeit‹ und ›schlagen‹. Die Chinesen, und nicht nur sie, behaupten aber auch, daß »Tiere das Netz und Menschen die Regierung hassen«. Sie wissen trotzdem sehr wohl, daß sich mit »Tugend und Gesetzen allein kein Volk regieren läßt«. Auch ein Hirte hält seine Schafe mit dem Stock zusammen. Die Zeichen ›Regierung‹ und ›Feind‹ bedeuten ›politische Opposition‹.

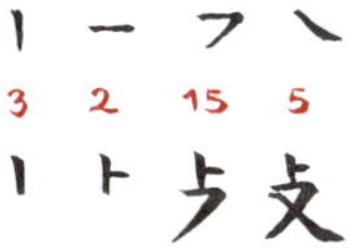

教	Jiāo	*Unterrichten*
政	Zhèng	*Regierung*
牧人	Mù rén	*Hirte*
政敌	Zhèng dí	*Politische Opposition*

ZHÌ
ERREICHEN

至

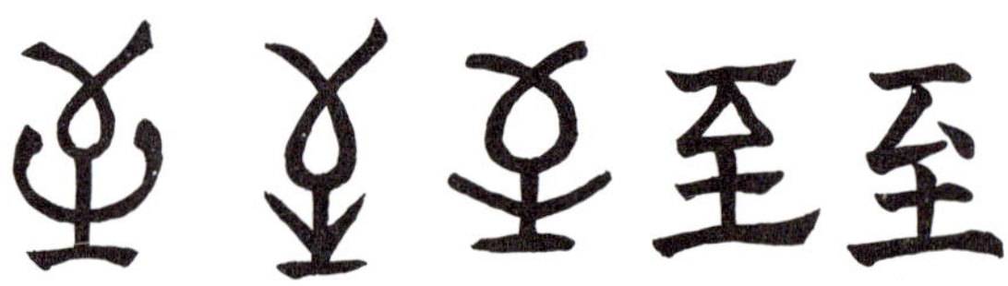

Der Vogel im Piktogramm hat seine Beute erspäht und stürzt im Flug auf sie herab, um sie zu ›erreichen‹. Von diesem Radikal gibt es nicht viele Ableitungen, doch kehrt seine Bedeutung in Zusammensetzungen mit anderen Radikalen in die neuen Wörterbücher zurück.
Sehr ›vertraut‹, ein ›Busenfreund‹ ist uns der, dessen Haus wir ›erreichen‹, um mit ihm zusammenzusitzen. Mit ›klein‹ verbunden bedeutet unser Radikal ›minimal‹ – das schlechteste Ergebnis, das noch erreicht werden konnte. Ersetzen wir ›klein‹ durch ›oben, darauf‹, dann erreichen wir das Höchste, und es heißt ›allerhöchst‹. Der ›gebeugte Mensch‹ über unserem Radikal formt das Wort ›Haus‹ als den Ort, den wir erreichen, um uns zu erholen. Ein bekanntes chinesisches Sprichwort ermahnt uns: »Vor dem Bau eines Hauses erkundige man sich genau nach der Nachbarschaft.« Was nun die Freunde betrifft, so meinen die Chinesen: »Ein Feind ist zuviel, hundert Freunde zu wenig.«

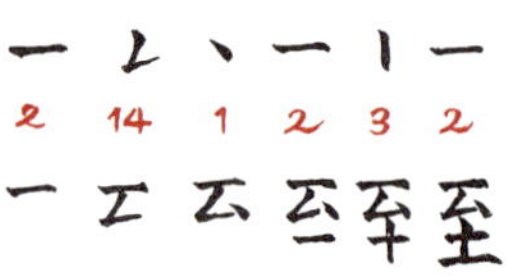

至交	Zhì jiāo	*Enger Freund*
至少	Zhì shǎo	*Minimal*
至上	Zhì shàng	*Höchstens*
屋	Wū	*Haus*

QIÀN
ERSCHÖPFT

欠

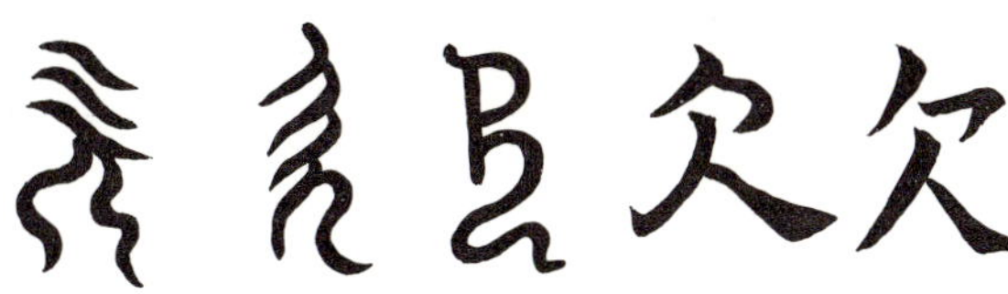

Im Sprachgebrauch des Volkes verlieren manche Wörter ihren eigentlichen Sinn und gewinnen dafür eine andere Bedeutung. Das ist auch bei diesem Radikal der Fall. Das Piktogramm zeigt einen mühsam atmenden Menschen, was wir an den leicht gewellten Strichen im oberen Teil der Zeichnung erkennen. Die Bedeutung entwickelt sich von ›atemlos‹ und ›erschöpft‹ zu ›Schuldner, jemandem etwas schulden‹, wobei die ›Luft‹ als Synonym des Reichtums hinzukommt. Eine weitere Bedeutung ist ›ungenügend‹. Um in historischen Zeiten einen Vertrag oder einen Eid zu besiegeln, tauchten die Beteiligten ihren Finger in das Blut des Opfertieres und bestrichen sich damit die Lippen. In den *Annalen* heißt es: »Gerade haben wir den Vertrag mit dem anderen Staat geschlossen, noch ist das Blut auf unseren Lippen nicht getrocknet, und da denken wir schon daran, den Vertrag zu brechen?« Das Zeichen ›saugen‹, das eine Ableitung unseres Radikals ist, neben dem ›Blut‹ heißt ›schwören‹.

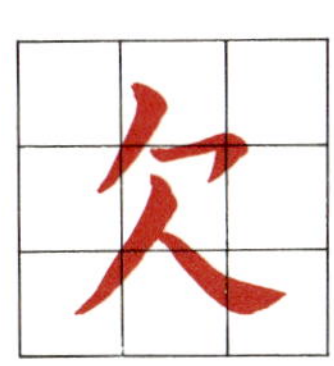

歃	Shà	*Saugen*
歃血	Shà xuè	*Schwören*
欠户	Qiàn hù	*Schuldner*
欠伸	Qiàn shēn	*Sich strecken und gähnen*

ZHǏ
STICKEN

黹

Die Kunst des Stickens wurde in China schon vor 4000 Jahren geübt. Auf alten Gemälden und Kleidern können wir sehen, wie die Menschen bei ihren religiösen, zivilen und militärischen Festen die schönsten Stickereien zur Schau trugen. Mädchen, die eine gute Partie machen sollten, wurden in der Stickerei unterrichtet. Unter den kaiserlichen Konkubinen war sie sehr beliebt und erlebte ihren Höhepunkt unter dem Kaiser Qián Lōng (1736–1795).
Der obere Teil des Radikals besteht aus dem ›Blatt‹, darunter steht ›Stoff‹. Vielleicht wurden zu Beginn Blätter auf Stoffe appliziert. Es gibt von diesem Radikal nur wenige Ableitungen, und sie gehören alle in den Bereich der Gebräuche am Hof. Die Gewänder der Adligen hatten vorne und hinten ein besticktes Stück Stoff aufgenäht. Das Zeichen dafür heißt auch »die Blumen der fünf Farben« und steht für das bestickte Band, mit dem man sein persönliches Siegel am Gürtel befestigte.

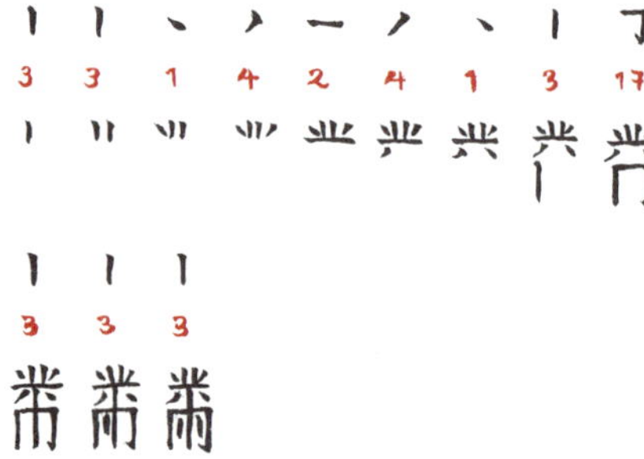

黻	Fú	*Besticktes Viereck*
黼	Fǔ	*Seidenband*
针黹	Zhēn zhǐ	*Nähen*

RÙ
EINTRETEN

Dieses Zeichen ist nicht mit dem sehr ähnlichen Zeichen ›Mensch‹ zu verwechseln. Es stammt von einem Baum, der seine Wurzeln in der Erde ausbreitet. Daher die Bedeutung ›Entschlossenheit‹ im Sinne von Kraft, die nötig ist, um sich einen Weg zu bahnen.
Was wir gerne ins ›Ohr eintreten‹ lassen, das ist ›gefällig‹, wobei nicht nur das Harmonische, Musikalische gemeint ist, sondern auch das Zarte und Feine. Die ›Tür‹ anstelle des ›Ohrs‹ sagt uns ›über die Schwelle treten‹. In den Villen, Tempeln und kaiserlichen Palästen war an der Schwelle immer auch eine Stufe – ein Hindernis, das zu überwinden Kraft kostete. ›Eine Stufe überschreiten‹ wird auch in dem Sinne gebraucht, daß man die Schwierigkeiten überwindet, die allen Unternehmungen anfangs entgegenstehen. Oder auch, daß man die ersten Schritte unternimmt und weiß, auf welche Weise. Mit dem ›Wasser‹ darunter und dem ›Sohn‹ daneben heißt unser Radikal *cuān zĭ*, ein zylindrischer Kochtopf.

丿 乀
4 5
丿 入

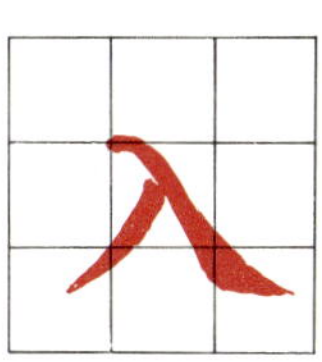

入耳	Rù ěr	*Gefällig*
入门	Rù mén	*Über die Schwelle treten*
氽	Cuān	*Abbrühen*
氽子	Cuān zĭ	*Kochtopf*

WÚ
NICHT

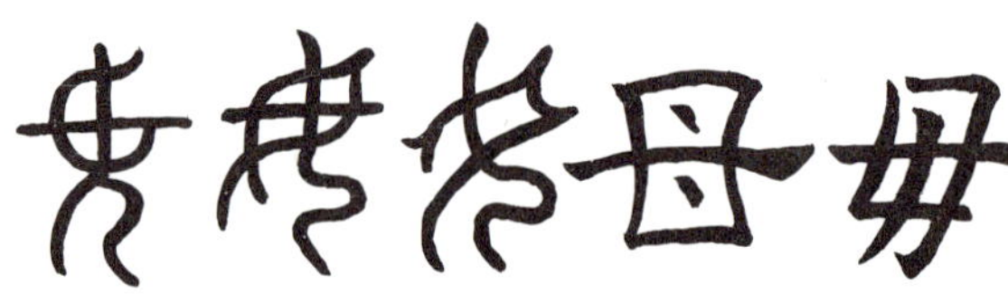

Die Anfangsbedeutung dieses Radikals ist ungut, ihre Entwicklung noch schlimmer. Aus den neuen Wörterbüchern verstoßen, in der Bedeutung verändert, ist er auch noch ohne Nachfolger geblieben. Im Piktogramm handelt es sich ohne Zweifel um eine Frau, die man wegen ihres schlechten Benehmens eingesperrt hat. Weil Frauen dieser Art mißachtet wurden, entstand die Bedeutung ›nutzlos, negativ‹. Heute ist es das Zeichen der Verneinung.
Merkwürdigerweise ergibt sich aber das Wort ›Mutter‹, wenn wir zunächst das Zeichen durch einen Querstrich teilen und dann beide Hälften mit einem Punkt versehen. Die Punkte stellen Brustwarzen dar und deuten auf eine stillende Frau hin. Im alten China wird die weibliche Brust nur selten dargestellt, und dann immer die einer Mutter. ›Meer, Ozean‹ entsteht aus ›Mutter‹, darüber ›immer‹ und links die ›Flüssigkeit‹: Das Meer ist der Ort, der immer Wasser hat oder wo das Wasser entspringt. ›Meer‹ und ›Armee‹ ergeben die ›Marine‹.

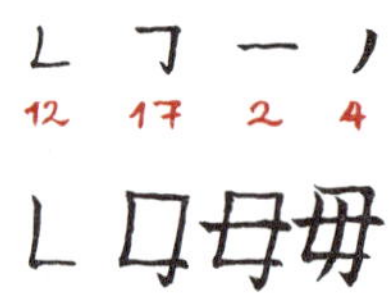

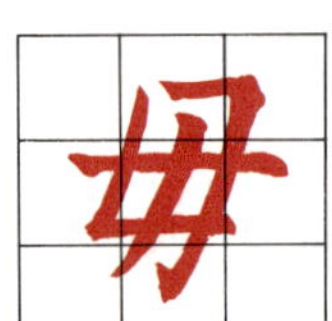

母	Mǔ	*Mutter*
海	Hǎi	*Meer*
上海	Shàng hǎi	*Shanghai*
海军	Hǎi jūn	*Marine*

GĀN
VERLETZEN

干

Der Ursprung dieses Zeichens ist schwer zu enträtseln. Manche leiten es von einem Stößel her, während andere es auf den Schild zurückführen. Im ersten Fall haben wir die physische Handlung des Stoßens und die moralische der Beleidigung, Verletzung, und so wird das Wort auch heute noch gebraucht. Im zweiten Fall geht es um die ›Verteidigung, sich schützen‹. Heute hat das Zeichen den Sinn von ›trocken, leer, ausgedörrt‹, Eigenschaften der zu konservierenden Nahrungsmittel, die gegen Erreger und Schimmel geschützt werden sollen. Mit der ›Hand‹ links und dem ›Behälter‹ darunter erhalten wir ›hineinstecken, einschlagen‹. Mit der ›Sonne‹ darüber bedeutet es ›Hitze, Dürre‹. Bei jedem chinesischen Mahl kommt der Trinkspruch: »Trocknet den Becher«, was soviel heißt wie »ex«. Ein volkstümlicher Brauch, der sehr weit von dem sonstigen guten Benehmen der Chinesen entfernt ist, die ihre Gäste auffordern, langsam die Speisen zu genießen. ›Trocken‹ und ›Eis‹ ergibt natürlich ›Trockeneis‹.

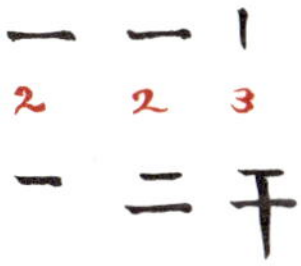

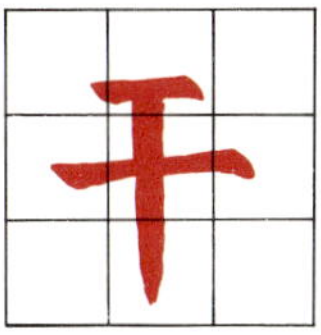

插	Chā	*Hineinstecken*
旱	Hàn	*Dürre*
干杯	Gān bēi	*Das Glas leeren*
干冰	Gān bīng	*Trockeneis*

DÒU
KÄMPFEN

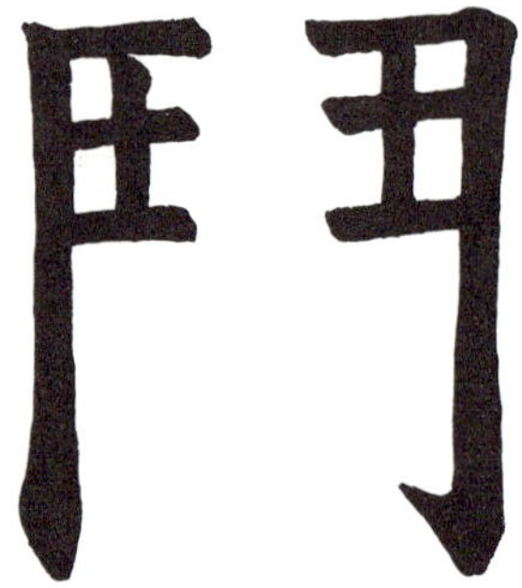

Wenn zwei Menschen ihre Fäuste recken, dann denken wir an einen Kampf, aber auch an eine verbale Auseinandersetzung. Weiter bedeutet dieses Zeichen auch ›einspannen‹, so wie es beim Tischler mit der Zapfen- und Schlitzverbindung geht. Das *doù* ist auch eine Maßeinheit für Getreide und entspricht etwa einem Zehntelliter. Zusammen mit dem Zeichen ›Bogen‹ steht unser Radikal für die sogenannten Ochsenkopfkapitelle des traditionellen chinesischen Baustils, die zwischen Säulen und Querbalken eingefügt sind. Hahnenkämpfe sind in China ziemlich weit verbreitet und schreiben sich mit ›Kampf‹ und ›Hahn‹. Setzen wir zum ›Kampf‹ das ›Auge‹, dann streiten sich zwei Augen über die Richtung, in die sie blicken wollen: sie ›schielen‹. Folgt dem Radikal aber ›Luft, Gas‹, dann bricht Streit aus; wie ein explosives Gemisch in der Luft schwebt und darauf wartet, von einem Funken entzündet zu werden.

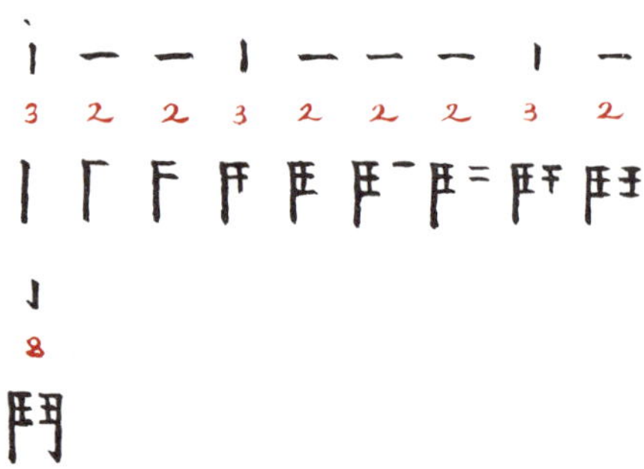

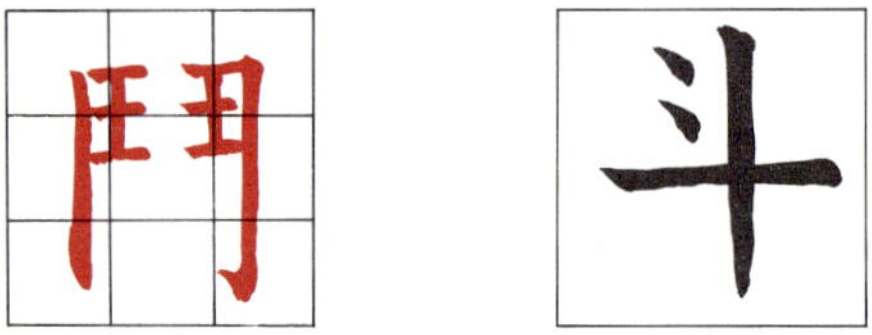

斗鸡	Dòu jī	*Hahnenkampf*
斗眼	Dòu yǎn	*Schielen*
斗气	Dòu qì	*Streiten*

XI
VERSTECKEN

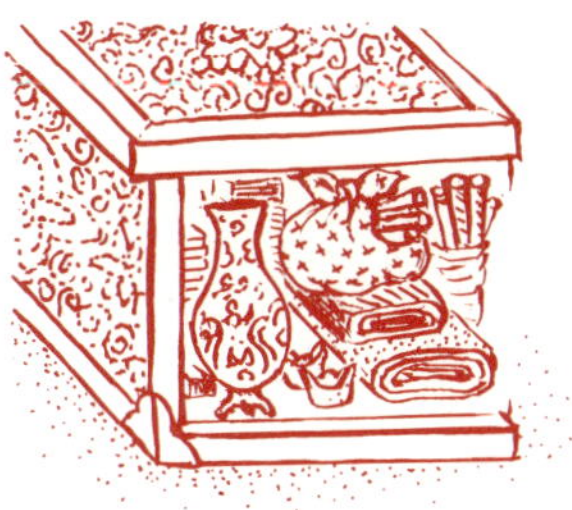

So wie wir ihn hier geschrieben haben, existiert der Radikal heute nur noch in Verbindungen. Einige halten ihn für einen Kasten ohne Vorderseite, aber mit Deckel. Daraus sei ›verstecken‹ als Bedeutung entstanden. Andere sehen darin einen zusammengerollten Stoff oder eine wattierte Decke, was dann ›umwickeln‹ ergäbe. Im Sinn von ›enthalten‹ bedeutet der Radikal mit drei Quadraten innen (heute zu einem Kreuz vereinfacht) ›Gebiet, Distrikt, Region‹. Der Radikal und ›innen‹, dazu das Zeichen ›Höhle‹, und es ergibt ›grob, häßlich, verdorben‹ und alle damit verbundenen Eigenschaften. Setzen wir die ›Axt‹ hinein, haben wir den ›Handwerker‹. Zusammen mit dem ›Stein‹ ist es der ›Maurer‹, während es mit ›Holz‹ den ›Schreiner‹ bedeutet. Folgt dem ›Handwerker‹ das ›Herz‹, dann handelt es sich um ›künstlerisches Können‹, wozu Intelligenz und Leidenschaft gehören.

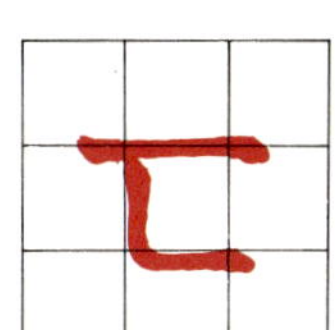

区	Qū	*Distrikt*
陋	Lòu	*Grob*
匠	Jiàng	*Handwerker*
匠心	Jiàng xīn	*Künstlerisches Können*

CĂI
AUSWÄHLEN

采

Die klassischen Wörterbücher geben für diesen Radikal eine andere Aussprache als die heutige, und zwar *biàn*, das heißt: ›kennzeichnen‹. Das Piktogramm zeigt den Abdruck der Tatze eines wilden Tieres mitsamt den Krallen (die vier Punkte) und dem Weichteil der Pfote. Wahrscheinlich handelt es sich um einen Tiger. Von daher erklärt sich die Bedeutung ›markieren, ein Zeichen setzen‹. Verfolgen wir die Spur eines wilden Tieres, so müssen wir die Abdrücke, die zu seiner Identifizierung führen, untersuchen und dann ›aussuchen, auswählen‹. Neben dem ›Wind‹ bedeutet unser Radikal ›Volkslieder sammeln‹. Auch unser Wort ›Arie‹ kommt vom Wind, nämlich dem lateinischen ›aria‹ = Luft. Mit der ›Pflanze‹ kombiniert, heißt der Radikal ›Gemüse‹. ›Gemüse‹ und ›Garten‹ ergeben selbstverständlich den ›Gemüsegarten‹. Das ›Herz‹ unter ›wählen‹, und wir haben richtig unter den Dingen ausgewählt, die wir wissen wollen, wir sind ›gut informiert‹.

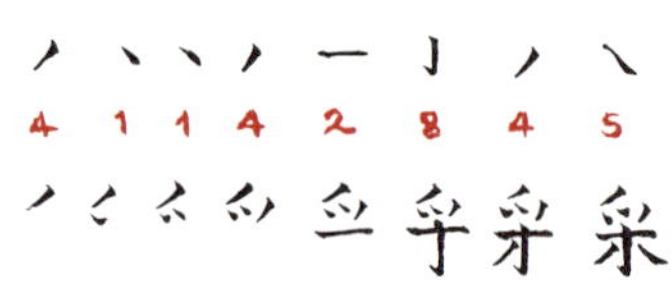

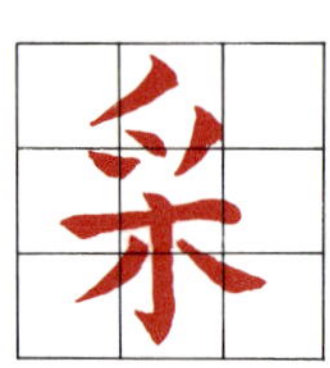

采风	Căi fēng	*Volkslieder sammeln*
菜	Cài	*Gemüse*
菜园	Cài yuán	*Nutzgarten*
悉	Xī	*Gut informiert*

MĪ
BEDECKEN

Etwas Weiches, das zu beiden Seiten herunterhängt: Sofort denken wir bei diesem Bild an das kleine Handtuch, das die chinesischen Bauern auch heute noch bei allen möglichen Gelegenheiten benutzen: Um sich den Kopf zu bedecken oder sich den Schweiß von der Stirn zu wischen. In der Bedeutung ›bedecken‹ kommt dieser Radikal in vielen Zusammensetzungen vor.
Mit der ›Hand‹ und dem ›Kopf‹ heißt er ›Hut‹. In China bedeckten sich früher auch die Ärmsten immer Kopf und Füße, und das Entblößen des Kopfes bedeutete eine despektierliche Handlung, eine Beleidigung. Der schwarze Hut der Gelehrten im alten China bestand auch aus einem Stück Stoff, das mit einem Knoten im Nacken befestigt wurde, von wo dann die beiden »Schaufeln« abstanden, Symbol der geistigen Elite. Mit dem ›Kaninchen‹ bedeutet unser Radikal ›Einschränkung, Unterdrückung, Unrecht‹. ›Bedeckt‹ unser Zeichen die ›Sonne‹, dann wird es ›dunkel‹. ›Unterdrückung‹ und ›Haus‹ hingegen meinen ›Feind‹.

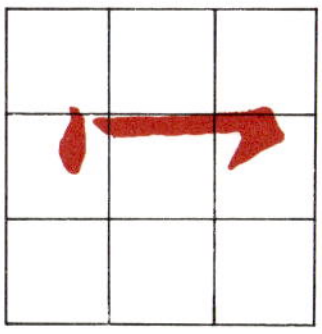

冠	Guān	*Hut*
冤	Yuān	*Unterdrückung*
冥	Míng	*Dunkel*
冤家	Yuān jiā	*Feind*

YÁO
KNÜPFEN

交

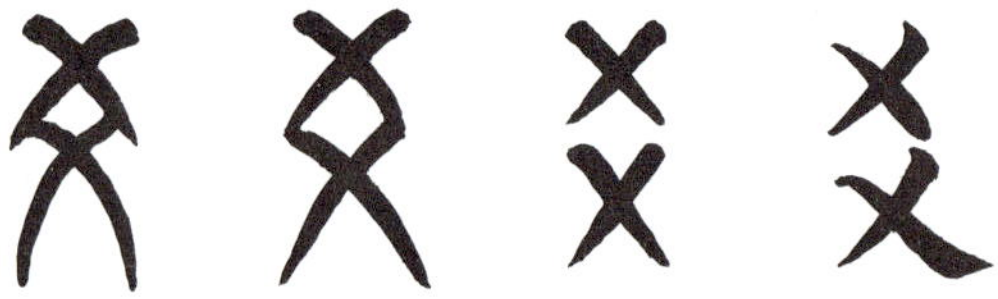

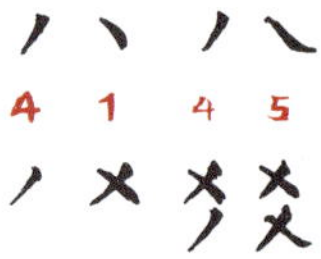

Hinter diesem Radikal, heute ein archaisches Relikt, könnte sich der Ursprung des Trigramms verbergen. Dieses besteht aus zwei Gruppen von zusammen acht Zeichen, deren jedes wieder aus drei waagerechten durchgezogenen oder unterbrochenen Linien besteht. Mit einem solchen Trigramm versuchte man, die Zukunft vorherzusagen. Das Piktogramm führt uns die Verknüpfung der Webstuhlfäden vor; daher die Bedeutung ›verknüpfen, verändern‹.
Erscheint der Radikal zwischen zwei ›Händen‹ über ›bedecken‹, und steht darunter das ›Kind‹, dann geht es um ›lernen‹. Mit zwei Händen versucht der Lehrer, den Schleier der Unwissenheit, der über dem Kind liegt, zu lüften. Über den ›Stoff‹ gesetzt, formt der Radikal das Wort ›selten, kaum‹. Über ›groß‹ und zwischen zwei ›Bäumen‹ heißt der Radikal ›Gitter‹. ›Glänzend, lebhaft‹ entsteht, wenn wir einem ›Menschen‹ an die ausgebreiteten Arme jeweils unseren Radikal hängen: einer, der Wörter und Taten zu verknüpfen weiß.

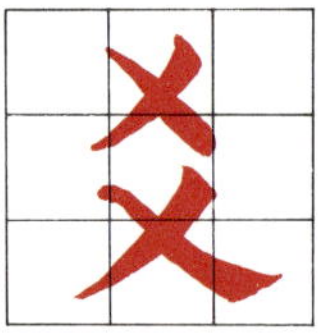

学	Xué	*Lernen*
希	Xī	*Selten*
樊	Fán	*Gitter*
爽	Shuăng	*Lebhaft*

ÉR
ANHEFTEN

Die Zeichnung erweckt wohl das Bild eines Samenkorns, das seine Wurzeln im Erdreich ausstreckt. Wahrscheinlicher ist aber, daß es sich um einen Mann handelt, an dessen Kinn ein Bart befestigt ist; der Querstrich ist der Mund. Unsere Zeichnung stellt einen vornehmen, gebildeten Mann dar, der einen Bart trägt und eine Hand erhoben hat. Zusammen mit ›heute‹ heißt unser Radikal ›jetzt‹. Die ›Frau‹ darunter macht daraus ›aufsagen, vortragen‹. Im chinesischen Theater war die Maske sehr wichtig. Der Zuschauer einer Oper konnte die Rolle und Eigenschaften der dargestellten Person schon an ihr erkennen, noch ehe der Schauspieler sprach oder agierte. Da im Kaiserreich Frauen der Zugang zur Bühne verboten war, spielten Männer Frauenrollen. Sich einen Bart anheften oder als Frau verkleiden heißt deshalb ›aufsagen‹. Mit der Maßeinheit kombiniert haben wir ›sich beherrschen‹. Ein Mann, der sich nachdenklich über den Bart streicht, weiß sich auch zu beherrschen.

而今	Ér jīn	*Jetzt*
耍	Shuǎ	*Aufsagen*
耐	Nài	*Sich beherrschen*
耐心	Nài xīn	*Geduld*

YÒU
NOCH

又

Es ist schwierig, diesem Radikal eine genaue Ursprungsbedeutung zuzuweisen. Die Zeichnung allerdings ist klar: eine Hand, die nach etwas greift. Die chinesische Schrift kennt sechs Möglichkeiten, Hände darzustellen: die rechte im Profil, die linke im Profil, die Hand von vorne, nach unten gedreht, zwei erhobene und zwei herunterhängende Hände. Dieser Radikal hier stellt, auf drei Finger reduziert, die rechte Hand dar. Ein Punkt darin, und wir haben die ›Heugabel‹. Die ›Gabel‹ zum Essen ist ein Wort aus neuerer Zeit und braucht noch das Zeichen ›Kind‹. Zwei ›Hände‹, die sich in die gleiche Richtung bewegen, bedeuten ›Freund, Freundschaft‹. ›Hand‹ verbunden mit ›Vogel‹ formt ›schwierig, problematisch‹. In der Tat ist es schwierig, einen Vogel mit der Hand zu fangen. Andere denken dabei an einen in der Hand gefangenen Vogel, der deshalb in einer schwierigen Situation ist. Schreiben wir den Radikal zweimal, drücken wir ›ein Paar, doppelt, Zwillinge‹ aus.

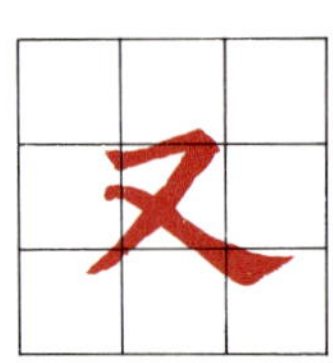

叉	Chā	*Heugabel*
友	Yǒu	*Freundschaft*
难	Nán	*Schwierig*
双	Shuāng	*Doppelt*

WÚ
OHNE

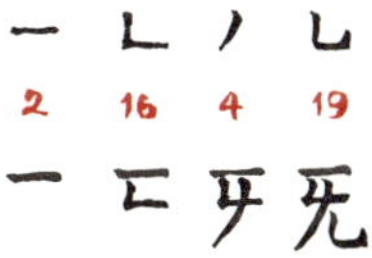

Wir sehen einen Menschen, der sich gegen ein Hindernis stemmt, es aber nicht überwinden kann. Die Kraft wird zum Ausdruck gebracht durch den nach vorne gelehnten Körper, abgestützt durch das rechte Bein. Die Bedeutung ist ›ohne, nicht‹. Die Ableitungen dieses Zeichens sind äußerst zahlreich, wenigstens die, die man ihm neuerdings zuschreibt.
Dieser Radikal mit ›nein‹, einem anderen Zeichen der Verneinung, heißt ›ohne Ausnahme‹. Lassen wir ihm den ›Feind‹ folgen, so schreiben wir ›unbesiegbar, ohnegleichen‹. In Verbindung mit dem ›Namen‹ entsteht ›unbekannt, unbeschreiblich‹. Steht statt dessen das ›Herz‹, dann bedeutet es ›keine Lust, nicht die Absicht haben, nicht wollen‹.
Eine aussichtslose Arbeit unternehmen, heißt auf Chinesisch: »eine Mahlzeit zubereiten, ohne Reis zu haben« oder auch »Ziegelsteine kneten und Stroh kauen«.
»Der Neid ist wie ein Sandkorn im Auge«, er nimmt dem Menschen die Sicht und die Vernunft.

无不	Wú bù	*Ausnahmslos*
无敌	Wú dí	*Ohne seinesgleichen*
无名	Wú míng	*Unbekannt*
无心	Wú xīn	*Keine Lust haben*

FĒI
VERKEHRT

非

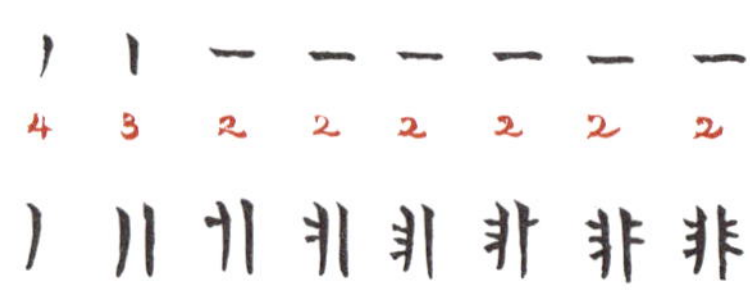

Um diesen Radikal zu verstehen, der in seiner Form zu den ältesten gehört, müssen wir auf den ›Baum‹ zurückgreifen, der in zwei Teilen dargestellt wird: *piàn*, das ist die rechte Hälfte des Stammes, ein schwaches, kaum verwendbares Holz, und *qiàng*, die linke Hälfte, fest, widerstandsfähig, für ein Bett geeignet. Zwei entgegengesetzte Teile, die so in der Natur nicht vorkommen. Der Radikal besteht aus zwei identischen, aber seitenverkehrt geschriebenen Zeichen, woraus sich ›verkehrt, irrig‹, also die Negation des Richtigen, ergibt.
Der Radikal mit dem ›Herzen‹ bedeutet ›Schmerz, Trübsinn, Traurigkeit‹. Genau das Gegenteil von dem also, wofür normalerweise das Herz steht. Setzen wir den ›Menschen‹ dahinter, handelt es sich um eine ›verkehrte Person‹, d. h. eine Person, die am falschen Platz eingesetzt ist. Mit dem ›Gesetz‹ ergibt sich ›illegal, ungesetzlich, unerlaubt‹. Ein ›Räuber, Bösewicht‹ entsteht, wenn wir ›verkehrt‹ ins ›Verborgene‹ setzen.

悲	Bēi	*Traurigkeit*
非人	Fēi rén	*Verkehrte Person*
非法	Fēi fǎ	*Illegal*
匪	Fěi	*Räuber*

DAS DORF

里

Wie in früheren Zeiten, so ist das Dorf auch heute noch das Herz der chinesischen Gesellschaft, die älteste Zelle, die Einheit, in der die Werte der Tradition und Kultur bewahrt werden.
Um den Radikal DORF *herum gruppieren sich Ausdrücke aus dem Bereich der Umwelt und Kleidung. Mèng Haòrán (689–740), Dichter der Táng-Dynastie, beschreibt in seinen Versen das Dorf als den idealen Ort, an dem die Menschen mit der Natur und miteinander in einer Gemeinschaft leben:*

Freund, du hast mir Huhn und Hirse zubereitet,
hast mich in dein Haus auf dem Lande geladen.
Dort grünen die Bäume, um das Dorf herum,
wo blau die Berge über der Ortschaft wachen.
Am Fenster, mit Blick auf Garten und Hof,
trinken wir Wein und sprechen
vom Hanf und von den Maulbeerbäumen . . .

TŬ
ERDE

土

In den *Drei Klassischen Büchern* lesen wir: »Wasser, Feuer, Holz, Metall und Erde werden die fünf Elemente genannt, darin alle Dinge ihren Ursprung haben.« Die Erde ist also eine der fünf Quellen der Natur. Es genügt, sich in China heute die Felder anzusehen, um die Bindung der Chinesen an die Erde zu begreifen. Der Radikal besteht aus drei Strichen: Der obere ist die Erdkruste, die bebaut werden kann, die darunterliegende zweite Schicht ist felsig, aber reich an Bodenschätzen. Der vertikale Strich steht für alles, was von der Unterschicht an die Oberfläche kommt, was also die Erde hervorbringt. Schreiben wir links das ›Herz‹, oben die ›Hand‹ und darunter unseren Radikal, erhalten wir ›seltsam, ungewöhnlich‹. Steht die ›Sonne‹ dabei und die ›Hand‹, so werden Lehmfiguren geformt. Die ersten Gefäße waren in Feuer gebrannte Erde – Ton. Unser Radikal im Sinne von ›einheimisch‹ taucht zum erstenmal in der *Geschichte der Sòng-Dynastie* (960–1279) auf.

一	丨	一
2	3	2
一	十	土

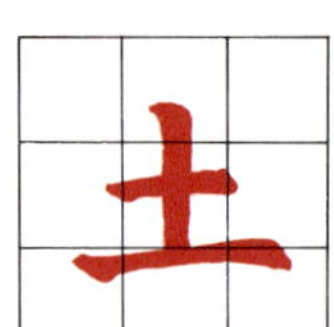

怪	Guài	*Merkwürdig*
捏	Niē	*Lehm formen*
土人	Tŭ rén	*Einheimischer*
土话	Tŭ huà	*Dialekt*

SHĀN
BERG

山

»Wer nicht auf einen Berg steigt, kann nicht die Ebene bewundern.« Unser Zeichen, dem Piktogramm sehr treu geblieben, trägt diese Weisheit über Jahrhunderte hinweg, in der Malerei, Bildhauerkunst und Dichtung. Es ist eines der am häufigsten geschriebenen Zeichen, sogar in der Religion. Seit der Shāng-Dynastie bezeichnet es den heiligen Ort der Kulthandlungen. Das klassische China kennt fünf heilige Berge in seinen fünf Himmelsrichtungen: im Norden, Süden, Osten, Westen und in der Mitte. Auf diesen Bergen standen herrliche Tempel, zu denen auch die Kaiser hinaufstiegen, um die Götter zu verehren.
Mit dem ›Wasser‹ heißt unser Radikal ›Landschaft‹. Das ist das klassische Thema der chinesischen Malerei. Die bergreiche Provinz Shāndōng schreibt sich mit diesem Radikal. Dieser Name bezeichnet auch eine reine, sehr schwere Seide. Mit den ›Volksliedern‹ geht es um ›Lieder aus den Bergen‹. Mit dem ›Tee‹ hingegen heißt es ›Kamelie‹.

山水	Shān shuǐ	*Landschaft*
山东	Shān dōng	*Shandong*
山歌	Shān gē	*Berglieder*
山茶	Shān chá	*Kamelie*

GŬ
TAL

Das Piktogramm zeigt einen Einschnitt zwischen den Bergen, durch den Wasser fließt oder auch eine Straße führt, wobei der Ausgang durch den ›Mund‹ dargestellt wird. Das Bild eines Tales, das sich durch die Berge zieht, bevor es sich in die weite Ebene hinaus öffnet. Im *Buch der Lieder* aus der Westlichen Zhōu-Dynastie (1066–771 v. Chr.) und in der *Frühlings-Herbst*-Periode (770–476 v. Chr.) wird der Radikal im Militärjargon gebraucht, um eine Falle zu kennzeichnen, wo der Feind »weder vor noch zurück kann«. »Wildbäche und Täler« bedeuten in der Sprache der Maler »Schönheit«. Zusammen mit dem ›Warenlager‹ entsteht die ›Getreidescheune‹. Mit dem ›Regen‹ handelt es sich um die sechste der 24 Sonnenperioden, in die der chinesische Kalender eingeteilt ist, und entspricht dem 20. April. Steht ›Unglück‹ dabei, bedeutet es ›Durchgang‹, entstanden aus der Bresche, die der Feind in die Stadtmauer geschlagen hat. Mit ›Kleid‹ heißt unser Radikal ›wohlhabend, reichlich‹.

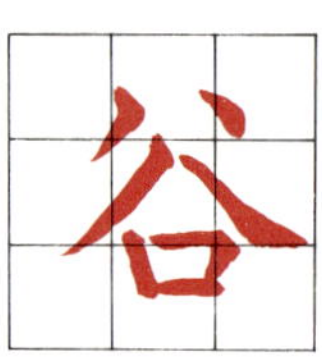

谷	仓	Gŭ cāng	*Getreidescheune*
谷	雨	Gŭ yŭ	*Sechste Sonnenperiode*
豁		Huō	*Durchgang*
裕		Yù	*Wohlhabend*

CHUĀN
BACH

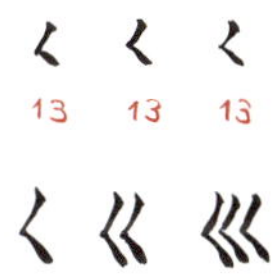

Es existieren zwei Schreibweisen für dieses Zeichen. Dargestellt wird das Wasser von mehreren Bächen, die, lebensspendend, über trockenes Land fließen. Um anzudeuten, wie wichtig kleinere Zuflüsse sein können, heißt es: »Ein großer Strom lehnt den kleinen Bach nicht ab.« Zusammen mit dem Zeichen ›Geld, Vorräte‹ heißt unser Radikal ›Reisekosten‹ – was man für eine lange Reise braucht, besonders zu Schiff. Setzen wir unseren Radikal über die ›Stadt‹, erhalten wir den ›Graben‹. Heute steht dieses Zeichen auch noch für den Zweitnamen der Stadt Nánníng, Hauptstadt der Provinz Guǎngxī-Zhuàng und wichtiges Militärzentrum seit über 1600 Jahren. Der Fluß Yōng umfließt und beschützt mit seinen Wassern die Innenstadt. Unser Radikal über der ›Furcht‹ ist ein ›Nest‹. Hierbei handelt es sich wohl um einen Schreibfehler, denn das Piktogramm für ›Nest‹ zeigt kein Wasser, sondern drei Vögel. ›Nest‹ und ›Höhle‹ bieten den Räubern Schutz und heißen ›Schlupfwinkel‹.

川资	Chuān zī	*Reisekosten*
邕	Yōng	*Graben*
巢	Cháo	*Nest*
巢穴	Cháo xué	*Schlupfwinkel*

CHĂNG
ABHANG

Eine Duplizität des Sinns steckt in diesem Zeichen: Sein oberer Teil erinnert uns an einen Überhang, der in die Leere eines Abgrunds hinausragt. Der linke Teil dagegen ist der steil ins Tal fallende Hang. In beiden Fällen denken wir an die Gefahr, die uns droht, entweder durch die gähnende Leere oder das steile Gefälle. Wir dürfen dieses Zeichen nicht mit dem anderen Radikal *guāng* verwechseln, der sich nur durch einen zusätzlichen Strich oben unterscheidet. Ein leider häufiger Irrtum, der auch Gebildeten und manchen Verfassern von Wörterbüchern unterläuft.
Heute heißt unser Radikal ›Fabrik, Industrieanlage‹. Es gehört dazu allerdings noch der ›Sohn‹. Der ›Fabrikbesitzer‹ schreibt sich mit ›Fabrik‹ und ›Herr‹. Die ›Quelle‹ unter dem Zeichen bedeutet ›Ursprung, am Anfang, antik‹. Hat es einen ›Hund‹ bei sich, wird es zu ›verabscheuen, angewidert sein‹. Es ist dann so weit mit uns gekommen, daß wir entweder andere wie einen Hund behandeln oder selbst so behandelt werden.

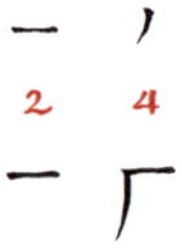

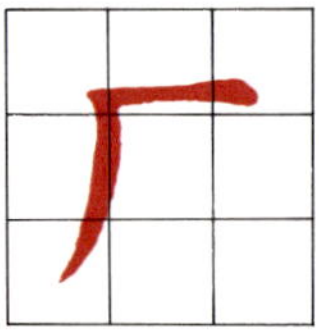

厂子	Chăng zǐ	*Fabrik*
厂主	Chăng zhǔ	*Fabrikbesitzer*
原	Yuán	*Ursprung*
厌	Yàn	*Verabscheuen*

FÙ
HÜGEL

阜

Das Piktogramm besteht aus einem mit dem ›Abhang‹ identischen Zeichen, darunter drei Striche und darüber drei kleine Kreise. Die Striche bedeuten die Stufen, die uns zum bewaldeten Gipfel hinaufführen. Das ist der klassische chinesische Hügel: steil und von Bäumen bewachsen. Die Schreiber haben dann alles reichlich verwirrt, sogar seine ursprüngliche Bedeutung hat es verloren. Der Radikal heißt jetzt ›Deich, Wall‹. Zwei wichtige Ableitungen sind daraus entstanden: das Yīn und das Yáng. Das Yīn ist die beschattete Seite des Hügels: Kälte, Mond, Passiv, Weiblich, Nacht, Dunkel, Norden werden damit verbunden. Yáng steht für die sonnige Seite und Wärme, Sonne, Aktiv, Männlich, Helle, Tag, Süden. Diese Prinzipien, verstanden wie Ebbe und Flut, gestalten für die Chinesen das lebendige Meer der Wirklichkeit. Mit ›10 000‹ als phonetischem Teil heißt der Radikal ›Pfad‹. Auch das erste Zeichen im Wörterbuch stammt davon ab: ›Ah‹, ein Partikel, das man vor Eigennamen setzt.

阴	Yīn	*Dunkel*
阳	Yáng	*Licht*
阡	Qiān	*Pfad*
阿	Ā	*Ah*

KĂN
GRUBE

Es handelt sich um eine Grube im Boden, eine Gefahr für jeden Wanderer, der sich nicht vorsieht. Bei diesem Zeichen denken wir gleich an Pech und Unglück. Als Zeichen *xiōng* trägt der Radikal ein Kreuz im Innern. Jetzt bezeichnet es eine unachtsame Person, die in die Grube gefallen ist, also ›verhängnisvoll, vom Pech verfolgt‹. Diese Zusammensetzung neben dem ›Geist‹ ergibt ›Teufel‹, ein Geist, der Unglück bringt. Setzen wir die ›Botschaft‹ hinter das ›Unglück‹, ist es eine ›tragische Nachricht‹, z. B. vom Tod eines Menschen. Der Radikal ist nicht immer so negativ besetzt. Steht innen das ›Reisfeld‹ und darüber der ›Himmel‹ – ein Querstrich –, dann ändert sich mit dem Aussehen auch die Bedeutung und es entsteht ›die Zeichnung, das Bild, das Gemälde‹. Dabei wird oft eine Landschaft mit dem Himmel im Hintergrund dargestellt. Was nun das Unglück und Pech betrifft, so versichern uns die Chinesen: »An vielen Übeln ist der Mensch schuld.«

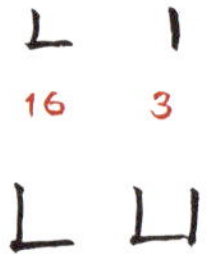

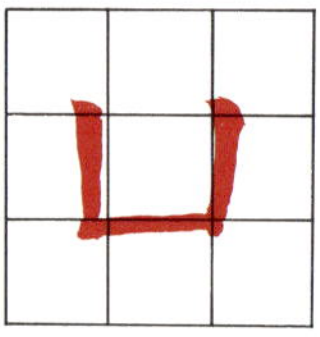

凶	Xiōng	*Verhängnisvoll*
凶神	Xiōng shén	*Teufel*
凶信	Xiōng xìn	*Todesnachricht*
画	Huà	*Gemälde*

XUÉ
HÖHLE

Während der Yăngsháo-Kultur (5000 bis 2500 v. Chr.), die in den Provinzen Hénán, Shănxī, Hébĕi, Gānsù und Quīnghaĭ bestand, wohnten die Menschen in Höhlen, die sie in die Lehmberge gegraben hatten. Diese Behausungen waren kühl im Sommer und warm im Winter und lösten auf das beste und billigste die Wohnungsfrage. Unser Radikal, der unter dem Dach zwei schräge Wände zeigt, ist das Zeichen für diese Höhlen. Mit ›wohnen‹ bedeutet der Radikal ›in Höhlen wohnen‹. Vor dem ›Ort‹ geschrieben bezeichnet er einen ›Punkt in der Akupunktur‹. Diese chinesische Heilkunst ist aufgebaut auf den fünf Elementen, fünf Geschmäckern, fünf Planeten, fünf Farben, fünf Metallen und fünf Organen. Mit einer Metallnadel sticht der Arzt in den Punkt ein, um das gestörte Gleichgewicht im Körper wiederherzustellen. Zusammen mit dem Graphem ›Hund‹ heißt der Radikal ›unerwartet‹. ›Höhle‹, ›Hand‹ und ›Bewegung‹ ergeben ›aushöhlen, graben‹.

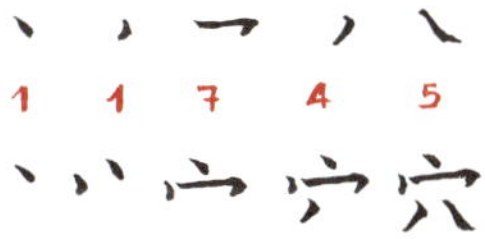

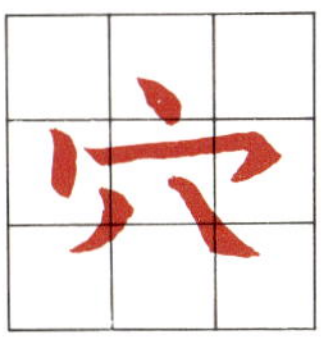

穴居	Xué jū	*In Höhlen wohnen*
穴位	Xué wèi	*Punkt der Akupunktur*
突	Tū	*Unerwartet*
挖	Wā	*Graben*

GUĂNG
SCHUTZ

广

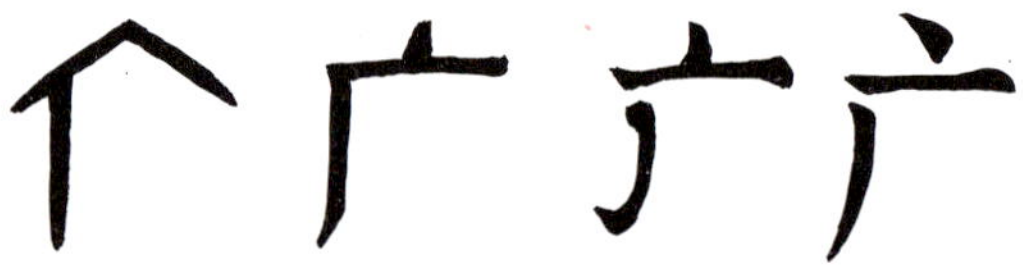

Eine einfache, nach vorne hin offene Hütte, wo man Geräte, landwirtschaftliche Produkte oder Wagen unterstellen konnte, ist wohl der Ursprung dieses Zeichens. Im Altertum bedeutete es ›Schutz, Unterschlupf‹, meinte aber auch jene Art von Geschäft, die heute noch auf dem Land anzutreffen ist. Heute ordnen ihm die Wörterbücher die Begriffe ›weit, breit, ausgedehnt‹ zu.
Stellen wir hier einen ›Wagen‹ unter, bekommen wir ›Warenlager, Depot‹. Wie das Piktogramm zeigt, war es zuerst für Wagen gedacht, doch wurden dann auch Getreide, Gemüse, Früchte und sonstige Waren gelagert. Dann folgte die Bedeutung ›Geschäft‹, denn Geschäfte unterscheiden sich in China nicht grundsätzlich von Warenlagern. Durch die Hinzufügung von ›Wald‹ erhalten wir ›Hanf‹. ›Weit‹ und ›Bedeutung‹ ergibt ›im weiteren Sinn‹. Als ›weit‹ kombiniert mit ›säen‹ steht unser Radikal für ›Radioübertragung‹: Gedanken werden weit in die Hörerschaft gestreut, auf den Wellen in den Raum gesät.

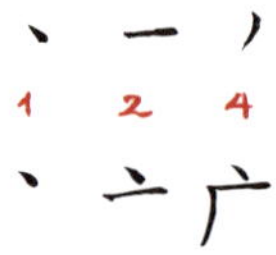

库	Kù	*Lager*
麻	Má	*Hanf*
广义	Guăng yì	*Im weiteren Sinn*
广播	Guăng bó	*Radioübertragung*

MIĀN
DACH

宀

Hier ein weiterer Radikal aus der Gruppe der überdachten Räume. Diesmal aber handelt es sich um eine von Menschen bewohnte Hütte. Das Dach als Schutz. Brennt ein ›Feuer‹ unter dem ›Dach‹, läßt das nur eine Aussage zu: ›Unglück, Unheil, Katastrophe‹. In einem Land, in dem die Mehrzahl der Häuser aus Stroh, die Villen und Paläste aus Holz waren, gehörten Brände zu den verheerendsten Unglücken. Schreiben wir unter das ›Dach‹ das alte Zeichen für ›Stadt‹, dann heißt das ›der Mandarin‹ (ein übrigens westliches Wort). Damit bezeichnete man den Regierungsbeamten, der an der Spitze der Stadtverwaltung stand. Doch ist nicht alles Gold, was glänzt, und so sagten die Chinesen: »Wer in der Nähe eines Mandarins weilt, erhält Ehren, wer beim Koch ist, Speisen.« Das Wort ›wertvoll‹ schreibt sich mit der ›Jade‹ unter unserem Radikal. Vor der Vereinfachung besaß dieses Zeichen noch Vasen und Muscheln. Bedeckt das Graphem den Begriff ›reich‹, sind viele Schätze unter einem Dach gemeint.

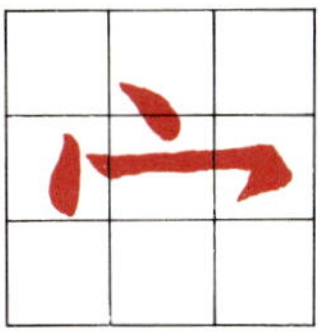

灾	Zāi	*Unheil*
官	Guān	*Mandarin*
宝	Bǎo	*Wertvoll*
富	Fù	*Reich*

WǍ
ZIEGEL

瓦

In der chinesischen Architektur spielt der Ziegel eine bedeutsame Rolle. Er soll nicht nur die Dächer decken und schmücken, sondern auch die Funktion des Gebäudes anzeigen und die gesellschaftliche Stellung dessen, der darin wohnt. Die ersten Tonziegeln gehen in die vordynastischen Kulturen zurück. Unter den Östlichen Hàn (25 – 220) begann man damit, die Ziegel zu färben und zu glasieren.
Der Radikal wurde vielfach abgeändert und erinnert nicht mehr an zwei übereinandergesetzte und mit Kalk verbundene Ziegel. Eine Reihe von Ableitungen dehnen die Bedeutung auch auf ›Terrakotta‹ aus. Aus der Verbindung mit ›öffentlich‹ ergibt sich ein ›Krug‹, in dem eingesalzenes Gemüse aufbewahrt wird; mit ›Behälter‹ ist es das ›Reisschälchen‹. Auffällig ist das Wortzeichen ›Porzellan‹: Über unserem Radikal steht ein Zeichen, welches die Bewegungen beim Atmen wiedergibt.

瓮	Wèng	*Krug*
瓯	Ōu	*Schälchen*
瓷	Cí	*Porzellan*
瓷砖	Cí zhuān	*Keramikziegel*

MÉN
TOR

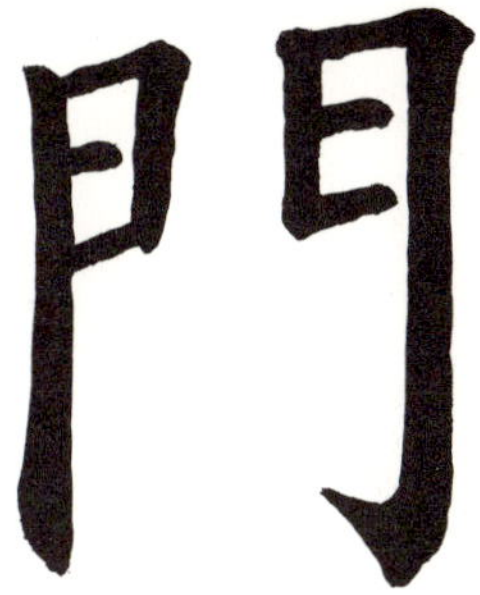

Wir haben es hier mit einer Tür im allgemeinen zu tun, mit zwei Türflügeln, die ein Haus, einen Palast oder gar eine Stadt abschlossen. Berühmt ist auch heute noch das *Tiānānmén* in Peking, das Tor des Himmlischen Friedens, das in die Verbotene Stadt führt.
In ihrer klassischen Form erinnern die Zeichen an die Türen auf dem Land mit einem Durchgang für Luft und Haustiere. In der vereinfachten Form hat die Tür ihre Flügel verloren. Aus den Zeichen ›Paar‹ und ›Tür‹ erhalten wir den Namen für die ›Glückwunschinschriften‹, die man an Neujahr rechts und links der Tür anheftet. Das ›Herz‹ innerhalb der ›Tür‹ bedeutet ›schwermütig‹. Schreiben wir statt dessen den ›Mund‹, meinen wir ›fragen, verlangen‹. Finden wir aber unter der ›Tür‹ den ›Palast‹, dann wollen wir etwas über ein ›Stadttor‹ mitteilen. »Eine Axt vor die Tür des Lŭ Bān legen« soll bedeuten: eine schlechte Figur abgeben. (Lŭ Bān war ein sagenumwobener Schreiner zur Zeit des Konfuzius.)

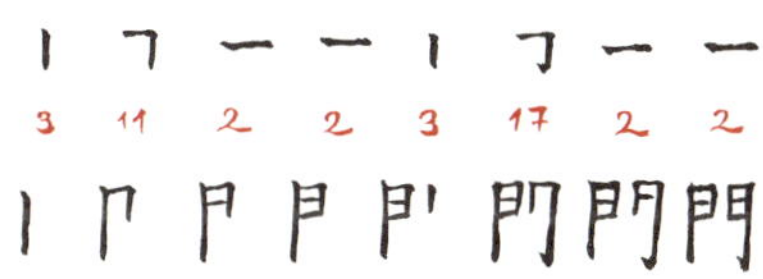

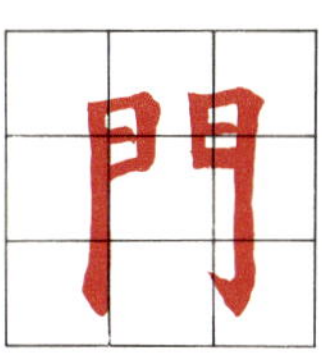

门联	Mén lián	*Glückwunschinschriften*
闷	Mèn	*Schwermütig*
问	Wèn	*Fragen*
闾	Lú	*Stadttor*

HÙ
TÜR

户

Diese Tür hat nur einen Türflügel. Das Zeichen heißt auch ›Familie, Haushalt‹. Um die Zahl der im Dorf ansässigen Familien anzugeben, benutzte der Geldeinnehmer zwei Zeichen: dieses hier für ›Tür‹ und das für ›Mund‹. ›Familienoberhaupt‹ schreibt sich mit unserem Radikal und ›Herrn‹: der Herr der Tür. In der Feudalzeit hatte man diesen Begriff auch auf die Regierungsabteilung übertragen, die sich um Steuern und Abgaben kümmerte. Sie hieß nämlich nicht Finanzministerium, sondern ›Ministerium der Türen‹. Die Haustür stand aber nicht nur für die Familie als gesellschaftliche Einheit, sondern symbolisierte auch den Fleiß. »Die Angel einer Tür beherbergt nicht viele Insekten.« Dieses Sprichwort ist so zu deuten, daß Türen laufend hin- und herschwingen und nicht der geeignete Ort sind, sich auszuruhen. Der ›Hund‹ unter der ›Tür‹ bedeutet ›Fehltritt, Verbrechen‹. Ein ertappter Hund versucht, unter der Tür hindurch zu entwischen.

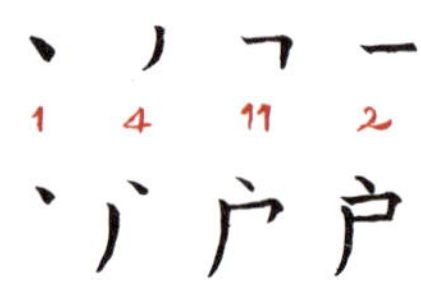

户口	Hù kǒu	*Familie*
户主	Hù zhǔ	*Familienoberhaupt*
户部	Hù bù	*Finanzministerium*
戾	Lì	*Verbrechen*

WÉI
UMZÄUNUNG

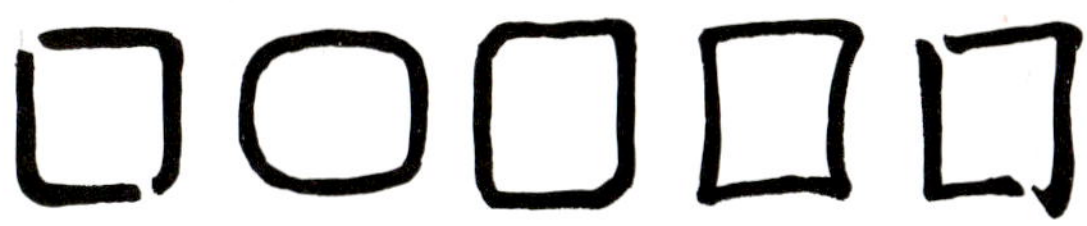

Ursprünglich wurde mit der Hand eine Umrandung gezeichnet. In der Folge wurde daraus ein Viereck, das nicht mit dem kleineren ›Mund‹ zu verwechseln ist. Der Radikal hier bedeutet ›Umzäunung, Gehege, Grenze‹.
Berühmt ist die Ableitung ›Land, Staat‹. Sie ist in ihrer alten Form zusammengesetzt aus der ›Grenze‹, der ›Erde‹, dem ›Mund‹ und der ›Hellebarde‹. Ein klarer Begriff: ein Gebiet, das in seinen Grenzen Felder, Menschen und Soldaten umschließt. In der vereinfachten Form steht in der Umzäunung nur noch die ›Jade‹. Schreiben wir in die ›Umzäunung‹ einen ›Menschen‹, haben wir den ›Gefangenen‹. Setzen wir die ›Frau‹ oder das ›Kind‹ hinein, dann handelt es sich um eine Sklavin oder einen Kindersklaven. Das war wenigstens der ursprüngliche Sinn. Heute heißt das Zeichen ›Junge und Mädchen‹, deren völlige Abhängigkeit vom Erzeuger damit zum Ausdruck kommt. Steht ›alt‹ in der ›Umzäunung‹, dann heißt es ›fest‹. Alt ist die Tradition, sie garantiert Stabilität.

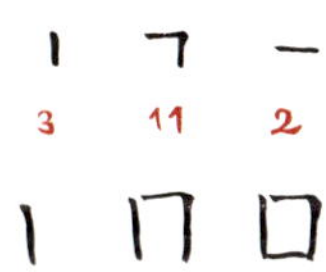

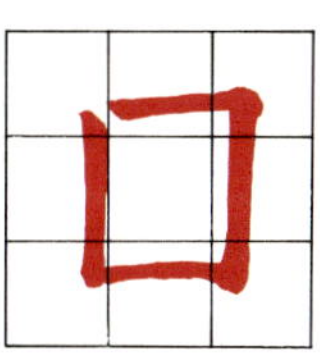

国	Guó	*Land*
囚	Qiú	*Gefangener*
囡	Nān	*Kind*
固	Gù	*Fest*

LǏ
DORF

里

Eine kleine Ansammlung von Häusern, die nach altem Gesetz den achten Teil des Geländes zum Wohnen belegte, wie das unser Radikal auch in der verkürzten Form noch andeutet. In der Mitte befand sich ein Platz mit einem öffentlichen Brunnen. Außer mit der Bedeutung ›Dorf, Geburtsland‹ erscheint das Zeichen noch als Längenmaß von etwa 500 Metern. Die Große Mauer heißt auf Chinesisch »die 10 000 lǐ Mauer«. Heute bedeutet das Zeichen auch noch ›innen, gefüttert‹.
In diesem Sinn gebraucht und verbunden mit ›Meer‹ entsteht das Kaspische Meer zwischen der russischen und iranischen Grenze. Eine geglückte Verbindung stellt unser ›innen‹ und ›Rückgrat‹ dar: Das ›Filet‹ wird daraus, das Fleisch nämlich, welches sich im Innern der Lendenmuskulatur neben dem Rückgrat befindet. Schreiben wir nach dem Radikal die ›Hand‹, meinen wir die Seite zur Straße hin, ›links‹ dessen also, der ein Gefährt lenkt, also im Innern der Straße.

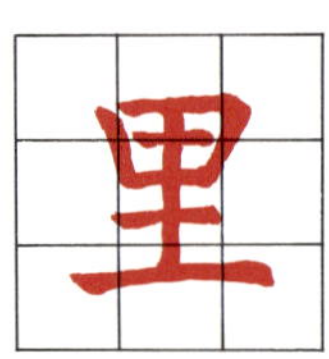

里海	Lǐ hǎi	*Kaspisches Meer*
里拉	Lǐ lā	*Lira*
里脊	Lǐ jǐ	*Filet*
里手	Lǐ shǒu	*Links*

YÌ
STADT

邑

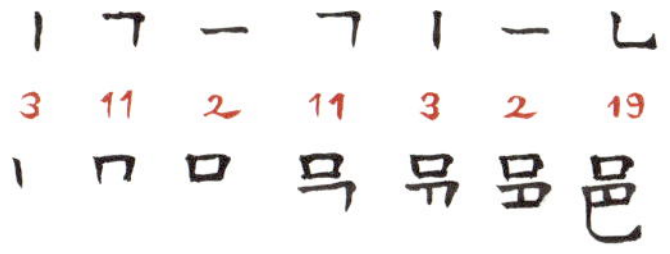

Es ist nicht schwierig zu erkennen, daß sich dieses Zeichen von der ›Umzäunung‹ herleitet. Wir haben es hier mit einer bedeutenden Ansammlung von Häusern zu tun, einer Stadt, die von Mauern umgeben und durch einen Graben geschützt ist. Im Piktogramm wird oben eine solche Stadt angedeutet, darunter, mit dem Zeichen für ›Siegel‹, das Zentrum, in dem die kaiserlichen Behörden ihren Sitz hatten. Außer der Schwierigkeit, den Radikal nach seiner Vereinfachung in Zusammensetzungen zu erkennen, besteht auch noch die Gefahr, ihn mit ›Hügel‹ zu verwechseln, dessen Zwilling er ist. Hier steht jedoch der Radikal rechts im Zeichen, während der ›Hügel‹ links geschrieben wird. ›Nachbarlich‹ besteht aus unserem Radikal und ›gemeinsam‹. Mit dem phonetischen Teil *Dǐ*, Name eines alten chinesischen Volkes, wird es zur ›Residenz‹ einer hohen Persönlichkeit. ›Offiziell‹ davor kennzeichnet dann die ›Botschaft‹. In Verbindung mit ›vereint‹ heißt der Radikal ›Außenbezirk‹.

邻	Lín	*Nachbarlich*
邸	Dǐ	*Residenz*
官邸	Guān dǐ	*Botschaft*
郊	Jiāo	*Außenbezirk*

TIÁN
FELD

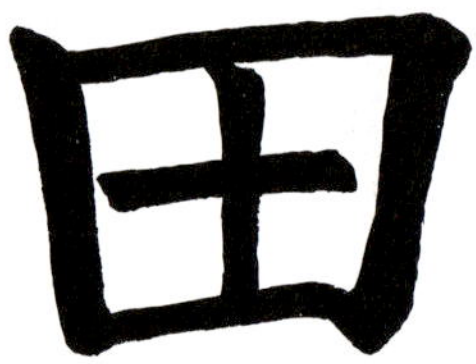

Ein Stück bebauter Erde, ein Reisfeld etwa, umgrenzt von kleinen Dämmen, welche die bewässerten Beete abteilen und den Bauern als Feldweg dienen: ein Zeichen, das man sich gut merken kann. Jeder Bauer ist eng mit seinem Feld verbunden und hält sich an die Redeweise: »Verlaß dein Feld im Frühling nicht mehr, und nicht dein Haus im Winter.« Mit dem ›Herz‹ unter unserem Radikal schreiben wir ›denken, entscheiden‹. Die Entscheidungen der Bauern werden von der Entwicklung der Reispflanzen bestimmt. Über die ›Abgrenzung‹ gesetzt entsteht ein Wort für ›Grenze‹, das in seiner alten Form sehr ausdrucksstark war: Drei Querstriche trennten zwei Reisfelder. Heute sind nur noch zwei Linien unter dem Feld geblieben. Diese ›Grenze‹ zusammen mit ›Stein‹ ergibt den ›Grenzstein‹. Der ›Frosch‹ schreibt sich mit ›Feld‹ und ›Hahn‹. Vielleicht haben die armen Bauern, die den Reichen die Hühner aufziehen mußten, sich damit getröstet, daß sie Frösche aßen und sie ›Reisfeldhühner‹ nannten.

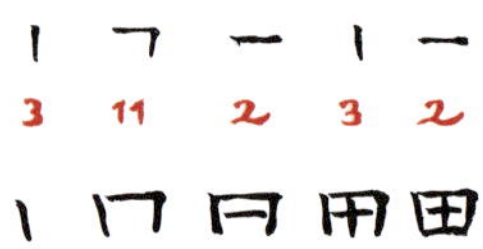

思	Sī	*Denken*
界	Jiè	*Grenze*
界石	Jiè shí	*Grenzstein*
田鸡	Tián jī	*Frosch*

JIŌNG
FREIES LAND

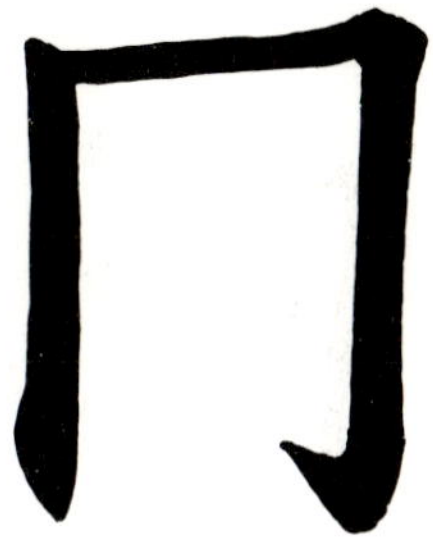

Ein offener Raum, von Längsstrichen eingegrenzt, die Ferne angedeutet durch einen Querstrich: das Land im Gegensatz zur Stadt. Als solches finden wir das Zeichen nicht mehr, doch tritt es als Radikal in sehr vielen Verbindungen auf. Mit dem Zeichen ›eintreten‹ innerhalb des Radikals schreibt sich ›drinnen, innen, in einen freien Raum eintreten‹. In dem berühmten Wörterbuch des Kāng Xī entdeckt man den merkwürdigen Fehler, daß das Zeichen ›Markt‹, eine Ableitung unseres Radikals, unter dem ›Handtuch‹ (*jīn*) eingeordnet wurde. Die gegenwärtigen Formen sind zwar identisch, doch sehen die Piktogramme ganz anders aus. ›Markt‹ besteht aus unserem Radikal und drinnen ›Gras‹ und ›Gebrauchsartikel‹. Diese Zusammensetzung leitet sich von einem freien, oft grasbewachsenen Platz her, auf dem die Leute einkaufen. ›Netz‹ hat ein recht anschauliches Zeichen: verknüpfte Fäden in einem Raum. Ein ›Fisch‹ davor, und es wird zu ›Fischnetz‹.

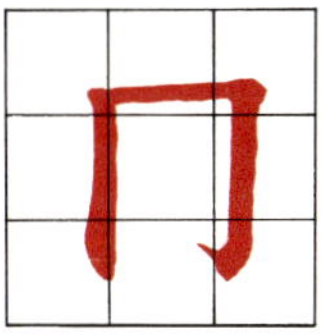

内	Nèi	*Innen*
市	Shì	*Markt*
网	Wǎng	*Netz*
鱼 网	Yú wǎng	*Fischnetz*

SĪ
SEIDE

糸

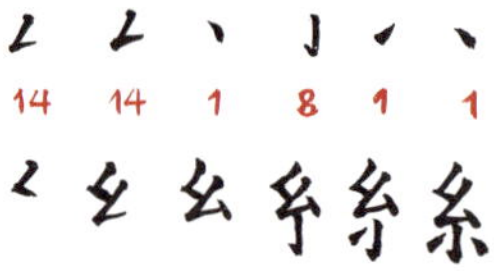

Die Legende schreibt die Erfindung der Seide der Frau des Gelben Kaisers zu (2698 v. Chr.). Seide gab es mit Sicherheit schon vor der Shāng-Dynastie. Wir finden dieses Zeichen, später zu ›Faden‹ geworden, auch schon unter den Orakelknochen. Erst gegen 550 haben zwei Mönche im Auftrag des Kaisers Justinian I. Seidenraupen aus China gestohlen und damit die chinesische Monopolstellung der Seidenerzeugung und des -handels schwer geschädigt. Das Piktogramm zeigt zwei Kokons übereinander und drei verknüpfte Fäden.
Die ›Hand‹ über dem ›Faden‹ ergibt ›binden, Reihe, Folge‹. Das ist die Arbeit dessen, der die Fäden vom Kokon löst, verknotet, festknüpft und zu einem kontinuierlichen Faden verbindet. Der ›Sohn‹ und der ›Faden‹ ist der ›Enkel‹, der die Fortführung der Familie bedeutet, am Leitfaden des Familiennamens. Die ›Seide‹ neben dem ›Flaum‹ bedeutet ›Samt‹. Frei sein heißt: »nicht mal an einen Seidenfaden gebunden sein«.

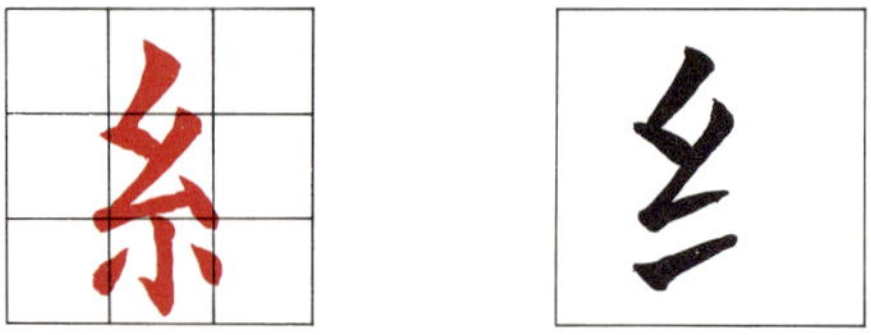

系	Jì	*Binden*
孙	Sūn	*Enkel*
丝绒	Sī róng	*Samt*
线	Xiàn	*Faden*

YĪ
KLEIDUNG

衣

Dieser Radikal, der in modernen Wörterbüchern in zwei Formen auftaucht, stellt eine chinesische Tunika mit weiten Ärmeln und wallenden Rockschößen dar. ›Im Anfang‹ übersetzt sich ins Chinesische mit den Zeichen ›Kleidung‹ und ›Messer‹, denn um ein Kleid zu nähen, muß man zuerst den Stoff zuschneiden. Das Zeichen ›jammern‹ besteht aus ›Dach‹, darunter ›Mund‹ und ›Kleid‹: Es erinnert an den alten, noch heute lebendigen Brauch, in langen weißen Gewändern in das Haus des Verstorbenen zu gehen, um ihn zu beweinen. Wieder das ›Dach‹, dazu das Zeichen für ›Mitte‹ und unser Radikal ergeben ›Gefühl, Rührung‹. Ursprünglich zeigte das Zeichen ein Stück Unterwäsche, daher die Bedeutung ›innen, im Innersten‹. Die ›Silberfischchen‹, Insekten, die auch in Büchern sitzen und den Leim fressen, sind für die Chinesen ›bekleidete Fische‹, vielleicht wegen der silbernen Schuppen. »Je neuer das Kleid, desto wertvoller. Eine Freundschaft aber wird um so wertvoller, je älter sie ist.«

初	Chū	*Anfänglich*
哀	Āi	*Jammern*
衷	Zhōng	*Gefühle*
衣鱼	Yī yú	*Silberfisch*

JĪN
HANDTUCH

巾

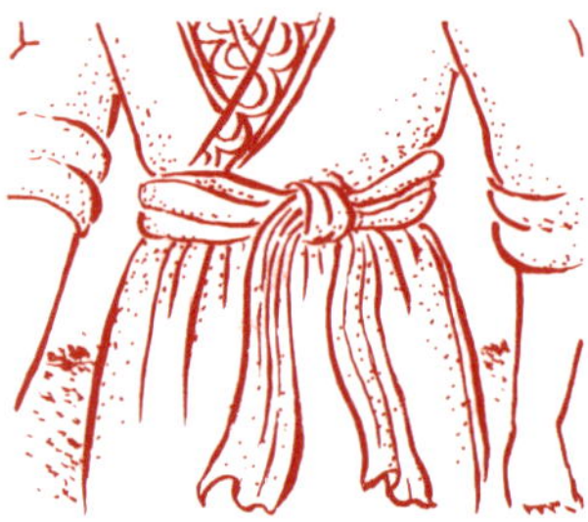

Wir haben beim Radikal *mī* (bedecken) schon vom Handtuch gesprochen. Das hier ist das Zeichen dafür. Es handelt sich um ein kleines Stück Stoff, das von den Bauern in tausenderlei Weise benutzt wurde: um abzustauben, sich die Hände zu trocknen oder sich zu waschen. Der Radikal zeigt das Handtuch in den Gürtel geschlungen, von wo es in zwei gleichen Teilen herunterhängt. Verbinden wir mit dem Radikal den ›Überfluß‹, dann entsteht daraus ›Vermögen, Segen, Glück‹. Wo wir sagen, das ist ein Glückskind, sagen die Chinesen: »Er ist mit dem Überfluß bekleidet.« Der ›Segen‹ und die ›Nachricht‹ nebeneinander geschrieben ergeben das ›Evangelium‹. Fügen wir noch die ›Überlieferung‹ hinzu, so erhalten wir drei Bedeutungen: ›gehorsam‹, ›Einladungskarte‹ und ›Kalligraphievorlage‹. Die Aussprache dieser Wörter unterscheidet sich nur durch den Ton.

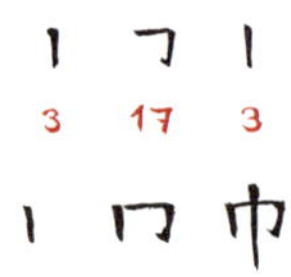

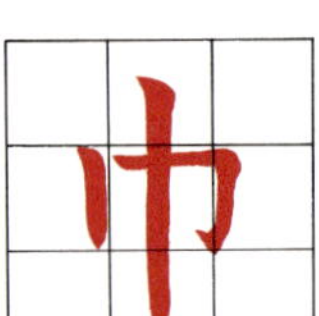

帖	Tĭe	*Einladungskarte*
手巾	Shŏu jīn	*Handtuch*

PÍ
STOFFBALLEN

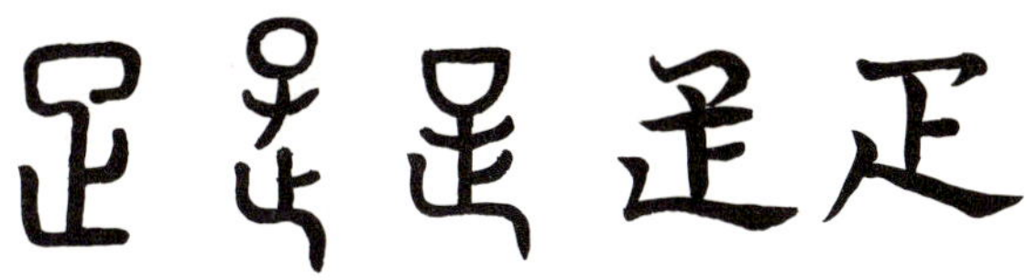

Ein Zeichen, das dem Fluß sehr ähnlich sieht, liefert ein weiteres typisches Beispiel für *zhuăn zhŭ,* d. h. für die Verwendung eines Schriftzeichens für eine weitere, übertragene Bedeutung. Die alte Zeichnung scheint an die weißen oder schwarzen Streifen zu erinnern, die sich die weniger Vermögenden um die Unterschenkel wickelten, wenn sie sich keine Leder- oder Fellstiefel leisten konnten. Daher dann die Bedeutung ›Stoffballen‹. Das Zeichen ›Wald‹ über unserem Radikal ergibt ›klar, sauber‹. Verbunden mit einem ›Insekt‹ entsteht der neue Begriff ›Ei, oval‹. Die Chinesen dachten dabei an die gerollten Kotkügelchen des Pillendrehers. Eine ›Muschel‹ hinter dem ›Ei‹ macht daraus die ›Eierschale‹. Schreiben wir unter (und nicht über, wie es natürlich wäre) den Radikal den ›Hut‹, entsteht das Wort ›Unteroffizier‹. Zwei mögliche Erklärungen: Dieser Dienstgrad ist den Offizieren unterstellt, oder: Seine soziale Stellung erlaubt ihm, Bänder und Helm zu tragen.

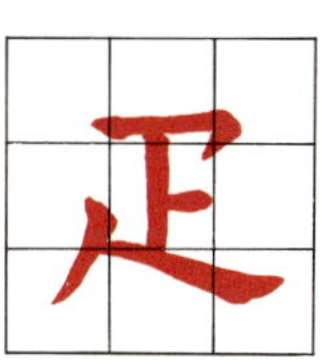

楚	Chŭ	*Klar*
蛋	Dàn	*Ei*
蛋壳	Dàn ké	*Eierschale*
胥	Xū	*Unteroffizier*

DER PINSEL

聿

Unter all den Werkzeugen des Menschen nimmt der Pinsel eine Sonderstellung ein: Er symbolisiert die Kunst und die Schönheit. Mit seiner Hilfe können die Menschen sich verständigen, können ihre Gedanken und ihre Sorgen aus-drücken. Der Radikal PINSEL, *positives Zeichen der Kraft, umfaßt auch alle an-deren Geräte, die von ihrer Handhabung her als Symbole des Friedens oder des Krieges erscheinen. So zum Beispiel die Sichel, die im Frieden das Korn mäht, aber im Krieg zum Werkzeug des Todes wird.*

DǑU
SCHEFFEL

斗

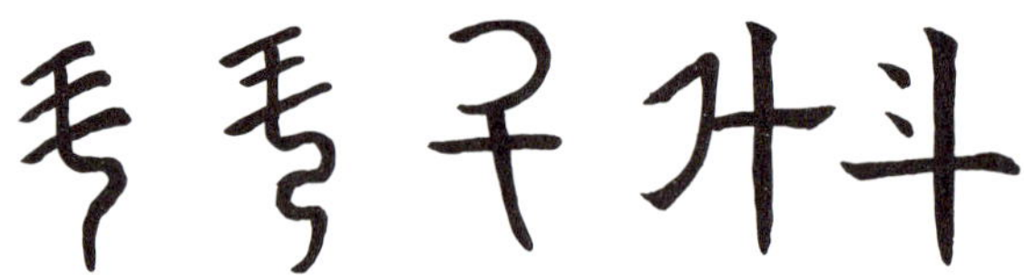

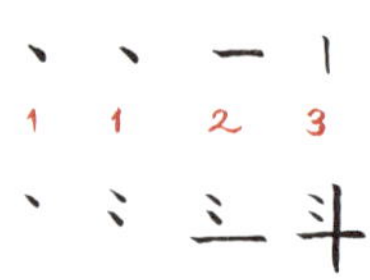

Eine wichtige Maßeinheit für Getreide ist der Scheffel. Berühmt ist ein Scheffel aus Bronze, in elliptischer Form, aus der Qín-Dynastie (221 v. Chr.). Auf der Unterseite sind zwei kaiserliche Erlasse eingraviert, einer davon aus dem 26. Jahr des Qín Shǐhuángdì. Es heißt da: »Wo Unregelmäßigkeiten und Betrug bestehen mit den Gewichten und Maßeinheiten, da muß jeder Zweifel ausgeräumt werden.« Der andere Erlaß stammt von Èrshǐ, seinem Nachfolger. Das *dǒu* entspricht 198 Zentilitern. Das alte Zeichen zeigte ein *sháo*, was einem Kochlöffel entspricht, dazu ›zehn‹, und meint damit soviel wie zehn Löffel Korn. Der ›Bambushut‹ schreibt sich mit unserem Radikal, dazu ›aufrecht‹ und ›Bambus‹. Mit einem andern Ton heißt er ›Faustkampf‹. Das Piktogramm zeigt allerdings nicht das Meßgerät, sondern zwei ›Hände‹. Der ›Rauch‹, dazu unser Radikal wird zur ›Pfeife‹. Mit dem ›Weizen‹ dagegen entsteht ›die akademische Disziplin‹ – eine Ableitung, die zu erklären wir Mühe hätten.

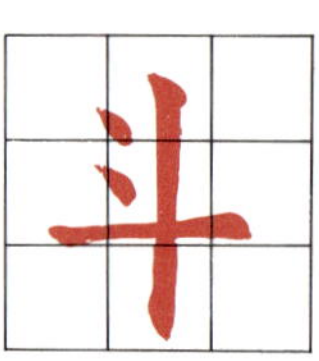

斗笠	Dǒu lì	*Bambushut*
斗	Dǒu	*Faustkampf*
烟斗	Yān dǒu	*Pfeife*
科	Kē	*Akademische Disziplin*

MĬN
GEFÄSS

Das Zeichen stellt einen Behälter für Speisen dar. Neuerliche Funde haben bewiesen, daß Tongefäße schon zu Beginn der neolithischen Zeit (8000 v. Chr.) existierten. Die Archäologen förderten Becken, Schälchen, Amphoren zu Tage, die von hervorragender Qualität sind und aus den Peīlĭgāng-, Hémŭdù- und Yăngsháo-Kulturen stammen, die zwischen 7900 und 7000 v. Chr. blühten. Die Erfindung wird dem legendären Kaiser Shén Nóng zugeschrieben, während der Gelbe Kaiser den ersten Beamten ernannt hat, der für die Töpferei verantwortlich war. ›Werkzeug‹ und unser Radikal bedeutet ›Geschirr‹. ›Wasser‹, ›Sonne‹ und ›Gefäß‹ ergeben ›lauwarm‹, und das ist auch die einfachste Art, Wasser zu erwärmen. Mit dem ›Tropfen‹ entsteht das ›Blut‹. Der berühmte Philosoph Meng Tzu (latinisiert Mencius) schreibt seinen Namen mit dem ›Sohn‹ über diesem Radikal und dahinter noch einmal dem ›Sohn‹.

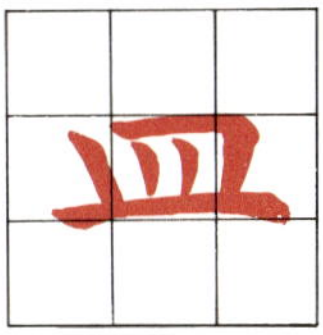

器皿	Qì mĭn	*Geschirr*
温	Wēn	*Lauwarm*
血	Xiĕ	*Blut*
孟子	Mèng zĭ	*Mencius*

FŎU
URNE (AMPHORE)

缶

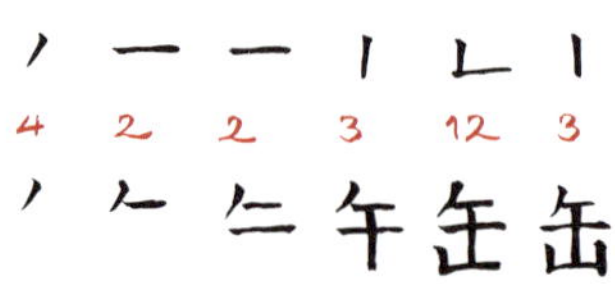

Wiederum ein Tongefäß, diesmal mit Deckel. Zu Beginn war es einfach ein irdenes Küchengeschirr, um Speisen, Getränke oder Wein aufzubewahren. Im Buddhismus machte man das Gefäß zum Kultgegenstand, in dem Reliquien von Heiligen oder die Asche von Priestern aufbewahrt wurden. Gegenwärtig steht das Zeichen auch noch für ein Musikinstrument aus gebranntem Ton, eine Art Schlagzeug.
Schreiben wir um unseren Radikal ›einwickeln‹, erhalten wir den Ofen zum Brennen von Ton. Mit der ›Hand‹ hat diese Zusammensetzung die Bedeutung von ›herausziehen, ausgraben, bestehlen‹. Der Radikal mit der ›Arbeit‹ verbunden meint einen ›Bottich‹. Schreibt man danach den ›Sohn‹, hat man den ›Napf‹, die ›Schüssel‹. Im übrigen diente den Bauern die Schüssel als Allzweckgeschirr, zum Essen wie zum Trinken. Jeder achtete eifersüchtig auf seine Schale und nahm sie sogar auf Reisen mit.

匋	Tāo	*Brennofen*
掏	Tāo	*Herausziehen*
缸	Gāng	*Bottich*
缸子	Gāng zǐ	*Schüssel*

YǑU
AMPHORE

酉

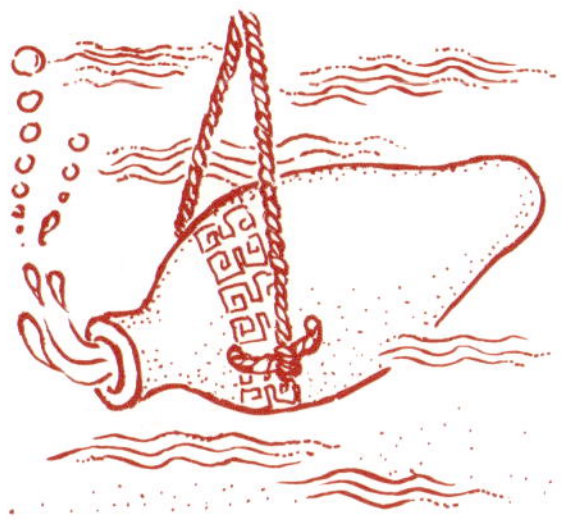

Schon auf den ersten Blick erinnert dieser Radikal an eine griechische oder römische Amphore: enger Mund, dicker Bauch, zum Boden hin wieder enger werdend und Henkel. Die Amphore wurde als Weingefäß benutzt, aber auch um Wasser aus einer Quelle oder dem Fluß zu schöpfen. Die Chinesen haben als erste die Funktion des Schwerpunkts entdeckt und sie auf die Amphore angewendet. Warf man diese Gefäße ins Wasser, füllten sie sich von selbst und richteten sich dann, sobald sie voll waren, auf. Heute bedeutet das Zeichen den zehnten der »zwölf Erdzweige« im Sonnenkalender und die Zeit zwischen 17 und 19 Uhr. Zwei ›Tropfen‹ über dem Radikal schaffen das Wort ›Stammeshäuptling‹. Aus dieser Zusammensetzung mit ›Bandit‹ geht der ›Bandenchef‹ hervor. Um das moderne Wort für ›Alkoholika‹ zu bekommen, genügt es, neben den Radikal das Zeichen ›Wasser‹ zu setzen. Bei einem ›Soldaten‹ neben der ›Amphore‹ kann es sich nur um einen ›Betrunkenen‹ handeln.

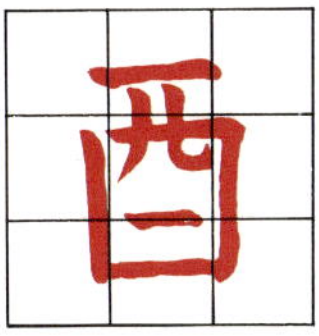

酋	Qiú	*Stammeshäuptling*
匪 酋	Fěi qiú	*Bandenchef*
酒	Jiǔ	*Alkoholika*
醉	Zuì	*Betrunken*

DǏNG
DREIFUSS

鼎

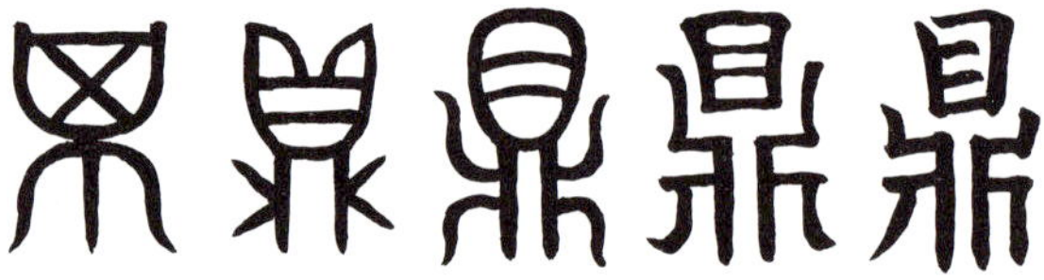

Aus einer ursprünglich aus Ton gefertigten Vase hat sich im Laufe der Geschichte dieses klassische bronzene Requisit entwickelt. Es hat drei oder vier Füße, wurde zunächst zum Kochen verwendet und später als Behälter für die Opfergaben an die Ahnen. Es hat Griffe, damit man es während der Kulthandlung besser anfassen kann, wobei diese Griffe schon wärmeisoliert sind. Das größte Gefäß seiner Art ist 1,33 m hoch, 1,10 lang und breit und wiegt 875 kg. In den Annalen *Die Bambusbücher* (296 v. Chr.) wird das Ende des Fürsten Aì aus dem Staat Qí berichtet, der auf Befehl des Königs Yī aus der Zhoū-Dynastie lebendig in einem *dǐng* gekocht wurde, weil er dreimal versucht hatte, den König zu stürzen.
Mit ›kochen‹ entsteht ›brodeln‹. Setzen wir ›aufrecht‹ hinter den ›Dreifuß‹, ergibt sich eine ›dreiseitige Konfrontation‹. Mit dem Zeichen ›blühend‹ hinter unserem Radikal drückt man den ›Höhepunkt einer Epoche‹ aus. Folgt dem ›Dreifuß‹ der ›Fuß‹, dann stehen sich drei rivalisierende Mächte gegenüber.

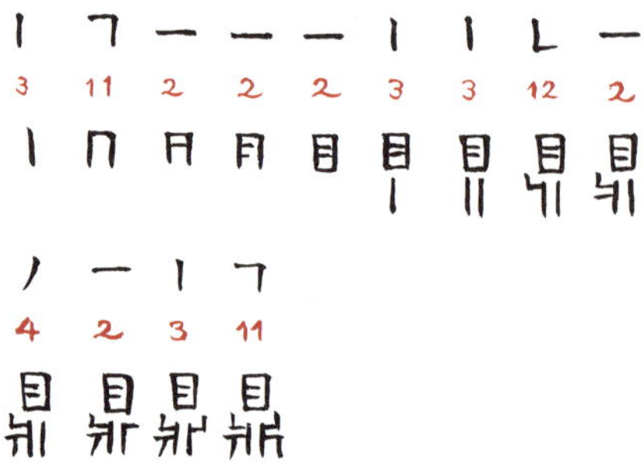

鼎沸	Dǐng fèi	*Brodeln*
鼎立	Dǐng lì	*Dreiseitige Konfronta*
鼎盛	Dǐng shèng	*Höhepunkt einer Epo*
鼎足	Dǐng zú	*Rivalität zwischen drei Parteien*

LÌ
TOPF

鬲

Dieses Kultgefäß aus Bronze ist auch in der modernen Form des Zeichens noch erkennbar. Es stammt von einem brustförmigen Tongefäß ab, das man direkt über das Feuer stellen konnte. Mit dem *dǐng* und dem *yán* zusammen gehört es zur Gruppe von Gefäßen, in denen Essen gekocht wurde. Die drei Beine sind innen hohl, um die Erwärmung zu beschleunigen. Das Zeichen zeigt die drei Beine, den Behälter und den Deckel. Ableitungen gibt es nur wenige.
Mit der ›Regel‹ als phonetischem Teil erhalten wir das *guī*, ein weit verbreitetes Speisegefäß aus Bronze mit Henkeln, das auf einem viereckigen hohlen Gestell stand. 1978 wurde ein solches Gefäß gefunden: 60 kg schwer, 59 cm hoch. Setzen wir über unseren Radikal die ›Reissuppe‹, bestehend aus dem aufsteigenden ›Dampf‹ rechts und links und dem ›Reis‹ in der Mitte, dann heißt es ›verkaufen‹. Mit Reissuppe, die man an der Straße verkauft, läßt sich auch heute noch ein gutes Geschäft machen.

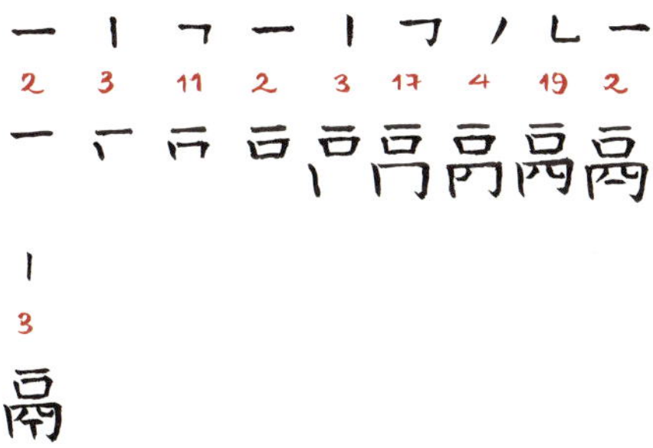

鬹	Guī	*Bronzevase*
鬻	Yù	*Verkaufen*

BǏ
LÖFFEL

匕

丿 乚
4 19
丿 匕

Der Löffel ist das einzige Besteck, das die Chinesen eingeführt haben. Sonst benutzen sie ja Stäbchen. Der Löffel besteht immer aus Porzellan und hat einen kurzen Griff. Leider ist das ursprüngliche Zeichen im Piktogramm verlorengegangen. Es sollte ein Schabgerät oder einen Kochlöffel darstellen. Das heutige Graphem stammt von dem verkehrt herum geschriebenen Zeichen ›Mensch‹ ab.
Der ›Norden‹ besteht aus diesem ›Menschen‹, zweimal gegeneinander geschrieben: zwei Menschen, die sich den Rücken kehren. Der Norden gehört in den Bereich des Bösen und Kalten, man kehrt ihm besser den Rücken. Die Theatersitze, der Thron, die Haustüren sind alle nach Süden gerichtet. Auch ein chinesischer Kompaß zeigt nach Süden. Die ›nördliche Hauptstadt‹ ist ›Peking‹. Unser Radikal kombiniert mit ›Kopf‹ ergibt den ›Dolch‹.

北	Běi	*Norden*
北京	Běi jīng	*Peking*
匕首	Bǐ shǒu	*Dolch*

DĀO
MESSER

刀

Es handelt sich hier weniger um ein Besteck als um ein Arbeitsgerät. Das Zeichen bedeutet manchmal sogar: Schwert. Im Piktogramm entdecken wir oben den Griff und unten die etwas gekrümmte Klinge. Man darf es nicht mit dem Radikal ›Kraft‹ verwechseln, bei dem der Längsstrich über die Querlinie hinausragt.
Das Zeichen ›Mund‹ hinter dem Radikal bedeutet sowohl ›des Messers Schneide‹ als auch den ›entscheidenden Punkt‹, also ›treffen‹. Mit dem ›Kind‹ schreiben wir das ›Taschenmesser‹. Ein ›Tropfen‹ davor zeigt an, daß es um die ›Klinge‹ geht, die Blut fließen lassen kann. Dieses Zeichen wird auch für ›erstechen, töten‹ verwendet. Mit dem ›Herzen‹ unter dem ›Messer‹ entsteht ›Schmerzen ertragen, Schwierigkeiten bestehen‹. »Das Fleischermesser niederlegen und ein Buddha werden« bedeutet: eine unerwartete Bekehrung erfahren. Heißt es aber von jemandem, er sei »Messer und Beil«, dann will man sagen, er nimmt's nicht gar so genau.

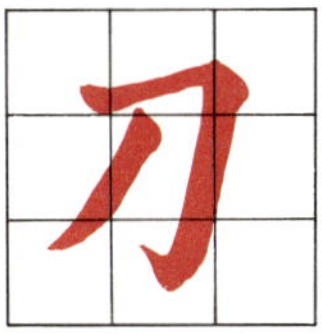

刀口	Dāo kǒu	*Entscheidender Punkt*
刀子	Dāo zǐ	*Taschenmesser*
刃	Rèn	*Klinge*
忍	Rěn	*Ertragen*

XIĀ
DECKEL

In den Restaurants sieht man Schälchen, die als Deckel eine andere Schale bedecken, um das Essen warm zu halten. Auf diese chinesische Gepflogenheit deutet das Piktogramm hin. In der modernen Form wird das Zeichen anders geschrieben, bedeutet eher ›Westen‹ als ›Deckel‹ und hat den Lautwert *xī*.
Die alte Hauptstadt der Seidenstraße, Cháng Ān, heißt heute Xī Ān (Westlicher Friede). Schreiben wir unter unseren Radikal die ›Frau‹, ergibt es ›drohen, zwingen‹. Eine Frau zu unterdrücken ist der Inbegriff von Mißbrauch und Gewalt. Das gleiche Zeichen, mit einem anderen Ton, bedeutet ›wichtig, verlangen‹.
Die alte Schreibweise des Zeichens kennzeichnet die Hüften einer Frau und deutet die Idee des ›Verlangens‹ an.
Schreiben wir den ›Baum‹ über den Radikal, ist es die ›Kastanie‹. Mit der ›Muschel‹ über dem ›Deckel‹ haben wir den ›Kaufmann‹. Einer, der die Ware mit Muscheln bedecken kann, ist in der Lage zu kaufen und verkaufen.

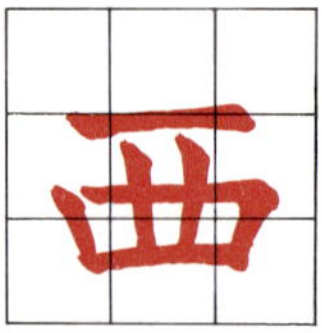

西安	Xī Ān	*Xian*
要	Yāo	*Verlangen*
栗	Lì	*Kastanie*
贾	Gǔ	*Kaufmann*

JIÙ
MÖRSER

臼

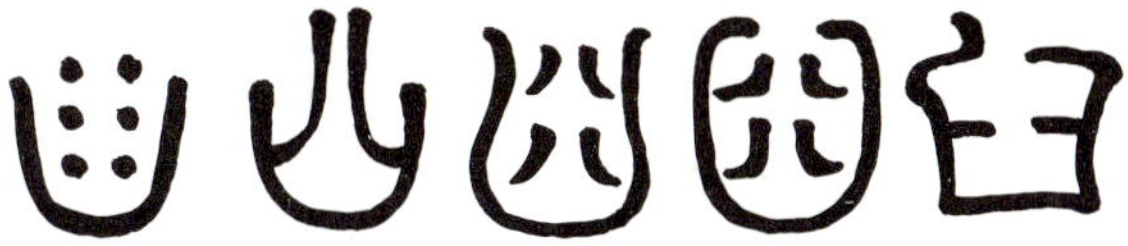

Nach einem allen alten Völkern gemeinsamen Brauch wurde anfangs eine Vertiefung im Boden als Mörser benutzt. Später wurden Mörser aus Baumstämmen oder aus Stein und schließlich aus Metall hergestellt. Auch unser Radikal bedeutet noch die Grube im Boden.
›Mörser‹ und ›Zahn‹, das ist der Zahn, der die Speisen zerkleinert, nämlich der ›Backenzahn‹. Schreiben wir das Zeichen ›männlich‹ darunter, erhalten wir den ›Bruder der Mutter, Bruder der Frau‹. Es bedeutet aber auch noch ›wichtig‹. Wie der Mörser, so ist auch das Band wichtig, das mit den Namen ›Onkel‹ und ›Schwager‹ die männliche Linie der Sippe zusammenbindet. Steht der vereinfachte ›Hügel‹ links neben dem Radikal und darüber der ›Mensch‹, dann ist das eine ›Falle‹: ein steiler Abhang und ein Mensch, der in ein Loch gefallen ist. ›Leeren, schöpfen, ausgießen‹ schreibt sich mit dem Radikal und der ›Hand‹. Was der Mörser zerkleinert hat, holt man mit der Hand heraus.

臼齿	Jiù chǐ	*Backenzahn*
舅	Jiù	*Onkel, Schwager*
陷	Xiàn	*Falle*
舀	Yǎo	*Schöpfen*

MÁO
LANZE

矛

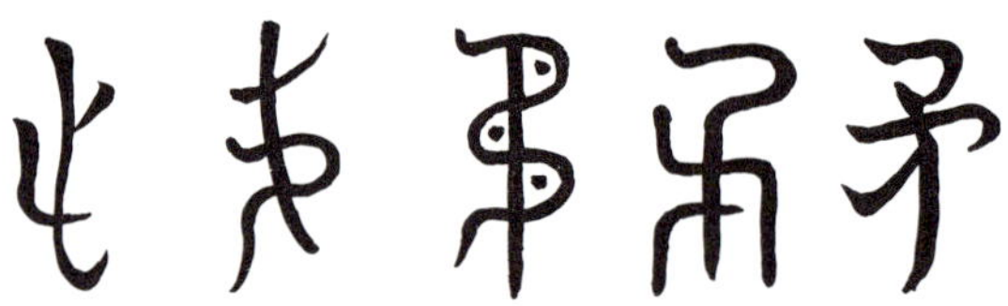

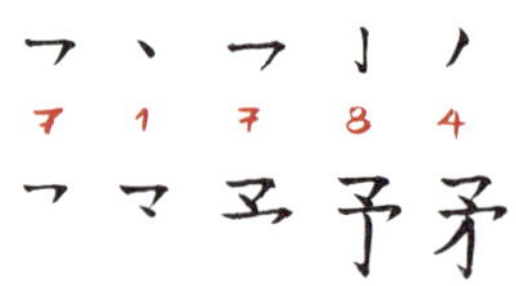

Wir kommen nun zu den blanken Waffen. Sie wurden einst durch Namen bezeichnet, die heute vergessen sind und an die nur noch Zeichen von obskurer Bedeutung erinnern. Das Piktogramm zeigt eine Lanze mit langem Schaft, von der Art, wie sie auch beim Terrakotta-Heer des Qín Shǐhuángdì gefunden wurden. Mit diesen Lanzen hielt man sich die Feinde vom Leib, die vom Streitwagen her angriffen.

›Lanze‹ in Verbindung mit ›jetzt‹ bedeutet ›Mitleid‹. Ursprünglich wurde eine Lanze mit dem Schaft nach vorne übergeben. So kapitulierten die Soldaten vor dem Sieger. Setzen wir unser Zeichen über den ›Baum‹, dann weiß jeder, daß ›nachgiebig, weich, sanft‹ gemeint ist. Dieses Wort mit der ›Hand‹ links ergibt ›kneten‹ – eine Handlung, die sowohl Kraft als auch Sanftheit verlangt. »Das Haupt, an die Lanze gelehnt, die Morgendämmerung erwarten« steht für den Soldaten, der ungeduldig dem Beginn der Schlacht entgegensieht.

矜	Jīn	*Mitleid*
矛头	Máo tóu	*Lanzenspitze*
柔	Róu	*Nachgiebig*
揉	Róu	*Kneten*

SHŪ
STOCK

Diese alte Bambuswaffe wurde zu einem Arbeitsgerät mit gekrümmtem Bügel, mit dem man Lasten trug. Wenn wir das alte Bild betrachten, erkennen wir unten eine Hand, die ruckartige Bewegungen ausführt, daher ›schlagen‹. Steht noch der ›Mörser‹ und die ›Arbeit‹ dabei, heißt es gar ›zerstören, vernichten‹ – ein sehr eindrucksvolles Bild für Leute, die den Stock jeden Tag benutzen. Mit den ›Pflanzenfasern‹ zusammen bilden wir das Wort ›Teil, Abschnitt‹. Zunächst ging es früher ums Dreschen, dann wurden auch andere Pflanzen zu Fasern reduziert. Ein merkwürdiges Wort entsteht, wenn wir diesen Radikal und ›Fleisch‹ zusammen schreiben. In der Feudalzeit bestrafte ein Mandarin seine Untergebenen mit Stockschlägen auf den Hintern, wodurch es möglich war, die Disziplin aufrechtzuerhalten, ohne die Arbeitskraft zu ruinieren. ›Schenkel, Teil‹ ist die moderne Bedeutung dieses Zeichens. Steht hinter dem ›Schenkel‹ das ›Gold‹, wird es zu einem Bestandteil des Kapitals, zu den ›Bankaktien‹.

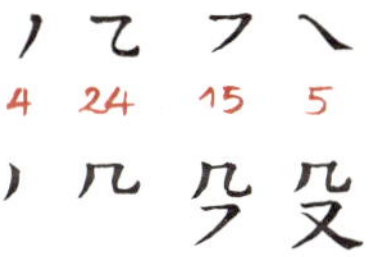

毀	Huǐ	*Zerstören*
段	Duàn	*Abschnitt*
股	Gǔ	*Schenkel*
股金	Gǔ jīn	*Bankaktie*

GĒ
HELLEBARDE

戈

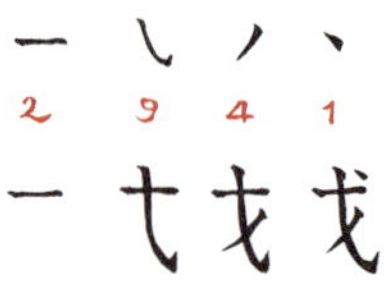

Im Mausoleum des Qín Shǐhuángdì fanden die Archäologen mehr als 10 000 Waffen, darunter auch Hellebarden. Sie sind eine tödliche Verbindung von Lanze, Axt und Schaft. Das antike Zeichen zeigt die Hellebarde in ihren Einzelteilen.
Fügen wir dem Radikal das vereinfachte Zeichen ›Mensch‹ hinzu, heißt es ›hacken, fällen‹ – heute im Sinne von ›Holz hacken‹. Das Piktogramm allerdings zeigt einen von einer Hellebarde an der Schulter verletzten Mann. Verzerrt ist die Bedeutung des Zeichens ›Stadt‹. Es besteht aus der ›Hellebarde‹, darunter dem ›Behälter‹ und dem ›Land‹, von einem Querstrich angedeutet. Jemand, der seine Besitztümer von Soldaten verteidigen läßt, führt zu dem Begriff der ›geschlossenen Ortschaft‹. Heute allerdings heißt das Zeichen ›möglicherweise‹. Mit dem ›Messer‹ nimmt der Radikal die Begriffe ›abgrenzen, zuweisen‹ an. Zwei ›Hände‹ unter der ›Hellebarde‹ bedeuten ›sich hüten, warnen‹.

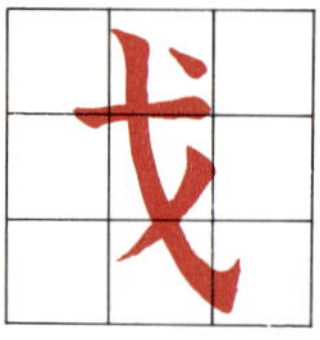

伐	Fá	*Fällen*
或	Huò	*Möglicherweise*
划	Huà	*Abgrenzen*
戒	Jiè	*Warnen*

SHǏ
PFEIL

矢

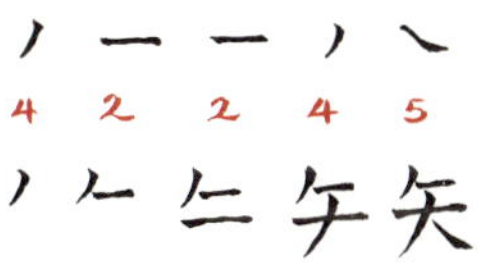

Ein zugespitzter Kopf, ein Trägerstück und ein gefiedertes Ende: So sieht der Pfeil aus. Der horizontale Strich in der Mitte des Schaftes hat einige Forscher an den durchbohrten Körper eines Menschen denken lassen.
In den Augen der Chinesen wird der Mensch von der Krankheit wie von einem Pfeil getroffen. Die ›Krankheit‹ schreibt sich deshalb mit dem Zeichen ›Übel‹ und ›Pfeil‹ darunter. Doch kreist auch noch die Heilung um den Pfeil, denn ›Heilen‹ besteht aus drei Teilen, aus ›Köcher‹, ›treffen‹ und ›Wein‹. Da Unheil von bösen Geistern angerichtet wurde, war es nötig, mit einem Pfeil aus dem Köcher den Bösewicht zu treffen und sich mit einem Schluck Alkohol Mut zu machen. Heute zeigt das Zeichen den ›Pfeil‹ nur noch im Behälter und heißt manchmal ›Heilung‹, manchmal ›Arzt‹. Mit dem ›Leben‹ ergibt es den ›Doktor‹. ›Wissen‹ schreibt sich mit ›Pfeil‹ und ›Mund‹: ein wie im Fluge erworbenes Wissen.

疾	Jí	*Krankheit*
医	Yī	*Heilung*
医生	Yī shēng	*Arzt*
知	Zhī	*Wissen*

GŌNG
BOGEN

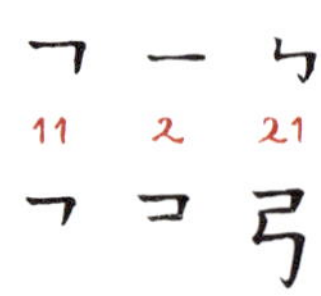

Dieses Kriegsgerät erkennen wir an der gespannten Bogensaite, hier mit einer Schlaufe gezeichnet: eine Waffe von großer Reichweite.
Nur mit dem ›Kind‹ wird aus der tödlichen Schnur der ›Bogen‹, der auf Streichinstrumenten spielt. Mit dem ›Ohr‹ erhalten wir ›niederschlagen, vertilgen‹. Wer einen Pfeil abschießen will, spannt zuerst die Saite bis hinter das Ohr. Daher die Bedeutung ›treffen, vernichten wollen‹. Die ›Schnur‹ bei unserem Radikal ergibt die Saite der Waffe wie auch die des Musikinstruments. ›Ziehen‹ besteht aus dem ›Bogen‹ und einem Längsstrich. Folgt diesem Wort ›werfen‹, will man damit ›beginnen‹ ausdrücken. »Den Bogen spannen und den Pfeil abschießen« entspricht unserem biblischen Ausdruck »den ersten Stein werfen«.
Ein chinesischer Philosoph mahnt weise seinen Fürsten: »Spanne nur deinen Bogen, schicke den Pfeil aber nicht los.« Der Feind wird deine Macht erkennen und »fliehen wie ein Vogel beim Anblick deines Bogens«.

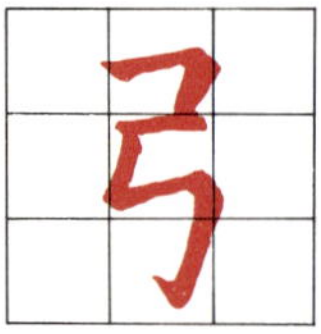

弓子	Gōng zǐ	*Bogen*
弭	Mǐ	*Niederschlagen*
弦	Xián	*Schnur*
引发	Yǐn fā	*Beginnen*

YÌ
PFEIL

弋

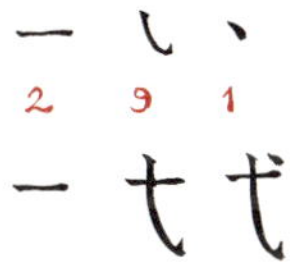

Am Ende dieses Pfeils, nach den Federn, war eine dünne Schnur befestigt, die es gestattete, den Pfeil mitsamt der Beute einzuholen. Das war besonders praktisch für die Jagd in unwegsamem Gelände. Andere sehen in diesem Radikal allerdings einen Haken, an den man etwas hängen kann.
Steht der ›Mensch‹ vor unserem Radikal, heißt es ›jemandes Stelle einnehmen, ersetzen‹. Fügen wir dem Radikal zwei kleine Striche und die ›Muschel‹ hinzu, entsteht der ›Profit‹, das heißt das, was man über seine Ausgaben hinaus zurückbekommt, also den Pfeil und die Beute. Heute aber bedeutet das Zeichen nur ›zwei‹ und wird auf Banknoten gedruckt, um die Fälschung zu erschweren, die bei den ersten chinesischen Kardinalzahlen sehr einfach wäre. In Verbindung mit dem ›kaiserlichen Beamten‹ wird ein ›Opportunist‹ daraus. Man dachte dabei wohl an die Beamten, die von einer abgesetzten Dynastie in die neue wechselten und weiter im Dienst blieben.

代	Dài	*Ersetzen*
貳	Èr	*Profit, zwei*
貳臣	Èr chén	*Opportunist*

FĀNG
KOFFER

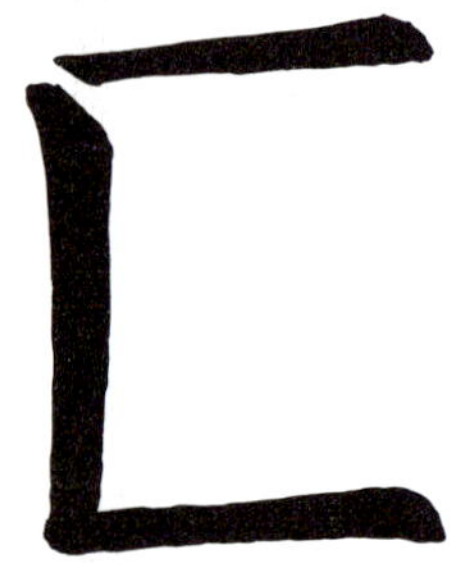

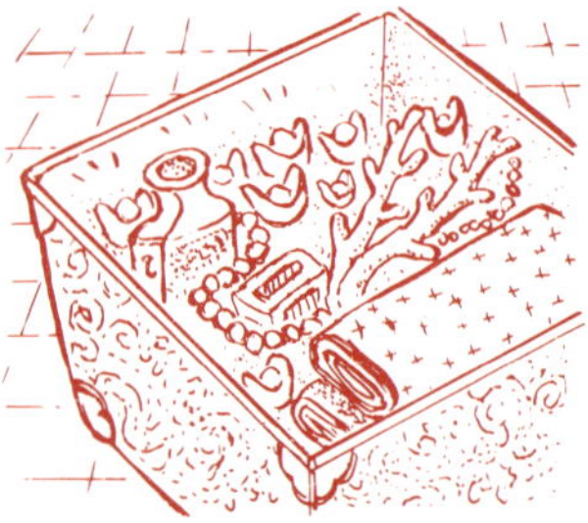

Im neuen Wörterbuch finden wir dieses Zeichen unter einem anderen Radikal, den wir schon kennen, nämlich unter ›verbergen‹. Dieser hier schreibt sich aber anders: Der obere Querstrich ragt nicht nach links hinaus. Die Ableitungen der beiden Radikale sind heute vermischt. Das Zeichen scheint von einem ausgehöhlten Baumstamm zu kommen, den man als Kanu benutzte. Später hat man das Zeichen horizontal geschrieben und ihm die Bedeutung ›Koffer, Schachtel, Korb‹ gegeben.
Aus der Kombination mit ›Handtuch‹ entsteht der ›Kreis, Umfang‹. Steht statt dessen das ›Kind‹ in unserem Radikal, wollen wir ›gleichrangig, ebenbürtig, Hälfte‹ ausdrücken. Dem neuen Zeichen fehlt in der Tat die rechte Seite, die es vollständig machte. Von daher: einer anderen Hälfte gleich. Mit dem ›König‹ ergibt sich der Wortsinn ›verbessert, richtig‹. Der ›Koffer‹ und der antike ›Helm‹ bezeichnen eine harte Oberfläche und stehen für eine ›Schachtel‹ mit Deckel.

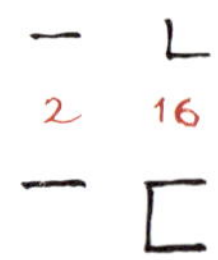

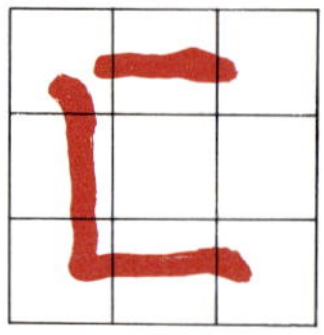

匝	Zā	*Umfang*
匹	Pǐ	*Ebenbürtig*
匡	Kuāng	*Richtig*
匣	Xiá	*Schachtel*

PÁN
HOLZ

爿

Wir sehen einen in zwei Teile gespaltenen Stamm, der in der Mitte von Axtschlägen eingekerbt ist. Früher sprach man das Zeichen *qiāng* aus und meinte damit den für die Tischlerei geeigneten Teil eines Baumstammes. Dann war es das ›Bett‹, das bei den Chinesen wie ein Tisch mit einer Matte aussieht. Heute wird es *pán* ausgesprochen und bedeutet ›Holz, Bambusstreifen‹.
Der Radikal, vereinfacht, und der ›Weise‹ ergeben ›stark, kräftig‹. Eine Person, stark wie eine Eiche und kräftig wie eine Tanne. Ersetzen wir den ›Weisen‹ durch die ›Frau‹, dann sagen wir etwas über das ›sich Schminken‹ aus. Früher war damit eine Frau gemeint, die stark zu sein vorgab, ohne es zu sein, die sich also verstellte. Heute bezeichnet man damit eine Frau, die auf sich aufmerksam machen will. ›Töten‹ schreibt sich mit unserem Radikal und der ›Hellebarde‹. Hier tut die Waffe mit dem Menschen, was die Axt mit dem Stamm tat. ›Stark‹ und der ›Weise‹ machen den ›Krieger‹, der kräftig, aber auch klug sein muß.

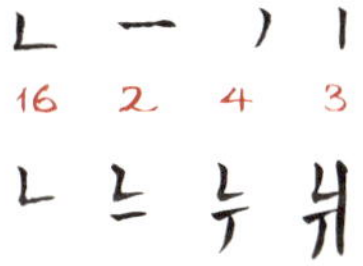

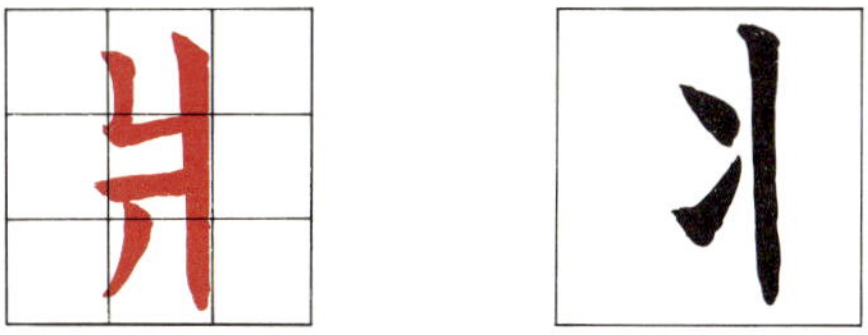

壮	Zhuàng	*Stark*
妆	Zhuāng	*Sich schminken*
戕	Qiāng	*Töten*
壮士	Zhuàng shì	*Krieger*

JĪ
TISCHCHEN

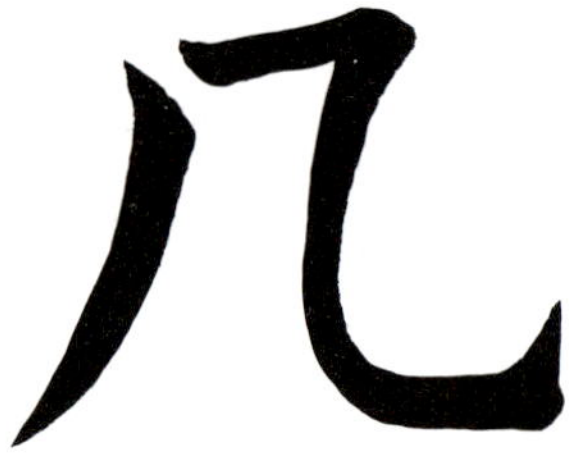

Dieses Möbelstück gehört in ein wohlhabendes Haus. Aus praktischen Bedürfnissen entstanden, erfüllte es schließlich eine dekorative Funktion und diente zum Aufstellen einer Vase oder einer Pflanze (z. B. eines Bonsai, wie bei den Japanern). Unter der Táng-Dynastie (618 bis 907) wurden diese Einrichtungsgegenstände verfeinert, aus wertvollen Hölzern und mit Intarsien hergestellt. Es gibt sie auch zu dreien oder fünfen, wobei man sie untereinanderschieben kann.
Vielleicht stammt daher das Wort ›aufstapeln, anhäufen‹, das mit ›Erde‹, unserem Radikal und ›Holz‹ geschrieben wird. Der ›Tee-Tisch‹ ist eines der am meisten benutzten Möbelstücke in China. Zwei ›Münder‹ darüber ergeben die ›Zauberei‹. Die ›Hauptstadt‹ ändert den Sinn in ›leuchtend, klar‹. Wohl deshalb, weil der kaiserliche Beamte aus der Hauptstadt klarere Vorstellungen hatte als der lokale Beamte.

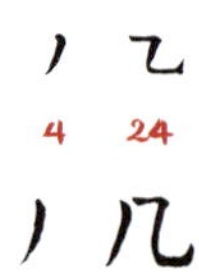

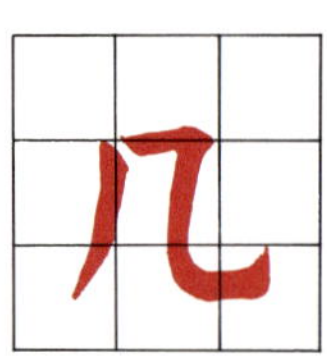

垛	Duò	*Aufstapeln*
茶几	Chá jī	*Teetisch*
咒	Zhòu	*Zauberei*
亮	Liàng	*Klar*

LĔI
EGGE

耒

Ein Viereck aus Holzbohlen, dazu ein Rost mit Metallspitzen: So sieht die Egge aus, ein landwirtschaftliches Gerät, mit dem man den Boden aufreißt, damit er die Saat besser aufnimmt. In früheren Zeiten wurde die Egge vom Büffel gezogen, doch öfter noch vom Bauern selbst, wenn er zu arm war, sich ein Tier zu halten. Der Radikal besteht unten aus ›Holz‹, während oben die von einer Senkrechten geteilten Querstriche die Metallspitzen andeuten.
Verbunden mit dem ›Brunnen‹ heißt der Radikal ›pflügen‹. Folgt diesem Wort der ›Ochse‹, ist der ›Zugochse‹ gemeint. Mit dem ›Griff‹, an dem heute die ›Hand‹ fehlt, wird der Radikal zu ›eggen‹.
Die Scholle wird zerbröselt, die Erde geebnet, Dünger verteilt und die Saat ausgestreut – zu all dem dient die Egge. Die ›Feder‹ dazu, und es heißt ›kosten, verbrauchen‹. Großer Schaden wird angerichtet, wenn die Vögel das Saatgut fressen.

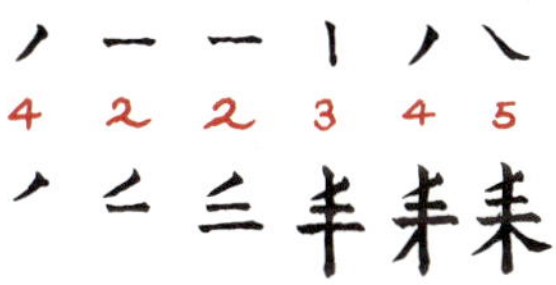

耕	Gēng	*Pflügen*
耕牛	Gēng niú	*Zugochse*
耙	Bà	*Eggen*
耗	Hào	*Verbrauchen*

YǏ
SICHEL

乙

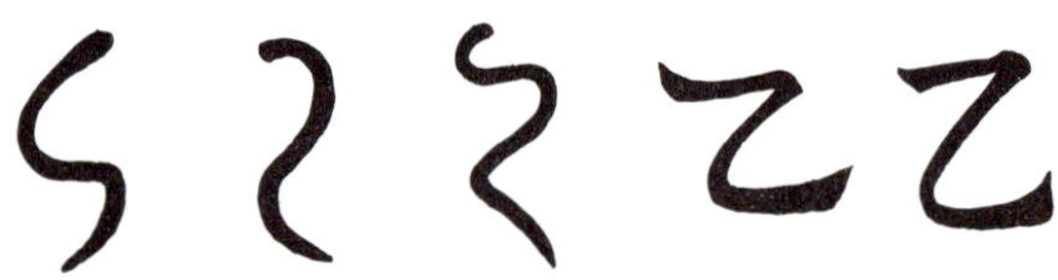

Ein umstrittener Radikal. Wir haben uns für die Sichel entschieden, ein weitverbreitetes landwirtschaftliches Gerät in einem vorwiegend bäuerlichen Land. Die Zeichnung scheint die gebogene Klinge mit dem kurzen Griff wiederzugeben. Vielleicht ist es aber auch ein Sprößling, der sich einen gewundenen Weg durch die Erde bahnt und gerade herausschaut. Von daher wäre der Begriff ›keimen‹ und die Erweiterung auf ›Mühe, Bewegung‹ logisch.
Die neuen Wörterbücher helfen nicht weiter, die Ableitungen haben weder mit dem einen noch mit dem anderen etwas zu tun. Zunächst stammt die ›Neun‹ davon ab, eine heilige Zahl in der Literatur, Kunst und Architektur. Neun Kreise formen auch den Himmel, ein Symbol, das nicht erklärt wird. Gefolgt von der ›Provinz, Region‹ wird der Radikal zu einem poetischen Namen Chinas: ›Land der neun Provinzen‹. Der Radikal erscheint weiter in vielen chemischen Produkten, wie in ›Äthanol‹, wofür der ›reine Alkohol‹ hinzugefügt wird.

乙
24
乙

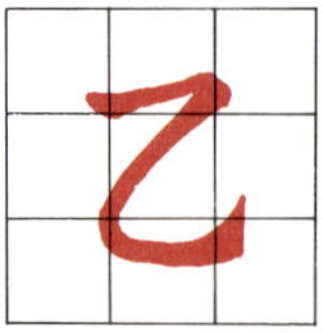

九	Jiŭ	*Neun*
九州	Jiŭ zhōu	*China*
乙醇	Yĭ chún	*Äthanol*

YÙ
PINSEL

聿

Die Chinesen betrachten die Kunst der schönen Schrift als gleichwertig mit der Malerei. Für beide benutzt man das gleiche Werkzeug: den Pinsel. Der Pinsel ist verantwortlich für den Wandel, die Entwicklung der Zeichen. Ihm verdankt man die Möglichkeit, mit feinen oder dicken, geraden oder gekrümmten Strichen, mit Tropfen, Punkten, Häkchen und Winkeln zu schreiben.
Der Radikal besteht aus einer ›Hand‹, die über einem ›Täfelchen‹ den ›Stift‹ hält. Setzen wir ›Mund‹ und ›Wort‹ hinzu, erhalten wir das ›Buch‹. Das, was man sagt, wird aufs Papier gebracht. ›Buch‹ gefolgt von ›zur Welt bringen‹ steht für den ›gebildeten Menschen‹, den ›Gelehrten‹, das heißt für denjenigen, der ›Bücher entziffern kann‹. Die älteste chinesische Akademie, die uns bezeugt ist, bestand um 754 und ist etwa 1000 Jahre älter als die erste europäische. Sie nannte sich »Pinselwald«. Hat jemand großen literarischen Ehrgeiz, dann »träumt er davon, daß aus seinem Pinsel Blumen wachsen«.

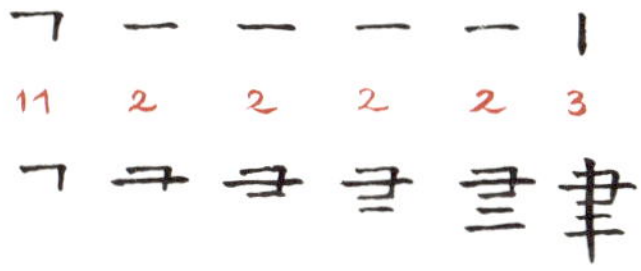

书	Shū	*Buch*
书生	Shū shēng	*Der Gebildete*

JUĒ
HAKEN

Einstmals benutzte man kleine Röhrchen, an denen oben ein Tintenbehälter saß. Damit konnte man Zeichen aus geraden, gleichmäßigen Strichen schreiben. Ähnlich war es mit den Holzpinseln, deren Spitzen aus Fasern bestanden. Die Striche waren nur noch eckiger. Die Einführung des Pinsels mit der Tierhaarspitze ändert alles. Dieser Radikal ist ein Ergebnis der Neuerung: Der senkrechte Strich ist weicher geworden. Es handelt sich um einen »falschen« Radikal, der später die Bedeutung ›Haken‹ angenommen hat, wie die Form es nahelegt. Zwei kleine Striche dazu, und es heißt ›klein‹. Mit der ›Vegetation‹ (›Erde‹ und ›Keim‹) können wir den Begriff ›zur Welt bringen‹ schreiben. Setzen wir die ›Frau‹ dazu, erhalten wir den ›Familiennamen‹. Es gab wohl eine Zeit, in der das Kind den Namen der mütterlichen Linie übernahm. Das *shēng* ist ein Getreidemaß, das aus unserem Radikal, einem Rest von ›Hand‹ und der ›Zehn‹ besteht. Heute bedeutet dieses Zeichen auch noch ›steigen‹.

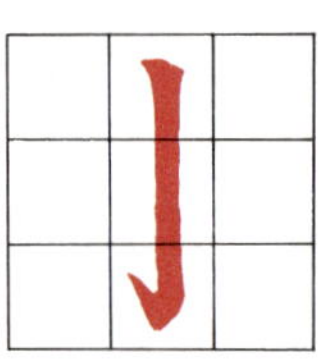

小	Xiăo	*Klein*
生	Shēng	*Zur Welt bringen*
姓	Xìng	*Familienname*
升	Shēng	*Steigen*

WĂNG
NETZ

网

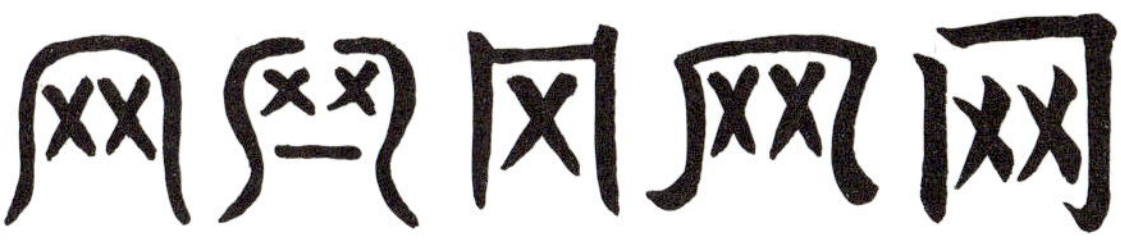

Der Sinn des Piktogramms wurde von den Schreibern verdunkelt. Bei seiner Vereinfachung vor einigen Jahrzehnten wurde es wieder auf seine ursprüngliche Form zurückgeführt. Heute zeigt das Zeichen zwei eingefaßte Maschen. Mit ›Sieb‹ und ›Vogelnetz‹ wird unser Radikal zur ›Falle‹. Für den ›elektrischen Stacheldraht‹ setzen wir den ›Strom‹ davor. Folgt das Zeichen ›Kugel, Ball‹, dann geht es um den Sport, bei dem ein Ball übers Netz fliegt, um ›Tennis‹. Ein König der Táng beobachtete eines Tages einen Vogelfänger, der seine Netze auslegte und dabei rief: »Vögel, kommt von überall her in mein Netz!« Der König glaubte, nun sei das Ende aller Vögel gekommen, erließ ein Gesetz, wonach alle Vogelfänger ihre Netze auf drei Seiten offen zu lassen hatten. Seither bedeutet »das Netz auf drei Seiten offen lassen« soviel wie, es mit der Freiheit übertreiben. Sich verwickeln »in den Spinnweben des Himmels und den Netzen der Erde« indes bedeutet ›keinen Ausweg mehr finden‹.

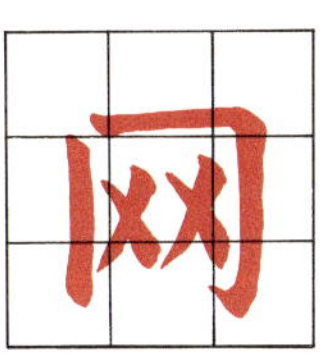

罗	Luó	*Vogelnetz*
网罗	Wǎng luó	*Falle*
电网	Diàn wǎng	*Elektrischer Stacheldraht*
网球	Wǎng qiú	*Tennis*

ZHŌU
BARKE

舟

Im Piktogramm sehen wir ein langes Boot mit aufgerichtetem Bug, Ruder vorne und Steuer am offenen Heck, also eine Barke mit Außensteuer. Eine Geschichte erzählt von einem Regierungsbeamten des Staates Chŭ, der beim Überqueren eines Flusses sein Schwert ins Wasser fallen ließ. Er schlug eine Kerbe in den Bootsrand, dort, wo die Waffe versunken war, damit er sie auf dem Rückweg wiederfinden könnte. Mit dieser Anekdote charakterisiert man seit kurzem solche Personen, die politisch unflexibel sind.
Unser Radikal und die ›Küste‹ ergeben das ›Boot‹, so wie es heute geschrieben wird. Dazu das Zeichen ›Schwanz‹, und wir haben das ›Heck‹. Schreiben wir statt dessen ›größer, älter‹, dann meinen wir den ›Kapitän‹. Folgt unserem ›Boot‹ der ›Angestellte‹ (ein ›Mensch‹ über einer ›Muschel‹), dann ergibt das die ›Mannschaft‹. Dabei steht im Vordergrund, daß Matrosen zu fütternde Münder sind.

船	Chuán	*Boot*
船尾	Chuán wĕi	*Heck*
船长	Chuán zhăng	*Kapitän*
船员	Chuán yuán	*Mannschaft*

CHĒ
WAGEN

車

Der Wagen wird von oben aus der Vogelperspektive gesehen. Das Piktogramm, nicht die Vereinfachung, zeigt den viereckigen Kasten, die Querachse und die beiden Räder.
›Wagen‹ und ›einwickeln‹ in seiner vereinfachten Form bilden: das ›Heer‹, die ›Truppen‹. Zu der Tonfigurenarmee in Xīān gehören auch Soldaten, die Wagen umringen. Unser ›Wagen‹ hinter dem ›Heer‹ ist dann natürlich der ›Kriegswagen‹, und ›Menschen‹ dahinter bedeuten ›Soldaten‹. Das Zeichen für ›Gas‹ (bestehend aus ›Wasser‹ und ›Gas‹) und unser Radikal ergeben zusammen ›Automobil‹. Das wäre zu schön, ein Fahrzeug, das mit gasförmigem Wasser läuft! Jedoch auch in China brauchen die Autos ›Gas aus Öl‹, also Benzin. »Einen leichten Wagen über eine bekannte Straße lenken« soll heißen: mit jeder Situation leicht fertig werden, große Fähigkeiten und viel Erfahrung besitzen und in der Lage sein, auch dem Unvorhergesehenen ins Auge zu blicken.

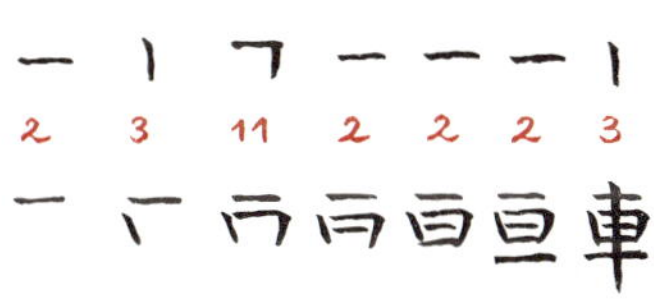

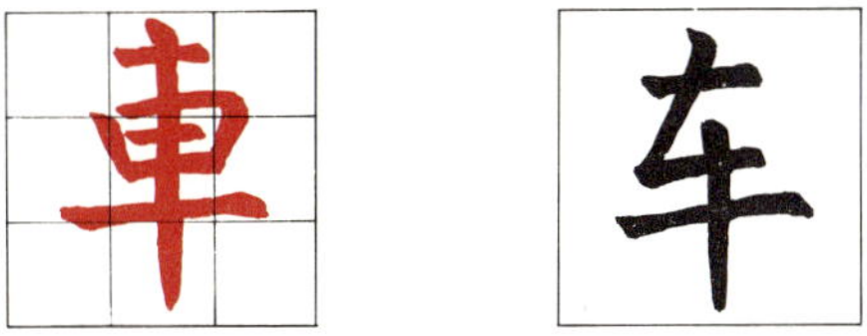

军	Jūn	*Heer*
军车	Jūn chē	*Kriegswagen*
军人	Jūn rén	*Soldat*
汽车	Qì chē	*Automobil*

YUÈ
FLÖTE

Auch die Flöte soll von Fú Xī erfunden worden sein, doch war es der Kaiser Shùn (2317–2208 v. Chr.), der die *shāo*, ein Blasinstrument, einführte. Die Chinesen unterteilten die Musikinstrumente in acht Gruppen, gemäß dem Material, aus dem sie hergestellt waren: Stein, Metall, Seide (Saite), Bambus, Holz, Kürbis, Leder und Ton. Zeitweise standen den Musikanten mehr als 72 verschiedene Typen zur Verfügung, von denen aber viele verschwunden sind.
Unser Radikal stellt eine ›Panflöte‹ dar: mehrere Bambusröhrchen nebeneinander, in der Mitte die Öffnungen (drei Münder) und oben das Zeichen ›zusammensetzen‹ (Dreieck). Eine andere Flöte war die *paí xiāo*, die mit ›ordnen‹ und ›Längsflöte‹ geschrieben wird. Mit dem ›Metall‹ heißt unser Radikal ›Schlüssel‹. Der Bart alter Schlüssel erinnert entfernt an die Bambusröhrchen. ›Anflehen‹ schreibt man, indem man den ›Mund‹ links vor den vereinfachten Radikal setzt. Flöten wurden auch für rituelle Zwecke verwendet.

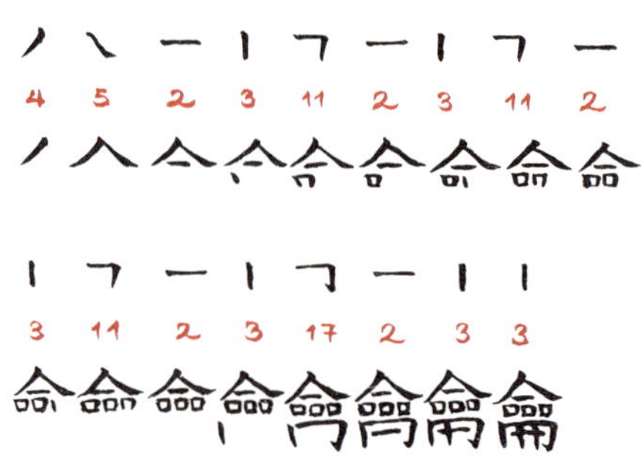

排 箫	Pái xiāo	*Panflöte*
钥	Yuè	*Schlüssel*
吁	Yù	*Anflehen*

GŬ
TROMMEL

鼓

Hier sehen wir im Piktogramm eine Hand, die mit einem Stück Holz auf einen Gegenstand schlägt, um ihm Töne zu entlocken. Die ersten Trommeln bestanden aus Tongefäßen, die mit Kleie gefüllt und mit einem Tierfell bespannt waren. Während der Schlacht sollten die Trommeln den Soldaten Mut einflößen und die Feinde erschrecken. In Friedenszeiten galt der Schlag der Trommel als Zeitmaß. Die Trommeltürme bei den Tempeln dienten dazu, den Beginn und das Ende der Arbeit und die Ruhepausen anzuzeigen, während von den Glockentürmen die Gebete und liturgischen Zeremonien eingeläutet wurden.
Folgt diesem Radikal das Zeichen ›Hand‹, wissen wir, es handelt sich um ›trommeln‹, und zusammen mit ›Palast‹ verweist es uns auf den ›Trommelturm‹. Das Zeichen ›schlagen‹ gefolgt vom Radikal deutet auf die Trommeln, die in der Schlacht benutzt wurden. Der ›Applaus‹ setzt sich zusammen aus unserem Begriff und dem Zeichen ›Handfläche‹.

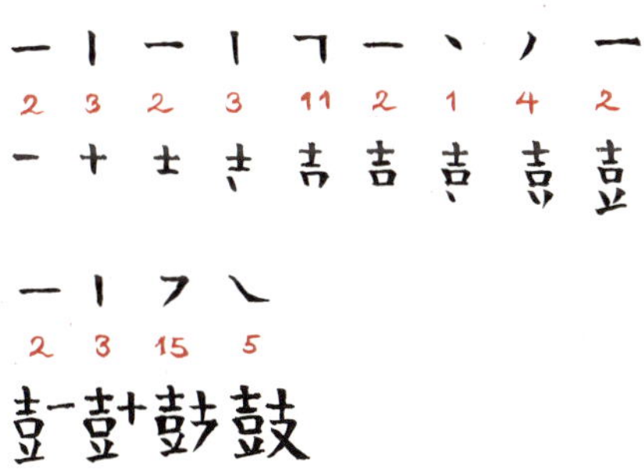

鼓手	Gŭ shŏu	*Trommler*
鼓楼	Gŭ lóu	*Trommelturm*
打鼓	Dă gŭ	*Die Trommel schlagen*
鼓掌	Gŭ zhăng	*Applaus*

DER DRACHE

龍

Der DRACHE ist der Herrscher über die Welt der Tiere. Er beschützt den Menschen vor dem Bösen, dem Feuer und den bösen Geistern. Er ist das Symbol des Kaisers, der Sohn des Himmels, und er lebt mit seinen neun Söhnen in der Musik und Literatur. Andere Tiere werden geliebt und gefürchtet, wie in jeder Kultur – das edle Pferd, die heilige Schildkröte, der treue Hund, das nützliche Schwein. Der Drache jedoch ist zur Symbolfigur der gesamten chinesischen Kultur aufgestiegen. Ihm werden, im Gegensatz zur westlichen Interpretation, nur positive Eigenschaften zugeschrieben.

QUĂN
HUND

犬

Konfuzius schätzte das Piktogramm des Hundes sehr, da es das Wesen des damals noch recht seltenen Tieres genau traf. Vor seinem Herrn richtet sich der Hund auf und macht Männchen, das Maul geöffnet. Das Tier hat auch in die Mythen Eingang gefunden und gehört zu den religiösen Objekten. In der Gestalt von Löwen-Hunden bewachen diese Tiere Tempel, Städte, Paläste und Brücken.
Ein ›Hund‹ mit einem ›Mund‹ ›bellt‹. Erscheint zwischen zwei jeweils verschieden geschriebenen ›Hund‹-Radikalen das ›Wort‹, handelt es sich um ein ›Gefängnis‹. Zwei sich raufende Hunde erwecken das Bild zweier Leute, die sich vor Gericht beschuldigen, wobei dann einer leicht einmal eingesperrt wird. Ein ›Hund‹ mit gleich zwei ›Mündern‹ über dem Radikal bedeutet ›weinen, seufzen, klagen‹. Mit der ›Knospe‹ weist unser ›Hund‹ auf den Schaden hin, den er in einem Blumenbeet anrichten kann. Daher: ›übertreten, verletzen‹. Der Hund ist das elfte Tier im chinesischen Kalender.

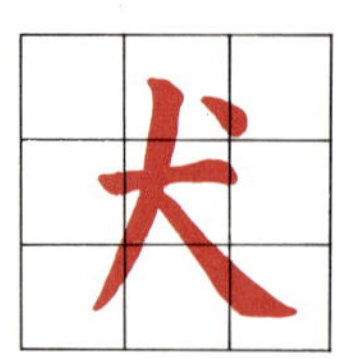

吠	Fèi	*Bellen*
狱	Yù	*Gefängnis*
哭	Kū	*Klagen*
犯	Fàn	*Übertreten*

MĂ
PFERD

馬

Kopf, Mähne, Beine und Schwanz sind sämtlich im Piktogramm recht gut zu erkennen. Im Kalender steht das Pferd an Platz vier. Diesem Tier sind auch 24 Kapitel im *Materia medica*, 1596, des Li Shizhen (1518–1593) gewidmet. Einige davon behandeln den pharmazeutischen Nutzen dieses Tieres. Zum Beispiel soll das getrocknete und pulverisierte Herz mit chinesischem Schnaps vermischt das Gedächtnis wiederherstellen. Will man ein Pferd beurteilen, so sind 32 Punkte zu beachten, wie das Buch *Mă Jĭng*, ein Klassiker der Pferdeliteratur aus dem 17. Jahrhundert, berichtet.
Zusammen mit ›wunderbar‹, allerdings nur für die Aussprache, wird daraus das Verb ›reiten‹. Dazu der ›Weise‹, und man schreibt den ›Reiter‹. Den ›Bach‹ ans ›Pferd‹ gefügt ergibt ›gehorsam‹. Ein Pferd folgt seinem Reiter wie ein Fluß seinem Flußbett. Innerhalb einer ›Tür‹ allerdings drängt ein Pferd ungestüm aus seinem Stall. Das Zeichen heißt ›Eile, Heftigkeit‹.

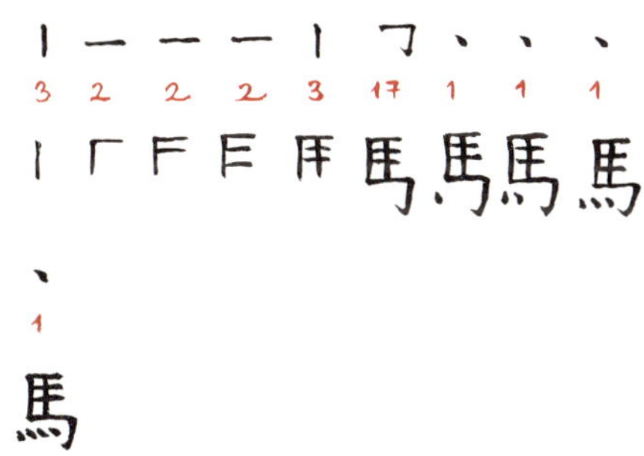

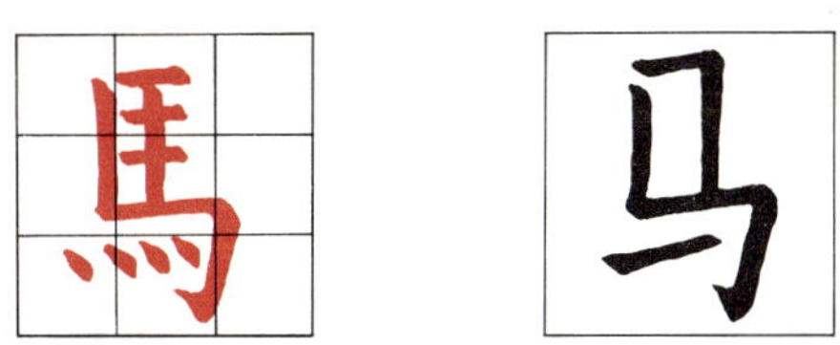

骑	Qí	*Reiten*
骑士	Qí shì	*Reiter*
驯	Xún	*Gehorsam*
闯	Chuăng	*Eile*

NIÚ
OCHSE

牛

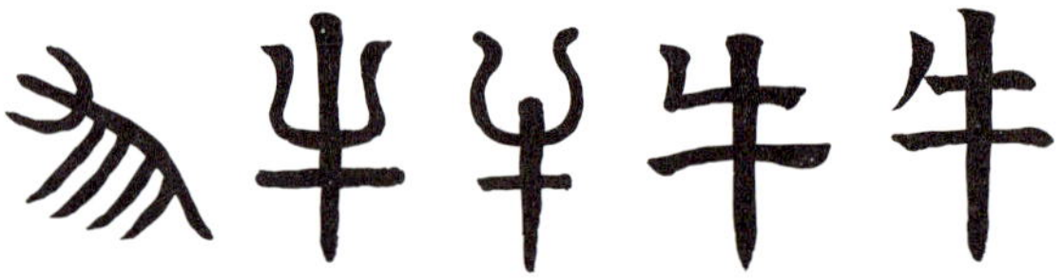

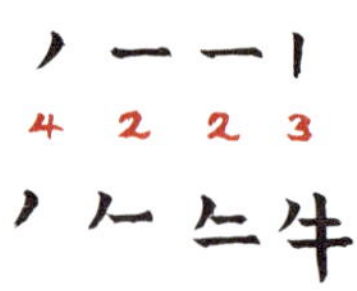

Symbol des Frühlings, der Landwirtschaft und zweites Tier im Kalender. Das Piktogramm stellt Kopf, Hörner und Beine dar. Der Mensch beutet den Ochsen auch noch in der Vereinfachung des Zeichens aus: Ihm blieb nur noch ein Horn. Für die Rinder gibt es viele Zeichen, und im chinesischen Kalender ist dem Ochsen ein Jahr gewidmet. Der Wasserbüffel gehört zur selben Familie und teilt deren Freud und Leid. In Peking, am Ufer des Kūnmíng-Sees, steht ein Büffel aus Bronze, auf dessen Rücken ein Gedicht des Kaiser Qián Lōng (1736 bis 1796) eingraviert ist als Zeichen der Dankbarkeit für dieses geduldige Tier. ›Ochs‹ und ›Pferd‹ zusammen sind das ›Lasttier‹, eine Bezeichnung mit der man auch die Bauern selbst zu benennen pflegte. ›Riesenkraft‹ und ›Hartnäckigkeit‹ besitzt, wer des ›Ochsen Kraft‹ hat. Mit dem ›Fleisch‹ dabei haben wir ›Rindfleisch‹. Auch die ›Hälfte‹ stammt von diesem Radikal ab: Ein Ochse wird geteilt. Im klassischen Zeichen steht dabei noch ›teilen‹ über dem ›Ochsen‹.

牛马	Niú mă	*Lasttier*
牛劲	Niú jìn	*Riesenkraft*
牛肉	Niú ròu	*Rindfleisch*
半	Bàn	*Hälfte*

SHǏ
SCHWEIN

豕

Ein ebenso wertvolles, nützliches, einträgliches wie auch unglückliches Tier. Alles an ihm ist verwertbar, und doch hat es einen so üblen Ruf: schmutzig, gefräßig und dumm. Im Kalender steht es an letzter, also zwölfter Stelle. Das Piktogramm zeichnet Rüssel, Kopf, Beine und Schwanz. *Shǐ* ist der klassische Name, sonst sagt man *zhū*. Der Radikal tritt in vielen Verbindungen auf. Verlief in China ein Schwein sich in ein fremdes Haus, so bedeutete das Unglück für die betroffene Familie. Vielleicht weil ein Schwein nur schläft und frißt.
Das ›Dach‹ über dem ›Schwein‹ bedeutet ›Familie‹. Um heiraten zu können, brauchte ein Mann mindestens ein Haus und ein Schwein als Kapitalanlage. Folgt der ›Familie‹ der ›Garten‹, dann handelt es sich um den ›Geburtsort‹, das ›Vaterland‹. Folgt statt dessen das ›Werkzeug‹, werden damit die Gebrauchsartikel im Haus, die ›Möbel‹, bezeichnet. Mit dem ›Alten‹ dagegen spricht man von den Älteren der Familie, den ›Eltern‹.

家	Jiā	*Familie*
家园	Jiā yuán	*Heimat*
家具	Jiā jù	*Möbel*
家长	Jiā zhǎng	*Eltern*

YÁNG
SCHAF

羊

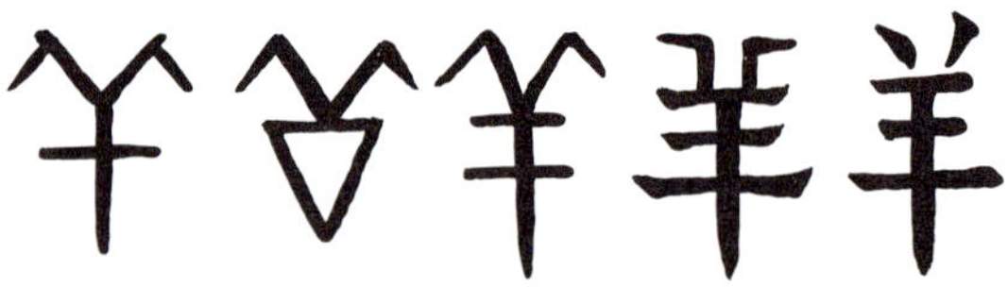

Das Schaf, achtes Tier im Kalender, wird in der Form eines Widders dargestellt: Hörner, Maul und Ohren sind zu erkennen. Später kommen noch Bart (Ziege), Füße und Schwanz hinzu. Bei Opfern für die Ahnen dargebracht, symbolisiert es Sanftmut und kindlichen Gehorsam. Vielleicht weil ein Lämmchen vor seiner Mutter niederkniet, wenn es trinkt. Kanton (Gŭangzhōu) ist die Stadt der fünf Ziegen. Der Legende zufolge kamen fünf Zauberer, in fünf Farben gekleidet, auf fünf Ziegen dahergeritten und brachten Ähren von fünf Getreidesorten. Südchina wurde zur Kornkammer des Reiches. Schreiben wir ›Schaf‹ und ›Fell‹, meinen wir natürlich ›Wolle‹. Eine Verbindung von ›Fisch‹ und ›Schaf‹ heißt ›frisch‹. Dieses Zeichen deutet darauf hin, daß Fisch und Lamm am liebsten frisch gegessen wurden. Auch ›schön‹ stammt vom ›Schaf‹ ab, allerdings kommt dazu noch ›groß‹. Diese Verbindung wiederum gefolgt von ›vollständig‹ bedeutet ›glücklich‹.

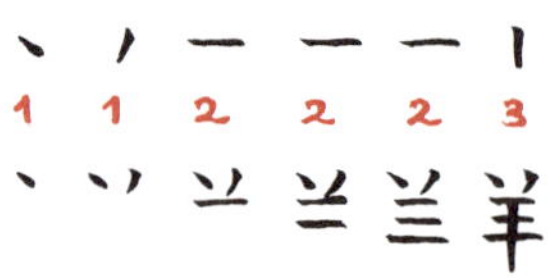

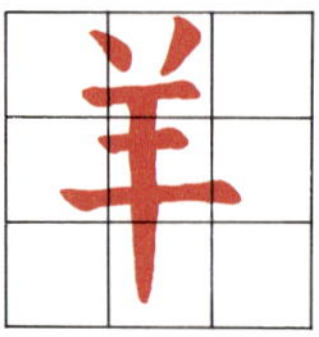

羊毛	Yáng máo	*Schafwolle*
鲜	Xiān	*Frisch*
美	Měi	*Schön*
美满	Měi mǎn	*Glücklich*

LÙ
HIRSCH

鹿

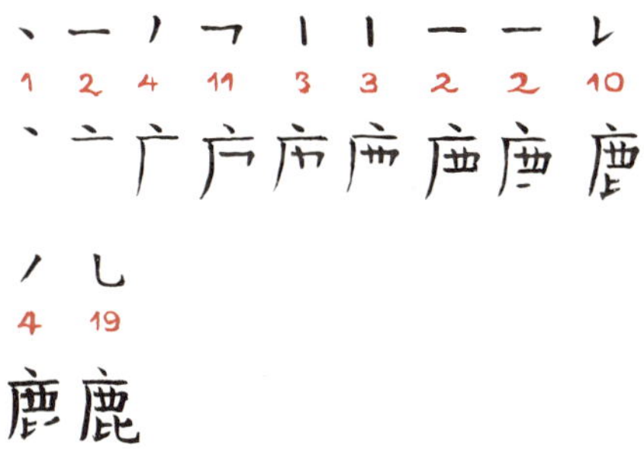

Geweih, schlanker Körper, vier Beine: Das zeigt uns das Piktogramm vom Hirsch. Die Legende berichtet, daß die Hirsche dem Yak als ihrem Führer gefolgt sind, wobei sie auf seinen Schwanz achteten. Deshalb benutzen die tibetischen Lamas den Yakschwanz, um Staub und Schmutz von der Erde zu vertreiben. Der Hirsch liefert der chinesischen Medizin wichtige Arzneien. Zur Förderung der Langlebigkeit werden seine Geweihstangen in dünne Scheiben geschnitten und teuer verkauft. Darüber hinaus soll es auch noch die Potenz des Mannes stärken.
Lassen wir unserem Radikal das ›Fleisch‹ folgen, meinen wir ›Wildbret‹. Der ›Damhirsch‹ schreibt sich mit ›maskulin‹ vor dem ›Hirsch‹, das ›Hirschkalb‹ statt dessen mit ›klein‹. ›Klein‹ über der ›Erde‹ heißt ›Staub‹. Das klassische Zeichen schrieb noch drei ›Hirsche‹, die über die Erde rannten und dabei viel Staub aufwirbelten.

鹿肉	Lù ròu	*Wildbret*
公鹿	Gōng lù	*Damhirsch*
小鹿	Xiǎo lù	*Hirschkalb*
尘	Chén	*Staub*

SHŬ
RATTE

鼠

Die Ratte in unserem Piktogramm besitzt Kopf, Schnurrhaare, einen etwas dicken Körper und einen langen Schwanz. Sie ist das erste Tier des Kalenders und symbolisiert Furchtsamkeit, Engstirnigkeit, aber auch Fleiß und Wohlstand. Die Chinesen empfanden immer eine Art Haßliebe für die Ratte, die ihnen als Trägerin der Pest großen Schaden zugefügt hat.
Und so schreibt sich ›Pest‹ denn auch mit ›Ratte‹ und ›Epidemie‹. Steht ›Gruppe‹ dahinter, bedeutet es ›frevelhaft, böse‹, wie eine Meute ausgehungerter Ratten. Vor seiner Vereinfachung wurde das Wort ›fliehen, sich verstecken‹ mit dem ›Loch‹ über der ›Ratte‹ geschrieben. Eine Ratte schlüpft in ein Loch, um sich vor der Katze zu verbergen. Unser Radikal gefolgt von ›fliehen‹ steht für einen, der sich ›aus dem Staub macht‹. Im Frühling verwandelt sich die Ratte in eine Wachtel, doch kehrt sie im achten Monat des Jahres als Nagetier zurück. Getrocknetes Rattenfleisch soll im übrigen gegen Kahlköpfigkeit schützen.

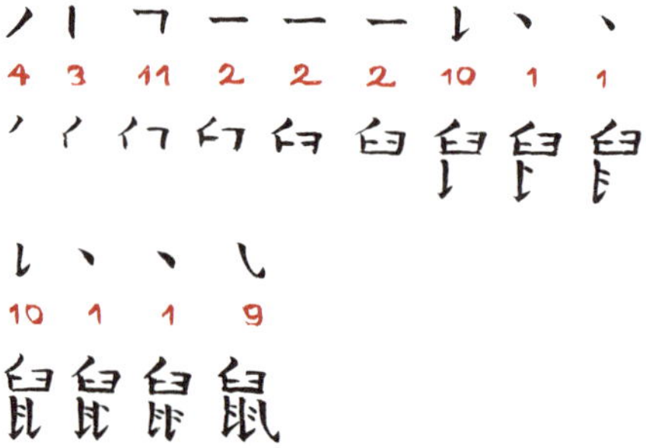

鼠疫	Shŭ yì	*Pest*
鼠辈	Shŭ bèi	*Böse*
窜	Cuàn	*Fliehen*
鼠窜	Shŭ cuàn	*Sich aus dem Staub machen*

NIĂO
VOGEL

鳥

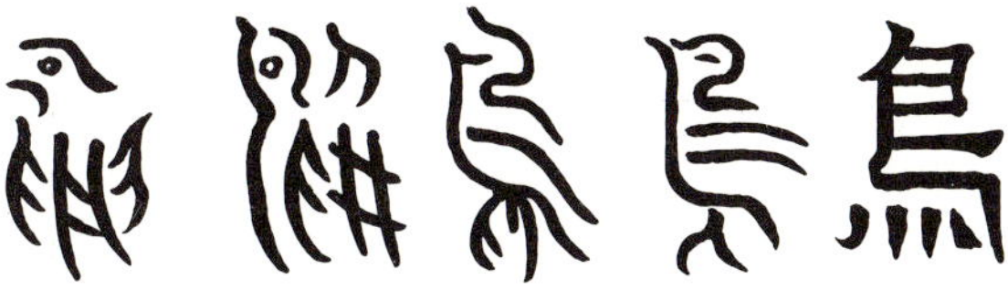

Die chinesischen Naturforscher teilten die Tiere in fünf große Familien ein: gefiederte, behaarte, nackte, von Muscheln und von Schuppen bedeckte. Unter dem Federvieh unterschied man zwischen solchen mit langem und solchen mit kurzem Schwanz. Unser Radikal zeigt einen langschwänzigen Vogel. Im Piktogramm sehen wir geöffnete Flügel, Füße, Schnabel und Auge. In der Malerei, Skulptur und Keramik ist der Vogel ein beliebtes Motiv. Die Kaiserin wurde z. B. durch den Phönix dargestellt.
Der ›Berg‹ unter unserem Radikal heißt ›Insel‹. Viele Wasservögel bauen ihre Nester auf den Felsen, die aus dem Meer herausragen. Das Zeichen ›halb‹ vor der ›Insel‹ ist die ›Halbinsel‹. »Ein Rabe geht nicht mit einem Phönix schlafen« – ein Hinweis auf die sozialen Unterschiede. Vielleicht erklärt sich daraus, daß der ›Rabe‹ wie der ›Vogel‹ geschrieben wird, nur ohne das Auge. Vielleicht aber ist es in einem schwarzen Vogel nur nicht zu sehen. ›Rabe‹ und ›haben‹ ergeben ›nichts‹.

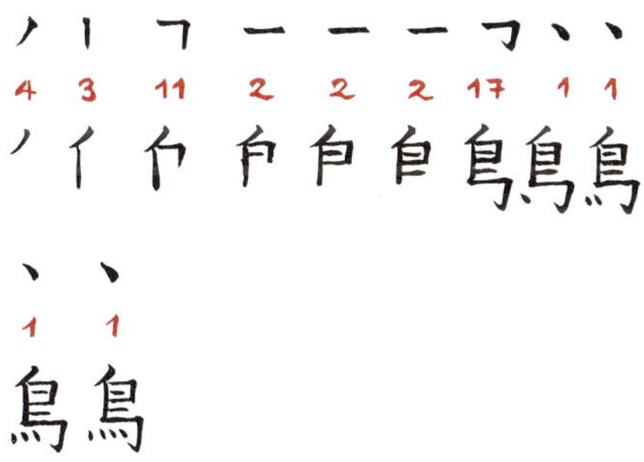

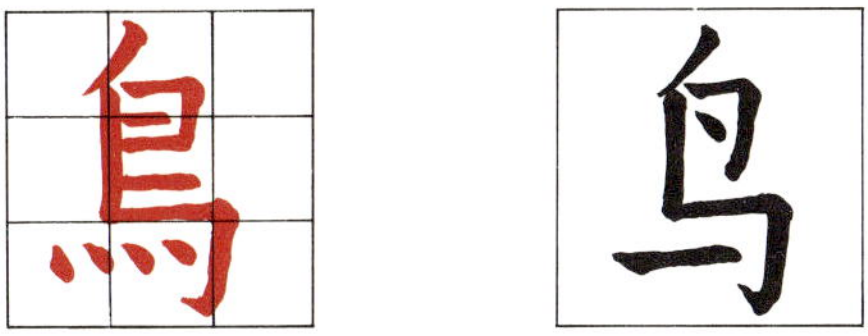

岛	Dăo	*Insel*
半岛	Bàn dăo	*Halbinsel*
乌	Wū	*Rabe*
乌有	Wū yŏu	*Nichts*

ZHUĪ
VOGEL

隹

Es handelt sich hier nicht um eine Wiederholung des vorigen Wortes, sondern um einen kurzschwänzigen Vogel. Der Radikal kommt so kaum mehr vor. Das antike Zeichen bildet ein Vögelchen mit Kopf, geöffneten Flügeln und landebereiten Füßen ab, aber ohne Schwanz. Verbunden mit ›klein‹ wird der Radikal zum ›Spatzen‹. Zuerst stellte man diesem Vogel nach, weil er die Saat fraß. Heute wird er als Vertilger schädlicher Insekten geschützt. Ein ›Baum‹ unter dem ›Vogel‹ heißt ›Versammlung‹. Ursprünglich saßen drei Vögel darauf und ließen eher an eine Zusammenkunft denken. Eine ›Hand‹ verdoppelt meint ›ein Paar, zwei‹. Das ist eine moderne Scheußlichkeit. Das klassische Zeichen bietet uns noch zwei ›Vögel‹ auf einer ›Hand‹ an – eine poetische Art, den Begriff ›doppelt‹ wiederzugeben. ›Voranschreiten‹ schreibt sich mit ›Vogel‹ und ›Bewegung‹. Vielleicht soll man daran denken, daß ein Vogel nicht rückwärts »gehen« kann. In der Vereinfachung ist der Vogel allerdings kaum noch zu erkennen.

雀	Què	*Sperling*
集	Jí	*Versammlung*
双	Shuāng	*Zwei*
进	Jìn	*Voranschreiten*

GUĪ
SCHILDKRÖTE

Zuerst zeichnete man den gestreiften Panzer; Kopf und Schwanz werden kaum angedeutet. Erst später kommen Kopf und auch Füße mit Krallen hinzu. Wie aus dem gegenwärtigen Zeichen zu sehen ist, wurde das Tier im Profil betrachtet. Gemäß dem *Buch der Riten* gehört die Schildkröte zusammen mit dem Einhorn, Phönix und Drachen zu den vier heiligen Tieren. Sie symbolisiert Kraft und Ausdauer.
Im volkstümlichen Sinne steht sie allerdings auch für die weibliche Untreue und die sexuelle Aktivität. »Schildkrötensohn« bedeutet in China soviel wie »Bastard«. Der Schildkrötenkopf steht für die Eichel. Die Schildkröte vertritt den Norden, den Winter, wohl deshalb, weil sie im Winter schläft. Bei vielen antiken Völkern symbolisiert sie das Universum. Dabei ruht die Welt auf dem Schild einer oder mehrerer auf dem Wasser schwimmenden Schildkröten. Ihr Brustbein wurde bei den Orakeln verwendet, und von ihr stammen auch die ältesten Ideogramme (*gŭ wén*).

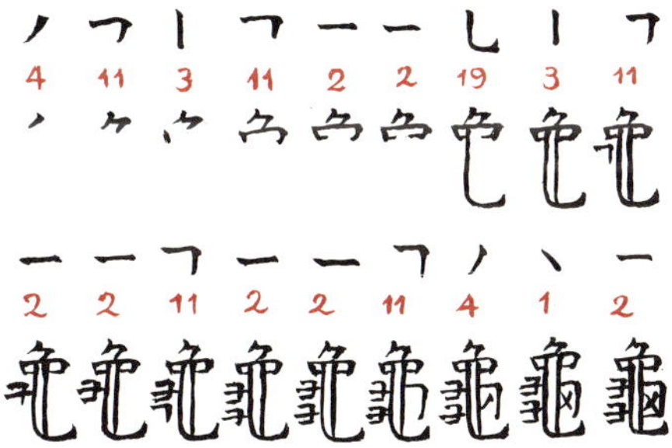

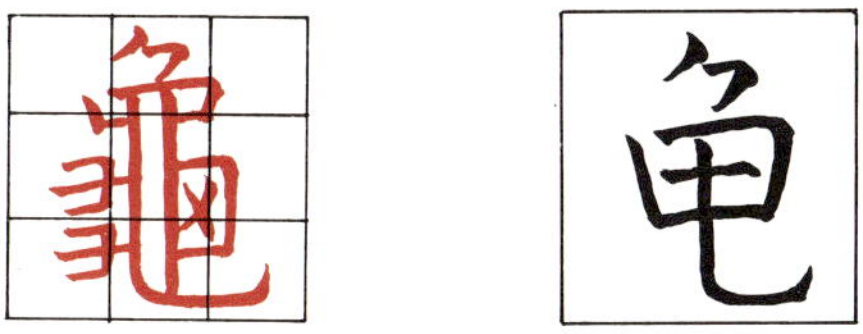

龟头	Guī tóu	*Eichel*
龟板	Guī băn	*Schildkröten-panzer (Brustteil)*
龟甲	Guī jiă	*Schildkröten-panzer*
龟缩	Guī suō	*Sich zurückziehen*

MǏN
KRÖTE

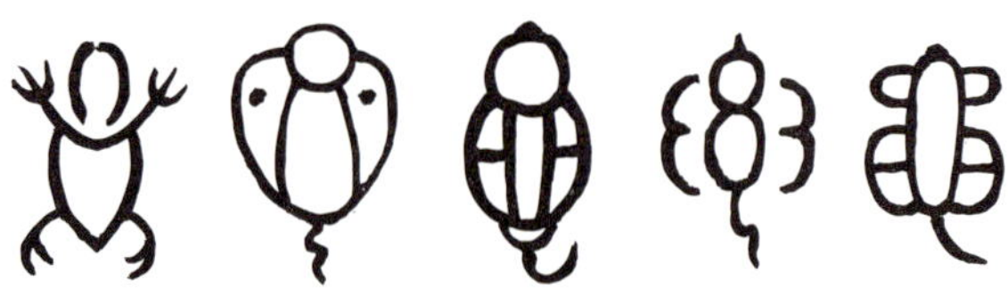

Alten Texten zufolge scheinen die Chinesen keinen großen Unterschied zwischen Kröten und Fröschen gemacht zu haben. Die Kröteneier, angeblich mit dem Tau vom Himmel gefallen, werden in der Heilkunde verwendet. Das häßliche Äußere des Tieres hat zu vielen Legenden geführt. So hatte der legendäre Krieger Hoù Ī (2500 v. Chr.) von Xī Wángmŭ das Lebenselexier bekommen, doch trank es ihm seine böse Frau weg und floh auf den Mond. Dort wurde sie zur Strafe in eine Kröte verwandelt, die während der Mondfinsternis den Mond verschlingt. Der Minister Liú Haĭ lockte eine pestbringende Kröte mit Gold aus ihrem Brunnen und tötete sie dann.
Das Piktogramm zeigt eine Kaulquappe mit Beinen und Schwanz. Der ›Alligator‹ schreibt sich mit dem vereinfachten Zeichen ›Tier‹ über unserem Radikal. Der Alligator ist eine Kröte so groß wie ein Lasttier. Mit *yuán* als phonetischem Zeichen wird eine ›Meeresschildkröte‹ bezeichnet, die einen weichen Panzer hat, fast wie Krötenhaut.

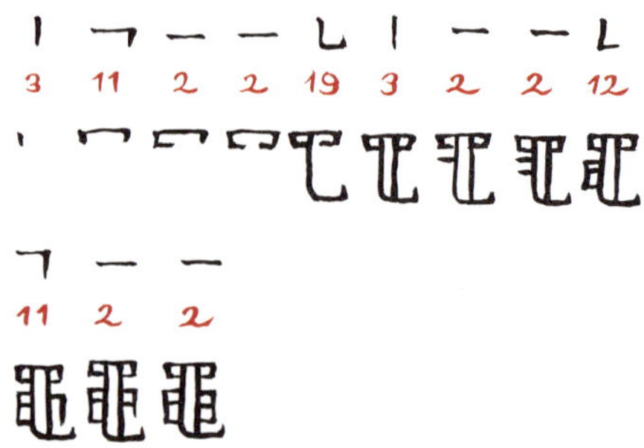

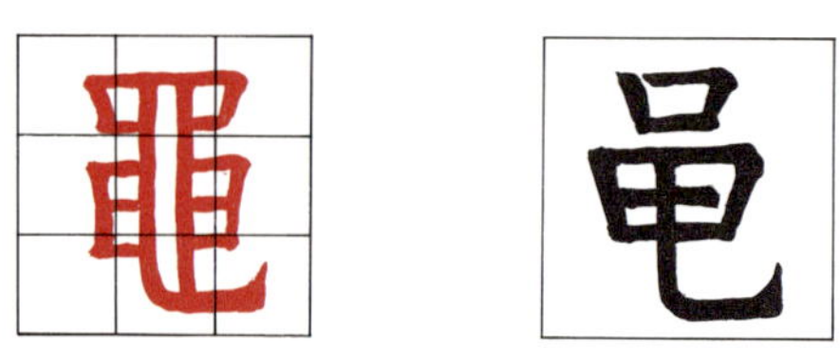

鼉	Tuó	*Alligator*
黿	Yuán	*Meeresschildkröte*

LÓNG
DRACHE

龍

In den klassischen Zeichen sind rechts die Flügel des Drachen zu erkennen, links unten der schuppenbedeckte Körper und oben das uns schon bekannte ›aufrecht stehen‹. In der Vereinfachung ist das alles verschwunden. Der chinesische Drache ist ein mächtiges, gutes Wesen, gleichbedeutend mit kaiserlich, ruhmreich. Er ist das fünfte Tier im Kalender. Die Chinesen unterscheiden drei Arten von Drachen. Der mächtigste unter ihnen ist der Himmelsdrachen (*lóng*), dann der Meeresdrachen ohne Hörner (*lì*) und der Drachen der Sümpfe (*jiāo*). Der *lóng* hat einen Kamelkopf, ein Hirschgeweih, Kaninchenaugen, Kuhohren, einen Schlangenhals und Froschbauch, Karpfenschuppen, Falkenkrallen und Tigerfüße. Er ist jedoch taub, weshalb die Chinesen einen, der nicht hört, »Drache« nennen.
Mit dem ›Brunnen‹ schreibt sich der beste Tee Chinas, der lóng jǐng. Mit dem ›Krebs‹ die ›Languste‹ und mit dem ›Boot‹ die bei Zeremonien verwendeten ›Drachenboote‹.

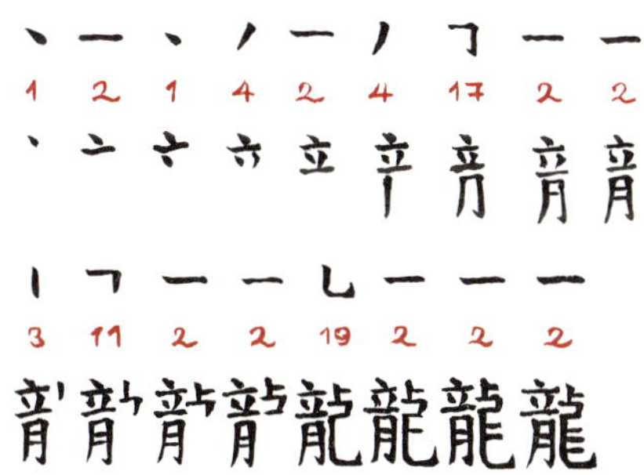

龙井	Lóng jǐng	*»Drachenbrunnen«*
龙虾	Lóng xiā	*Languste*
龙舟	Lóng zhōu	*Drachenboot*

HŬ
TIGER

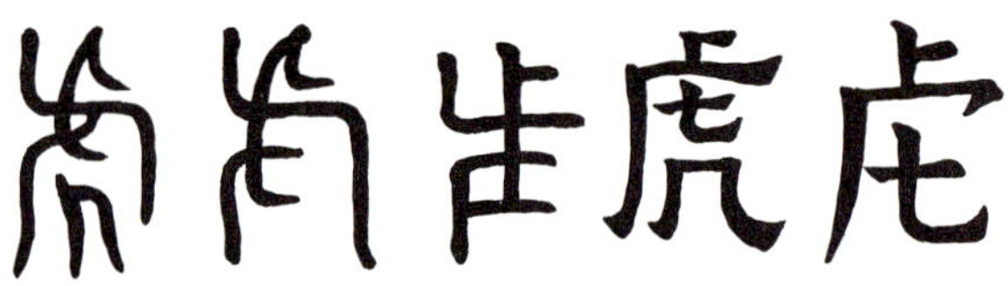

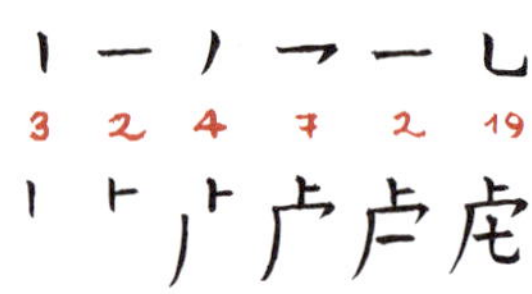

Für die Chinesen ist der Tiger der König der wilden Tiere. Im Radikal erkennen wir das gestreife Fell. Unter dem heutigen Zeichen stehen noch die ›Füße‹: Der Tiger richtet sich auf. Er symbolisiert die Würde und Unerbittlichkeit des Staatsbeamten, den Mut und Stolz der Soldaten. Sein Kopf erscheint auf Wappen, an den Toren der Stadt, über den Torbögen der Steuereinnehmer oder auch gestickt auf dem Gewand mancher Mandarine, die militärische Ränge innehatten. Seine Schnurrhaare gelten als Mittel gegen Zahnweh. Der Tiger ist das dritte Tier im chinesischen Kalender. Folgt der ›Mund‹, dann läßt der Tiger seine Beute nicht mehr los, und es heißt: der ›Rachen des Todes‹. Mit dem ›General‹ wird es zur ›Unerschrockenheit‹. In früheren Zeiten befahl der Kaiser Truppenbewegungen, indem er an die Generäle eine Plakette in Form eines Tigers schickte. Sie schreibt sich mit ›Tiger‹ und ›Schild‹. Ein chinesischer Herkules hat die Kraft von »neun Ochsen und zwei Tigern«.

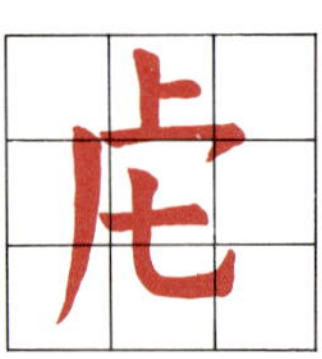

虎	Hŭ	*Tiger*
虎口	Hŭ kŏu	*Rachen des Todes*
虎将	Hŭ jiàng	*Unerschrocken*
虎符	Hŭ fú	*Tigerplakette*

YÚ
FISCH

Die archaische Form des Zeichens zeigt den schuppigen Körper des Fisches. Später kamen noch Flossen und der Kopf hinzu. Die vier Punkte stilisieren entweder den Schwanz oder das Feuer. Der Fisch steht für Reichtum und Wohlstand. Auch in der Ehe hat er seinen Platz als Zeichen für viele Söhne und eheliche Harmonie, denn Fische sind sehr fruchtbar und leben in heiterer Ruhe. Später sind die Fische noch Symbol des sexuellen Einklangs und der ehelichen Treue geworden. So sagt man heute »treu wie ein Fisch«.
›Sprechen‹ unter dem ›Fisch‹ bedeutet ›dumm‹. Ursprünglich stand da die ›Nase‹. Ein zu neugieriger Fisch, der den Angelhaken nicht sieht, ist dumm. Mit ›Wasser‹ ergibt der Radikal das Verb ›fischen‹. Folgt das Zeichen ›Flossen, Flügel‹, dann geht es um die Delikatesse der ›Haifischflossen‹. Steht statt dessen der ›Donner‹, dann ist damit ein ›Torpedo‹ gemeint: Der Fisch verteidigt sich mit elektrischen Entladungen.

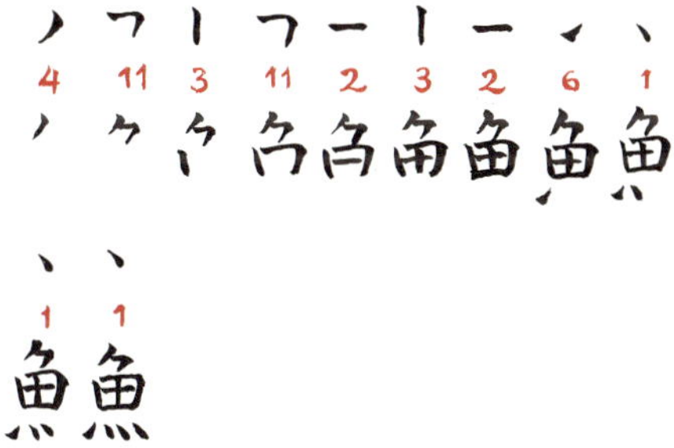

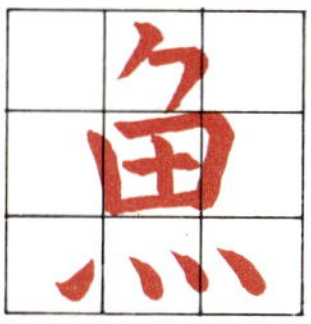

鲁	Lǔ	*Dumm*
渔	Yú	*Fischen*
鱼翅	Yú chì	*Haifischflossen*
鱼雷	Yú léi	*Torpedo*

CHÓNG
INSEKT

虫

Es bleibt unklar, ob das Piktogramm einen sich windenden Wurm darstellt oder eine Kobra mit aufgeblähtem Kopf, auf dem Schwanz stehend, zum Angriff bereit. Wir werden zu keiner Lösung kommen, denn das Zeichen wird sowohl für Insekten als auch für Schlangen benutzt. Die Chinesen führten viele Krankheiten, deren Ursachen sie nicht kannten, auf Insekten oder ihr Gift zurück. Mit dem vereinfachten Zeichen ›gerecht‹ schreibt sich die ›Ameise‹, geachtet wegen ihrer gesellschaftlichen und staatlichen Organisation. Chinesische Künstler und Schriftsteller waren immer schon von Ameisen fasziniert. ›Insekt‹ mit dem phonetischen Teil ›sich einen Weg durch die Büsche bahnen‹ heißt ›Wespe‹. Der ›Schmetterling‹ schreibt sich mit unserem Radikal, dem ›Leben‹ und dem ›Baum‹. Mit seinen bunten Farben ist er ein Zeichen für die Entwicklung des Lebens. Steht ›unten‹ beim ›Insekt‹, geht es um die ›Krabbe‹. Wegen ihres Panzers wurde sie früher als ein Insekt mit zwei Häuten dargestellt.

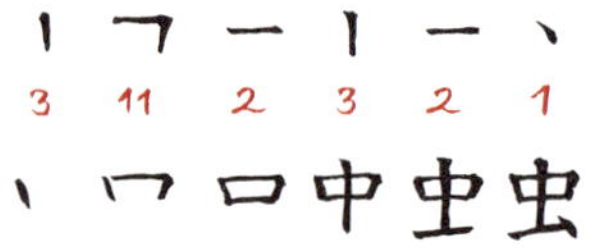

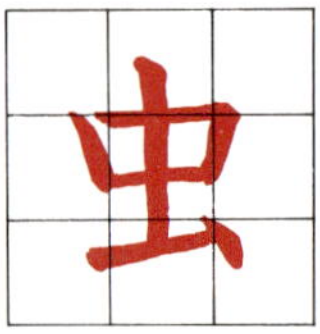

蚁	Yǐ	*Ameise*
蜂	Fēng	*Wespe*
蝶	Dié	*Schmetterling*
虾	Xiā	*Krabbe*

RÒU
FLEISCH

肉

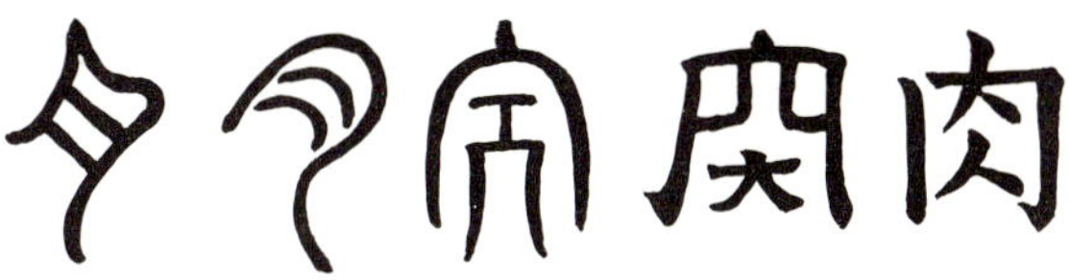

Nach altem Brauch wurde der Lehrer mit getrocknetem und in feine Streifen geschnittenem Fleisch entlohnt. Diese Art Fleisch, in Metallschachteln verpackt, gilt auch heute noch als eine große Delikatesse. Bei dem Zeichen erkennen wir den Behälter und das ordentlich aufgereihte Fleisch. Sagt man von jemandem »er wird mit Trockenfleisch bezahlt«, dann meint man damit einen Lehrer. ›Bauch‹ schreibt sich mit ›Fleisch‹ und ›Erde‹. Das gleiche Zeichen bedeutet im übrigen auch ›Gedächtnis‹ und erinnert uns daran, daß die Chinesen den Verstand (das Gedächtnis) in den Bauch verlegten. Das vereinfachte ›Fleisch‹ zweimal geschrieben ergibt den ›Freund‹. Vielleicht liegt dieser Kombination eine ähnliche Vorstellung zugrunde wie bei unserem »Busenfreund«. Bei dem Wort ›Lippen‹ deutet unser Radikal die Bänder an, die von den Soldaten für Befehle und Nachrichten benutzt wurden. Daher: mit dem ›Mund‹ anstelle von ›Fleisch‹.

肚	Dù	*Bauch*
朋	Péng	*Freund*
吻	Wĕn	*Lippe*

XIĚ
BLUT

血

Ein Tropfen über der Vase symbolisiert das Blut. Im Piktogramm steht das Gefäß für das Blut der Opfertiere. Oft wurde das Blut geopferter Tiere aus Ritualvasen auf die Erde gegossen, um den Tod einer geliebten Person zu betrauern, den Himmel und die Ahnen gütig zu stimmen, eine gute Ernte zu erflehen, den guten Ausgang einer Reise, eines Handels oder einer Ehe zu erbitten.
Mit dem Zeichen ›schwindelig‹ dahinter schreibt sich die ›Prellung‹. Mit dem ›Meer‹ statt dessen haben wir ein ›Blutbad‹. Die ›Lebenskraft‹, vom Atem symbolisiert, schreibt sich mit ›Blut‹ und ›Luft, Geist‹. Diese Wortverbindung bedeutet auch noch ›mutig, vital‹. Mit dem Zeichen ›Typ‹, ›Modell‹ zusammen heißt unser Radikal: die ›Blutgruppe‹. Die alten Chinesen wußten zwar den Pulsschlag zu deuten, doch war ihnen die Zusammensetzung des Blutes nicht bekannt.

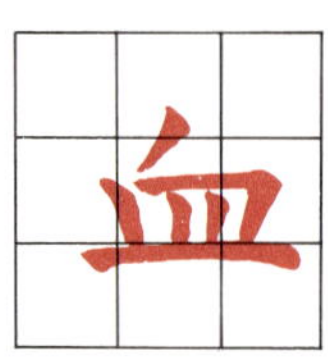

血晕	Xiě yùn	*Prellung*
血海	Xiě hăi	*Blutbad*
血气	Xiě qì	*Lebenskraft*
血型	Xiě xíng	*Blutgruppe*

GŬ
KNOCHEN

骨

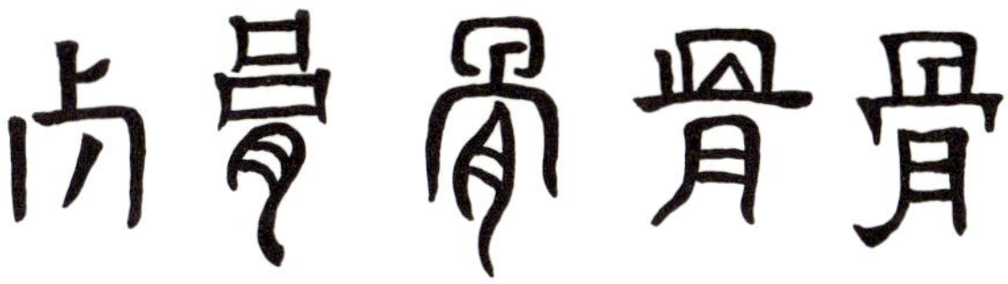

Was uns logisch erscheint, muß es nicht auch für die Chinesen sein. Das Piktogramm zeichnet das Fleisch unter die Knochenhautstruktur. In Wirklichkeit befindet es sich über und um den Knochen herum. Das Zeichen hielt sich wohl daran, die Deformation erfolgte später. Die ersten Zeichen gaben nämlich ein Gerüst ohne Fleisch wieder. Die Schreiber haben dann alles verwechselt und durcheinandergebracht. Wo wir »Fleisch und Blut« sagen, schreiben die Chinesen ›in Knochen und Fleisch‹. Um die ›moralische Integrität‹ auszudrücken, sagen sie ›Knochen und Geist‹, was in etwa unserem »Körper und Geist« entspricht. Folgt dem Radikal die ›Spielkarte‹, geht es um das ›Domino‹, dessen Steine wohl aus Knochen und Elfenbein gefertigt waren. Die ›Rippen‹ bestehen aus ›Knochen‹ und ›Kind‹, also: kleine Knochen. Ein Sprichwort sagt: »Von einem trockenen Knochen läßt sich kein Fleisch mehr gewinnen.«

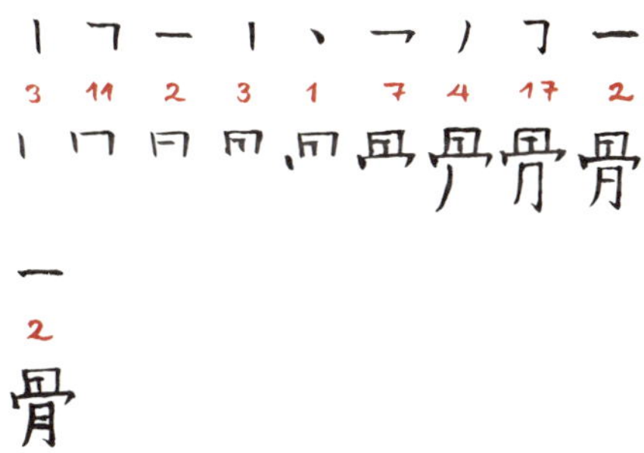

骨肉	Gŭ ròu	*Leibhaftig*
骨气	Gŭ qì	*Moralische Integrität*
骨牌	Gŭ pái	*Domino*
骨子	Gŭ zĭ	*Rippen*

PÍ
HAUT

皮

»Vom Menschen, wenn er stirbt, bleibt der Name, vom Tiger das Fell.« Diese Redensart könnte zu unserem Piktogramm passen. Unten ist die Hand, darüber ein Messer und links das geöffnete Fell eines Tieres, das gehäutet wird. Wenn in China ein Kind unartig und frech ist, sagt man: »Was für eine Haut!« Zusammen mit dem Zeichen ›Ei‹ geht es um die »Zehntausend-Jahr-Eier«. Das sind Enteneier, die so behandelt werden, daß das Eiweiß hellgrün und der Dotter dunkelgrün wird. Wenn eine Mutter ihr Neugeborenes ihren Freunden vorstellt, bietet sie ihnen diese Eier zusammen mit Ingwerstäbchen an. ›Haut‹ und ›Gelb‹ formen die Abkürzung *Pí huáng*, die für *Xīpí* und *Èrhuáng* steht, zwei traditionelle Musiktypen der chinesischen Oper des Nordens, auch ›Pekingoper‹ genannt. Das Zeichen ›falsch‹ besteht aus dem ›Menschen‹ und der verdoppelten ›Haut‹: ein Kerl mit zwei Häuten, d. h. mit zwei Gesichtern. Dies und ›denken‹ ergibt die ›Vorstellung‹. Man stellt sich im Geist eine andere Haut vor.

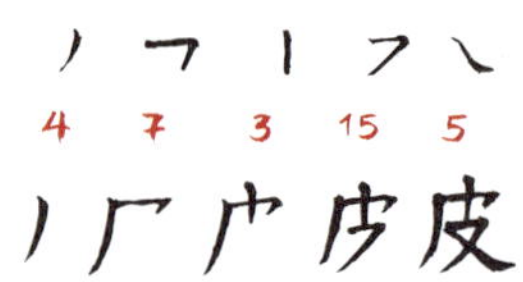

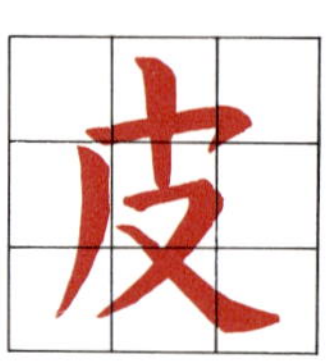

皮蛋	Pí dàn	*Konserviertes Ei*
皮黄	Pí huáng	*Pekingoper*
假	Jiǎ	*Falsch*
假想	Jiǎ xiǎng	*Vorstellung*

YÁ
ZAHN

牙

Das Piktogramm und das Zeichen für ›Zahn‹ zeigen zwei spitze Zähne, die sich in eine Beute verbeißen. Aus der spitzen Form kann man auf ein fleischfressendes Tier schließen, wobei dann auch der Mensch mit eingeschlossen ist.
Der ›Mund‹ nach dem ›Zahn‹ ergibt das Wort ›Alter‹, das doch manchmal aus dem Zustand der Zähne zu schließen ist. Auch einem Tier schaut man ins Maul, um Alter und Gesundheit zu erfahren.
Unser Radikal zweimal geschrieben heißt ›stottern‹, sprechen, als gerieten die Worte zwischen den Zähnen durcheinander. Jemanden, der ein Geschäft vermittelt, ein Treffen oder eine Ehe arrangiert, nennt man ›Sohn des Zahns‹, im Sinne von: mit Zähnen versehen. Mit dem ›Menschen‹ wird unser Radikal zum ›Kind‹. Ein Kosename für den Sprößling ist auch: Zähnchen. Um auszudrücken, daß immer die Besten uns zuerst verlassen, sagen die Chinesen: »Sind die Zähne weg, bleibt nur die Zunge.«

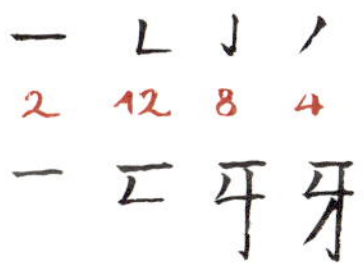

牙口	Yá kǒu	*Alter*
牙牙	Yá yá	*Stottern*
牙子	Yá zǐ	*Vermittler*
伢	Yá	*Kind*

JIĂO
HORN

角

Dieses Zeichen scheint ein stilisiertes Ochsenhorn wiederzugeben, mit gebogenen Enden, wie sie auch im Piktogramm zu sehen sind. Oder aber es setzt sich aus oben der ›Kraft‹ und unten dem ›Fleisch‹ zusammen, wobei die Kraft vom Fleisch, ihrem Fundament, ausgeht.
Dieses Zeichen steht auch für den zehnten Teil eines *yuán* (Mark), entspricht also unseren zehn Pfennigen. Folgt ihm ein ›mehrstöckiges Gebäude‹, bedeutet das Ganze den ›Eckturm‹ einer Stadtmauer. Solch ein Turm war sehr schwierig zu erobern und bedrohte wie ein Horn die Flanke der Angreifer. Mit dem ›Hai‹ zusammen benennt unser Radikal eine Haifischart, die im chinesischen Meer häufig anzutreffen ist: den *Heterodontus japanicus.* Auf dem Rücken trägt er zwei hörnerähnliche Dornen, weshalb er volkstümlich auch ›Dornen- oder Hörnerhai‹ heißt. ›Insekt‹ und ›Horn‹ ergeben ›berühren, Kontakt‹. Manche Wunschvorstellungen sind so wirklichkeitsfremd wie »Hasenhörner und Schildkrötenfelle«.

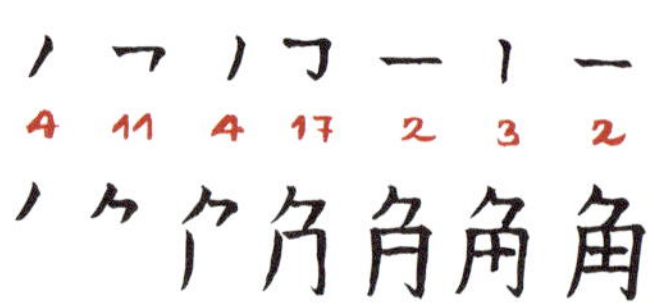

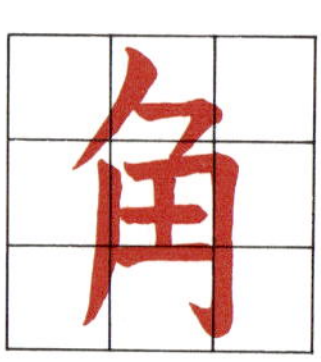

角	Jiăo	*Zehn Pfennige (fēn)*
角楼	Jiăo lóu	*Eckturm*
角鲨	Jiăo shā	*Dornenhai*
触	Chù	*Berühren*

MÁO
HAAR

毛

Hier sind die Körperhaare gemeint, also Partikel von unbedeutender Größe. Daher heißt der Radikal auch ›klein, von geringem Wert‹. Zehn *fēn* (Pfennige) werden auch ein *maó* (oder *jiǎo)* genannt, mit dem Unterton ›Kleingeld‹. Setzen wir das ›Handtuch‹ hinzu, erhalten wir das ›Badetuch‹. Mit dem ›Kleid‹ statt dessen geht es um einen ›Wollpullover‹, der ja aus Tierhaaren gemacht ist. ›Flügel‹ und unser ›Haar‹ bedeuten die Haare der Vögel, also ›Federn‹. Einen Nieselregen beschreiben die Chinesen mit ›Haar-Regen‹. Unsere »Bindfäden« sehen sie als »Haare«, die vom Himmel regnen. Wenn es ihnen graust, sträuben sich ihnen die »(Körper-)Haare«. Das Schlimmste, was einem in Wut geratenen Chinesen passieren kann, ist, daß »die im Zorn sich sträubenden Haare ihm den Hut vom Kopf fliegen lassen«.

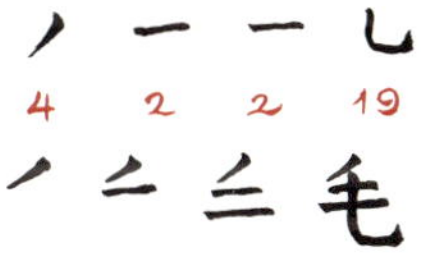

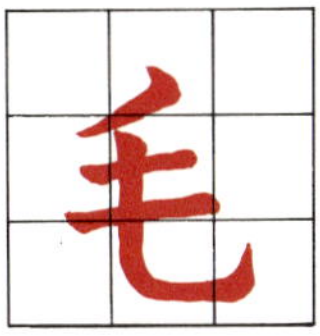

毛巾	Máo jīn	*Badetuch*
毛衣	Máo yī	*Wollpullover*
羽毛	Yǔ máo	*Feder*
毛雨	Máo yǔ	*Nieselregen*

YǓ
FEDER

羽

Das Piktogramm zeigt ganz realistisch zwei Flügel, die trotz der Stilisierung auch noch in der modernen Form des Zeichens erkennbar sind. Das Zeichen ›Feder‹ braucht, wie wir gesehen haben, heute allerdings noch zusätzlich das Zeichen ›Haar‹.
Für den ›Fächer‹ schreiben wir über die ›Feder‹ noch die ›Tür‹. Die Tür schwingt in den Angeln hin und her, wie der im Orient so nützliche Fächer, den es in vielerlei Ausführungen gibt. Oft haben ihn Maler und Dichter verziert. Die wertvollsten Fächer bestanden aus den Federn exotischer Vögel. Zusammen mit der Maßeinheit für Papier, dem ›Ries‹, schreibt sich die ›Enten- oder Schwanzfeder‹, die an übereinandergestapelte Papierbögen, im Profil gesehen, erinnert. Dieses Zeichen wiederum und das ›Kind‹ bezeichnen die ›Pfauenfeder‹, die ein Mandarin dritten Grades sich auf den Hut stecken durfte, oder auch die lange Fasanenfeder, die in der Pekingoper die Helme der Krieger schmückt.

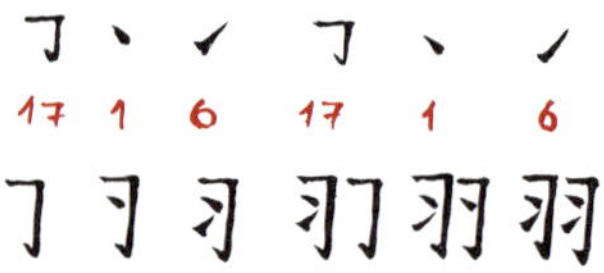

羽毛	Yǔ máo	*Feder*
扇	Shàn	*Fächer*
翎	Líng	*Schwanzfeder*
翎子	Líng zǐ	*Pfauenfeder*

ZHĂO
KRALLE

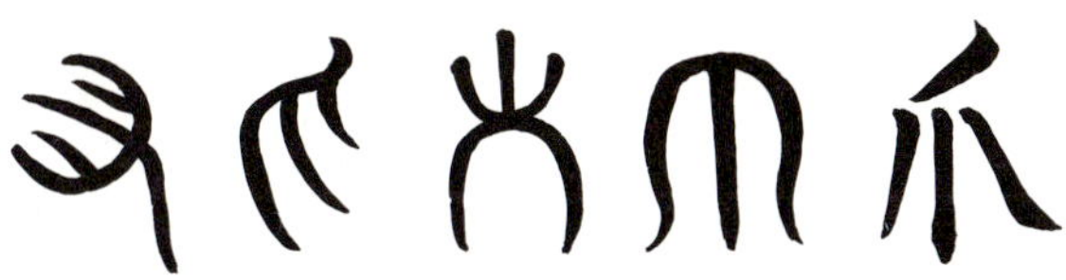

Die Zeichnung zeigt uns eine flach aufgestützte Hand oder eine Vogelklaue mit drei Zehen. Das Zeichen heißt ›Kralle, Klaue, Fuß‹. Es gehört zur Gruppe der Schriftzeichen für ›Hand‹, diesmal nach unten gedreht, wie es das Piktogramm zeigt.
Mit der Verbindung »Krallen und Zähne« wurden zur Zeit der europäischen Besatzung Chinas die ›Lakaien‹ der weißen Herren benannt. Die ›Kralle‹ zusammen mit der ›Boa‹ (eine dicke, kurze Schlange aus dem Süden) bedeutet ›sich schlängeln, einschleichen‹. Dieses Wort und das ›Insekt‹ wiederum ergeben das ›Reptil‹. Auch hier machen die Chinesen keinen Unterschied zwischen Schlangen und Insekten. Schreiben wir statt ›Insekt‹ den ›Berg‹, dann erklimmen wir mit Händen und Füßen, wie mit Krallen, einen Berg. Unser Radikal und ›sehen‹ formen das Wort ›jagen, verfolgen‹.

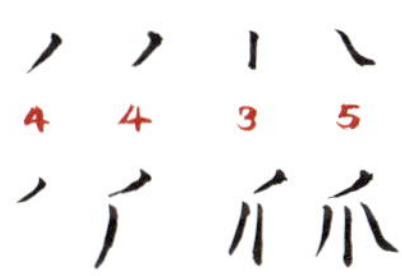

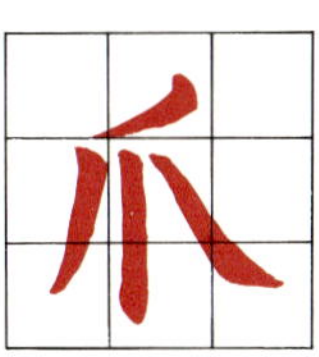

爪牙	Zhăo yá	*Lakai*
爬	Pá	*Sich schlängeln*
爬虫	Pá chóng	*Reptil*
觅	Mì	*Jagen*

JÌ
RÜSSEL (SCHNAUZE)

Auch heute noch belegen die Chinesen das Schwein mit dem seltsamen Namen »General mit langer Nase«. Der Radikal betont den Rüssel dieses Tieres und die empfindsame Nase.
Mit der ›Maßeinheit‹ dabei (im Piktogramm eine ›Hand‹) wird es zu ›suchen, aufspüren‹. Jemand führt ein Schwein an der Leine, das mit seiner sensiblen Nase Trüffel im Boden aufspürt. Übrigens wurde es früher auch wie ein Vorstehhund benutzt. Und noch ein Schreibfehler: Beim ›Staublappen‹ wurde das ›Handtuch‹ zweimal geschrieben, woraus man schließen könnte, das habe mit dem Schweinerüssel zu tun, der in Abfällen und Putzlappen wühlt. Das Piktogramm zeigt aber die ›Hand‹ und den ›Lappen‹ und von daher ›abstauben‹. Zu diesem Wort noch mal die ›Hand‹ und ›Rüssel‹, und es wird weiter geputzt: mit dem ›Besen‹. Setzen wir dazu noch den ›Stern‹, dann ist es der ›Komet‹ – der Stern, der auf einem Besen reitet.

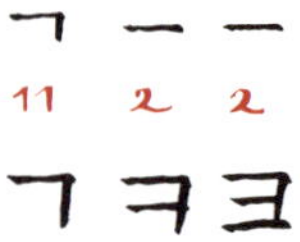

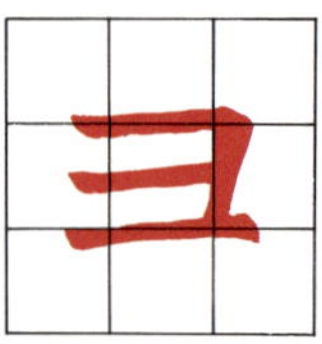

寻	Xún	*Suchen*
帚	Zhŏu	*Staublappen*
扫帚	Sào zhŏu	*Besen*

BÈI
MUSCHEL

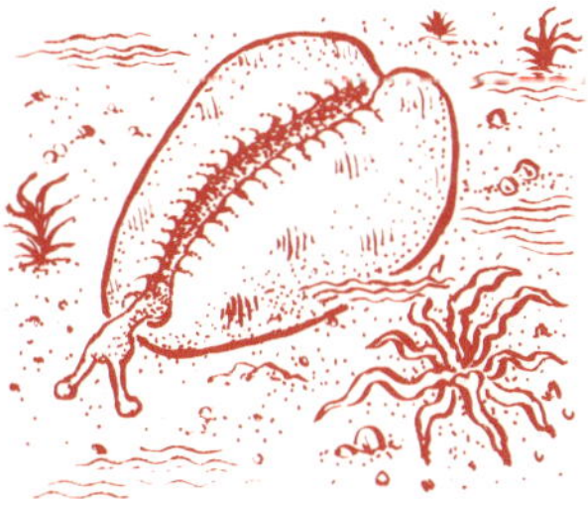

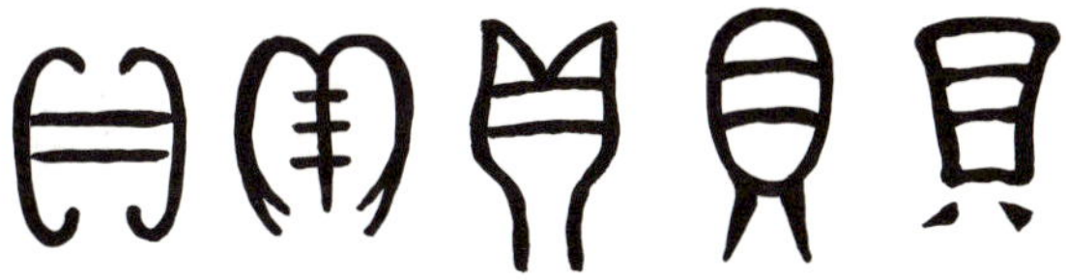

In der primitiven Gesellschaft, d. h. in der Zeit vor 2100 v. Chr., wurde die Muschel *(Cypraea)* als Geld verwendet. Unter den Shāng (1766–1122 v. Chr.) bezahlte man erstmals mit Bronzegeld, das noch in Form von Muscheln geprägt wurde, und so war es auch noch Ende der *Frühlings- und Herbstperiode* (770 bis 476 v. Chr.). Es ist daher verständlich, daß die Muschel Reichtum und Geld symbolisiert.
Das Piktogramm zeichnet den Panzer und die Fühler dieses Weichtieres nach. Unser Radikal unter ›gegenwärtig‹ formt ›heiß begehren‹, und als Folge dann ›käuflich, korrupt‹. Mit der ›Jade‹ geht es um ›Wertsachen, Juwelen und Edelsteine‹. Setzen wir die ›Lanze‹ hinzu (früher waren es zwei), dann wird die ›Muschel‹ zertrümmert, und die Bedeutung ändert sich in ›wertlos‹. Schreiben wir ›anstelle von‹ über unsere ›Muschel‹, dann hilft uns einer mit seinem Geld aus, er gibt uns ein ›Darlehen‹.

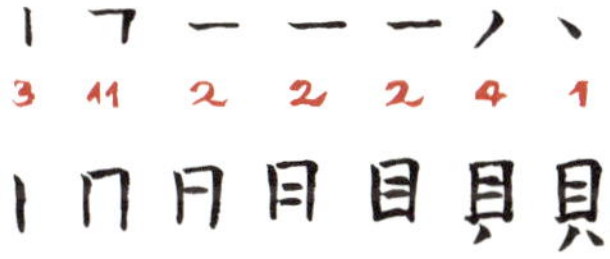

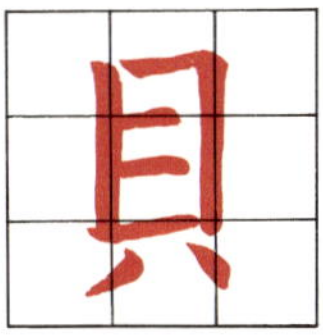

贪	Tān	*Begehren*
贝玉	Bèi yù	*Wertsachen*
贱	Jiàn	*Wertlos*
贷	Dài	*Darlehen*

GÉ
TIERHAUT

革

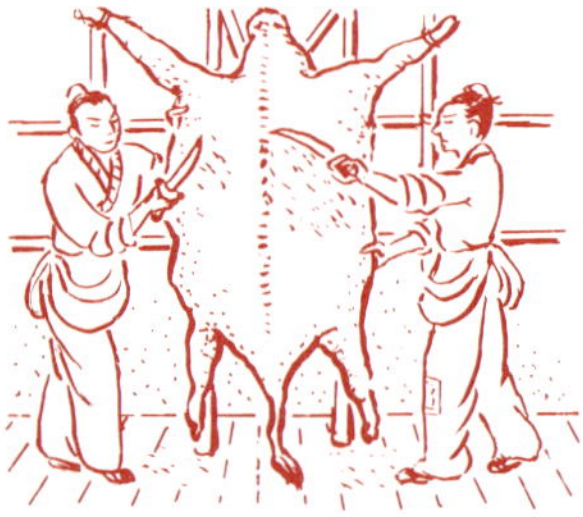

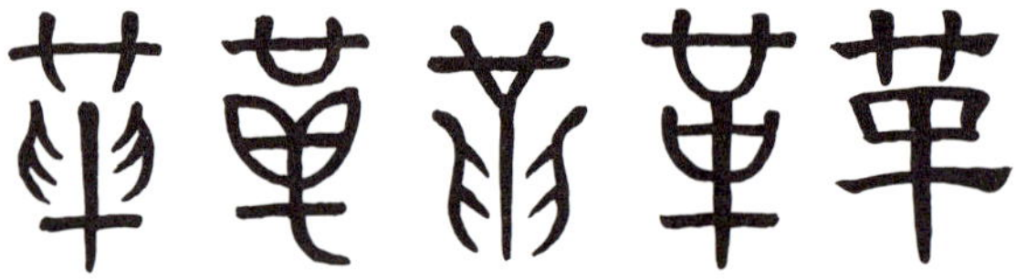

Es gibt für das ›Leder‹ zwei Radikale. Dieser hier ist weit verbreitet und hat viele Ableitungen, während der andere nur vier hat. Heute läßt sich eine Unterscheidung zwischen beiden nur schwer rechtfertigen. Doch sehen wir im Piktogramm ein Schaffell, das aufgehängt ist (die beiden horizontalen Linien) und von zwei Händen abgeschabt wird. Ursprünglich bedeutete der Radikal eine noch nicht gegerbte Haut. Das Zeichen stand auch noch für einen Beamten, der degradiert worden war. ›Degradieren‹ schreibt man heute mit unserem Radikal und ›Amt‹. In Verbindung mit der ›Kraft‹ entsteht ›bremsen‹. Die Zügel bestehen aus Lederstreifen und dienen außer zum Lenken auch noch zum Anhalten. Die ›Zielscheibe‹ besteht aus dem Radikal und dem ›Abzeichen‹. Bogenschießen trainierte man mit Zielscheiben, die aus mit Stroh gefüllten Häuten bestanden. Zusammen mit dem phonetischen Zeichen ›Friede‹ ergibt der Radikal ›Sattel‹.

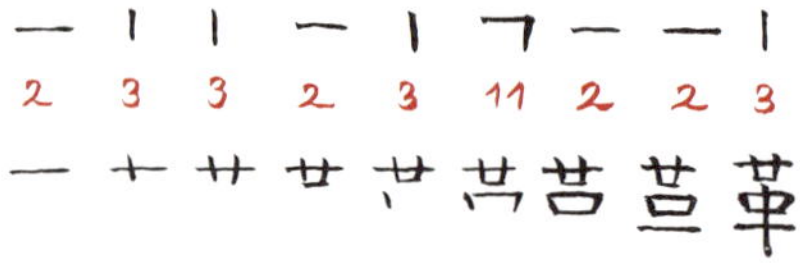

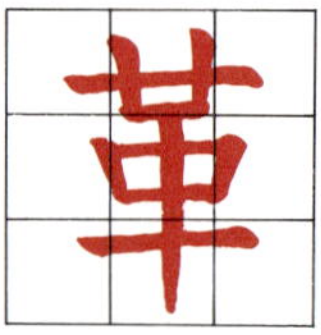

革职	Gé zhí	*Degradieren*
勒	Lè	*Bremsen*
靶	Bă	*Zielscheibe*
鞍	Ān	*Sattel*

WÉI
LEDER

Hier können wir im Piktogramm zwei Menschen erkennen, die ein rundliches Objekt auseinanderziehen. Man kann daraus schließen, daß eine schon gegerbte Haut über einer Sache ausgebreitet wird, um sie zuzudecken. Was nun unseren Radikal angeht, so stehen er und die ›Haut‹ (S. 178) mitsamt ihren Ableitungen für alles, was mit gegerbter Haut zusammenhängt.
Mit dem Zeichen ›auseinanderziehen‹ formt der Radikal die ›Hülle‹, in der man den Bogen bei der Jagd oder im Krieg trug. Dieses Zeichen heißt auch noch ›verstecken‹, und wir finden es zusammen mit dem ›Plan‹, was dann die ›Militärstrategie‹ ergibt – Pläne, die man besser vor dem Feind verborgen hält. ›Leder‹ und ›Klinge‹ werden zu ›geschmeidig und kräftig‹. Diese Verbindung wiederum mit dem ›Band‹ zusammen ergibt die ›Sehne‹, diese kräftige und geschmeidige Faser, die Muskeln und Knochen zusammenhält wie Lederstreifen das Pferdegeschirr.

韬	Tāo	*Bogenhülle*
韬略	Tāo lüè	*Militärstrategie*
韧	Rèn	*Geschmeidig und kräftig*
韧带	Rèn dài	*Sehne*

ZHÌ
KATZE

Die Katze ist im chinesischen Kalender nicht vertreten. Vielleicht hatte sie in China damals keine so große Bedeutung. Das Piktogramm scheint sie aber sehr genau abzuzeichnen, mit gefletschten Zähnen, gekrümmtem Rücken, langem Schwanz und auf den Hinterbeinen aufgerichtet. Der Radikal wird für viele wilde Katzenarten verwendet.
Um ›Katze‹ heute zu schreiben, braucht der Radikal noch das Zeichen ›Sprößling‹. Die Katze mußte in den Reisfeldern Mäuse fangen. Sie hieß auch noch »Hausfuchs« und galt als Beschützerin der Seidenraupen, da sie die Ratten von ihnen fernhielt, die eine Vorliebe für diese Tiere haben. Und so wird die Katze im Volksmund auch ›Seidenraupenkatze‹ genannt. Der sympathische ›Pandabär‹, den man für eine große Katze hält, schreibt sich mit ›Katze‹ und ›Bär‹. Mit dem ›Talent‹ dagegen heißt unser Radikal ›Wolf‹ (heute: Schakal). Die alten Chinesen hegten eine mit Furcht gemischte Hochachtung für den Wolf.

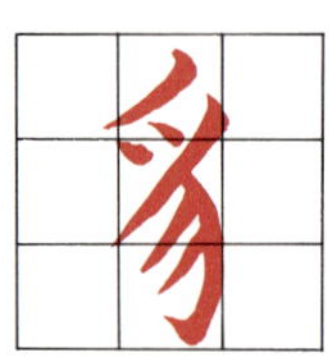

猫	Māo	*Katze*
蚕猫	Cán māo	*Seidenraupenkatze*
猫熊	Māo xióng	*Pandabär*
豺	Chái	*Wolf*

FĒI
FLIEGEN

Die Herkunft dieses Zeichens ist leicht zu entdecken: Wir brauchen nur das Piktogramm zu betrachten. Die klassische Form mit den beiden Flügeln ist schon nicht mehr ganz so einfach. Im alten Zeichen erkennen wir den Kranich im Flug, mit seinem typisch langen, gekrümmten Hals. Wir sehen ihn im Profil, vielleicht auf seinem Wanderflug, die Flügel weit ausgebreitet. Das vereinfachte Zeichen ist sicherlich sehr viel leichter zu schreiben. Doch wurde der Kranich dabei gerupft, seine Flügel wurden auf zwei Tropfen reduziert. Heute ist das Zeichen kein Radikal mehr. *Feī bái* (›fliegen‹ plus ›weiß‹) ist ein Schreibstil, der durch flüchtige, wie mit halbtrockenem Pinsel geschriebene Striche gekennzeichnet ist. Mit ›Insekt‹ geht es um ›fliegende Insekten‹, während man für das ›Flugzeug‹ noch die ›Maschine‹ zu ›fliegen‹ setzen muß. Mit dem ›Himmel‹ statt dessen werden die *Apsaras* geschrieben, jene am Himmel schwebenden, anmutigen buddhistischen Feen.

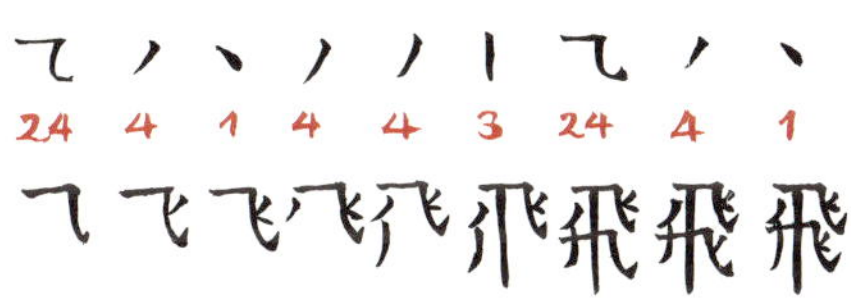

飞白	Fēi bái	*(Kalligraphischer Stil)*
飞虫	Fēi chóng	*Fliegendes Insekt*
飞机	Fēi jī	*Flugzeug*
飞天	Fēi tiān	*Apsaras*

JADE

玉

Viele Radikale stammen aus dem Reich der Natur und sind Symbole für die Welt des Ostens: Bambus, Reis, Gold . . . Keiner von ihnen hat allerdings die Bedeutsamkeit der JADE erreicht. Sie steht für Adel, Reichtum und Schönheit. Nichts Wertvolleres hat die Natur, die Mutter Erde hervorgebracht. Jade schützt vor Unglück und Krankheit. Aus diesem Grund hängt man den Kindern ein durchbohrtes Stück Jade um den Hals, und den Neuvermählten schenkt man häufig am Tage der Hochzeit zwei Jadearmbänder.

RÌ
SONNE

Die Sonne steht für das männliche Prinzip, den Aufgang des Lichts in seinen fünf Grundfarben. Für die alten Chinesen hatte sie einen Durchmesser von 1000 lǐ (500 km), einen Umfang von 3000 lǐ (1500 km) und hing in 7000 lǐ (3500 km) Entfernung am Himmelsbogen. Sie war rund, während man sich die Erde viereckig vorstellte, wie aus dem Piktogramm zu ersehen ist. Aus praktischen Gründen wurde das Zeichen zunächst quadratisch und dann rechteckig. Der Radikal bedeutet auch ›Tag‹.
Mit dem ›Bericht‹ zusammen schreibt sich die ›Tageszeitung‹. Vor dem ›Mond‹ formt der Radikal das Wort ›Leben‹ und meint damit alles, was tags und nachts geschieht. Unter dem ›Baum‹ bedeutet die ›Sonne‹ ›verschwinden‹. Früher hieß es ›Sonnenuntergang‹. ›Sonne‹ und ›essen‹ beschreibt die ›Sonnenfinsternis‹, die dann entsteht, wenn die Kröte versucht, die Sonne zu verschlingen. »Die Hunde von Sìchuān bellen die Sonne an« heißt soviel wie: sich wundern aus Unwissenheit oder Unerfahrenheit.

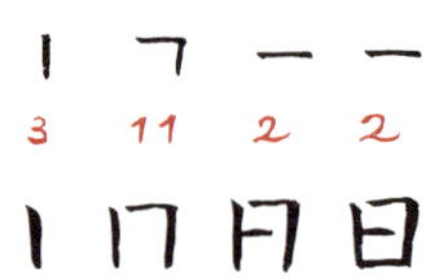

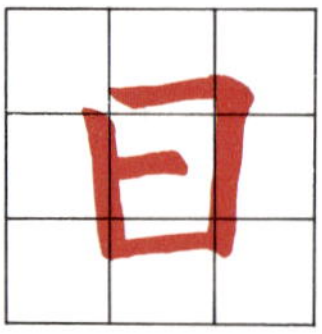

日报	Rì bào	*Tageszeitung*
日月	Rì yuè	*Leben*
杳	Yǎo	*Verschwinden*
日食	Rì shí	*Sonnenfinsternis*

YUÈ
MOND

月

Die Chinesen sind große Pragmatiker, was sie nicht daran hindert, in den Mond verliebt zu sein. Das Piktogramm und die folgenden Zeichen zeigen den zunehmenden Mond, der sich der Erde wohltätig zuwendet. In der Natur symbolisiert er das Weibliche. Er ist von vielen Gestalten bewohnt. Unter einem Kassiabaum bereitet dort ein Hase das Lebenselixier. Die diebische Cháng É wartet als Kröte darauf, den Mond zu verschlingen. Yuè Lǎo, Gott der Ehe, verknüpft dort unsichtbare rote Fäden, die zu Hochzeiten führen. Der arme Wú Gāng, ein chinesischer Sisyphos, versucht vergeblich, einen Baum zu fällen, der sofort wieder nachwächst.
Zum »Mitte-Herbst-Fest« ißt man den süßen ›Mondkuchen‹. Die ›Mondlaute‹ ist ein viersaitiges Zupfinstrument mit kreisrundem Resonanzboden. ›Sonne‹ und ›Mond‹ zusammengesetzt bedeuten ›Licht‹. Schreibt man dazu noch ›weiß‹, dann wird alles ›klar und verständlich‹.

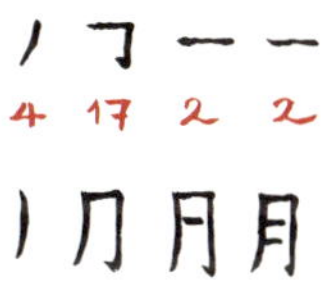

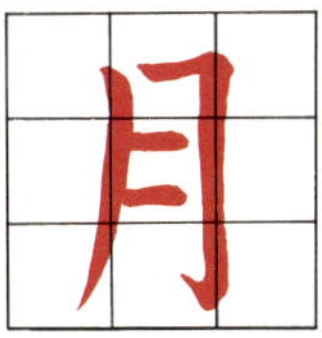

月饼	Yuè bǐng	*Mondkuchen*
月琴	Yuè qín	*Mondlaute*
明	Míng	*Licht*
明白	Míng bái	*Klar*

XĪ
ABEND

夕

Der Beginn der Nacht wird durch einen Mond gekennzeichnet, der halb von einem Berg verdeckt wird. Das Piktogramm zeigt ihn unvollständig, halb im Schatten, halb den Himmel beleuchtend. Die Bedeutung ist ›dunkel werden‹.
Mit dem ›Mund‹ darunter ergibt sich der ›Familienname‹. Als die Straßen noch unbeleuchtet waren und abends Gäste ans Tor klopften, mußten sie wohl ihren Namen rufen, um sich zu erkennen zu geben. Der ›Eigenname‹ schreibt sich mit ›Name‹ und ›Kind‹ unter einem ›Dach‹, eine Verbindung, die ›Schriftzeichen‹ heißt. Das ist also der Name, der dem in diesem Haus geborenen Kind gegeben wird. Unser Radikal verdoppelt heißt ›viel, ziemlich‹. Das Zeichen deutet auf die Zeit, die Abend für Abend vergeht oder vielleicht auf die Arbeit, die ein Mensch bis zum Ende des Tages geleistet hat. ›Viel‹ und ›wenig‹ ergeben den ›Preis‹. Die Frage ist nämlich immer, ob die gewünschte Ware viel oder wenig kostet.

名	Míng	*Familienname*
名字	Míng zǐ	*Name*
多	Duō	*Viel*
多少	Duō shǎo	*Preis*

HUǑ
FEUER

火

Eine nach oben züngelnde Flamme, zwei Funken an den Seiten: Dieses Bild wird ebenso klar im Piktogramm wie im Zeichen wiedergegeben. Das Feuer symbolisiert Wärme, Kraft, Gefahr und Zorn und gehört zu allen Bereichen des Lebens als Glücks- oder Unglücksbringer. Nach einem alten Brauch mußte eine junge Braut, die zum erstenmal das Haus des Bräutigams betrat, ein brennendes Feuer überschreiten. Damit sollte sichergestellt werden, daß sie die Gefahren der Mutterschaft unversehrt überstehen würde.
›Feuer‹ und ›Blume‹ sind zusammen der ›Funke‹. Für den ›Vulkan‹ schreiben wir den ›Berg‹ hinter das ›Feuer‹. Steht statt dessen der ›Wagen‹, wird es zur Feuermaschine, dem ›Zug‹. Mit der ›Luft‹ zusammen ergibt sich der ›Zorn‹, die ›Wut‹. Wie ja auch nichts gefährlicher und weniger vorhersehbar ist als Feuer und Wind. »Einen Berg aus Schwertern besteigen und in ein Flammenmeer tauchen« bedeutet, bereit sein, jede nur denkbare Schwierigkeit anzugehen.

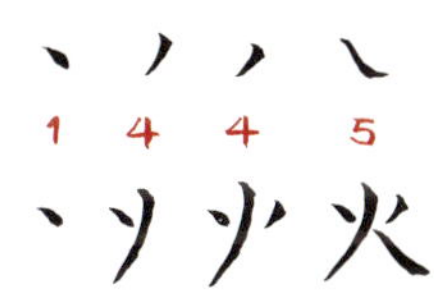

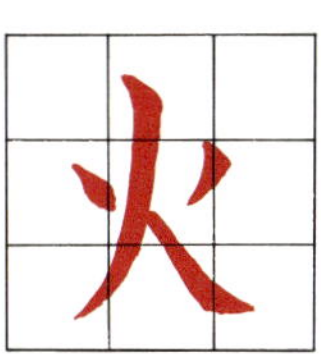

火花	Huǒ huā	*Funke*
火山	Huǒ shān	*Vulkan*
火车	Huǒ chē	*Zug*
火气	Huǒ qì	*Zorn*

QÌ
DAMPF

In seiner alten Form stand das Zeichen für Sonne und Feuer, beides Quellen des Dampfs. Mit der Zeit kam zu diesen beiden Elementen noch der ›Reis‹ hinzu, der, wenn er in Wasser kocht, einen wohlriechenden Dampf verströmt. Ein Grund zur Freude, besonders für die Armen, die oft nur eine Schale Reis am Tag hatten. Mit den Veränderungen des Zeichens ist der Reis weggefallen und der Dampf geblieben. Der Radikal heißt ›Luft, Dampf, Atem‹.
Dieser Radikal plus die ›Kraft‹ bedeuten ›Energie, Anstrengung‹, als hätte man vorausgeahnt, daß der Mensch einmal Dampf in kinetische Energie umsetzen würde. *Qì gōng* (›Atem‹ und ›Übung‹) ist eine therapeutische ›Atemgymnastik‹. Folgt die ›Tür‹ dem ›Dampf‹, dann wird es zum ›Luftventil‹. ›Dampf‹ und ›Kugel‹ hingegen beschreiben den ›Fesselballon‹.

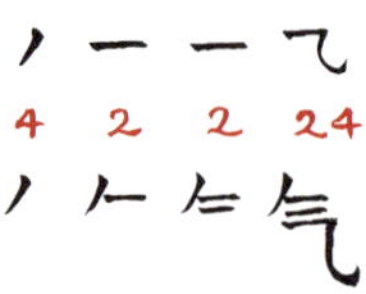

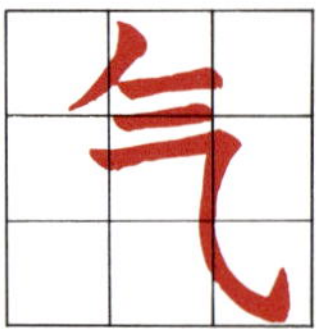

气力	Qì lì	*Energie*
气功	Qì gōng	*Atemgymnastik*
气门	Qì mén	*Luftventil*
气球	Qì qíu	*Fesselballon*

YŬ
REGEN

Im Piktogramm sowie im kaum veränderten Zeichen fallen vier Tropfen aus einer Wolke, die wie ein nach unten geöffneter Behälter am Himmel hängt. Ein einfaches und klares Bild für einen Vorgang, der mit seinem Rhythmus das Leben gestaltet, auch wenn nicht alle gleicher Meinung über ihn sind. Und so heißt es denn auch: »Der Bauer wünscht Regen, der Reisende schönes Wetter.« ›Regen‹ und ›Kleid‹, das ist natürlich der ›Regenmantel‹. Für den ›Donner‹ schreiben wir noch das ›Feld‹ unter den ›Regen‹. Bauern werden oft auf dem Feld vom Gewitter überrascht. Das ganze ›Unwetter‹ mit Donner, Blitz und Wasser schreibt sich mit ›Donner‹ und ›Regen‹. Den ›Laubfrosch‹, der unter den Bäumen sitzt und mit seinem Quaken den Regen ankündigt, schreibt man ›Regen-Frosch‹. Der Regen kommt in vielen Gedichten vor, und die Volkslieder besingen die Erleichterung, die er bringt.

雨衣	Yŭ yī	*Regenmantel*
雷	Léi	*Donner*
雷雨	Léi yŭ	*Unwetter*
雨蛙	Yŭ wā	*Laubfrosch*

FĒNG
WIND

Alten Vorstellungen zufolge werden die Insekten aus den Winden und den Dämpfen der Erde geboren. So ist das ursprüngliche Zeichen zu erklären, das den ›Wind‹ mit den Elementen Sonne, Bewegung und Ausdehnung wiedergibt. Mit der Vereinfachung wurden auch die Insekten getilgt; geblieben ist ein vom Wind geblähtes Segel.
Das *Fēng shuǐ* (›Wind‹ und ›Wasser‹), das geomantische System der Chinesen, bestimmt den Ort, an dem ein Haus oder ein Grab gebaut werden kann, so daß die Familie oder der Verstorbene sicheren Frieden genießen wird. ›Wind‹ und ›Glocke‹ meint jene ›Glöckchen‹, die unter den Dächern von Pagoden oder Tempeln hängen und bei einer leichten Brise leise zu klingen beginnen. Mit dem ›Wagen‹ schreibt sich die ›Windmühle‹, wobei der Wagen für die Räder steht. ›Wind‹ und ›Licht‹ ergeben die ›Aussicht‹, die um so schöner glänzt, je besser der Wind die Luft gereinigt hat.

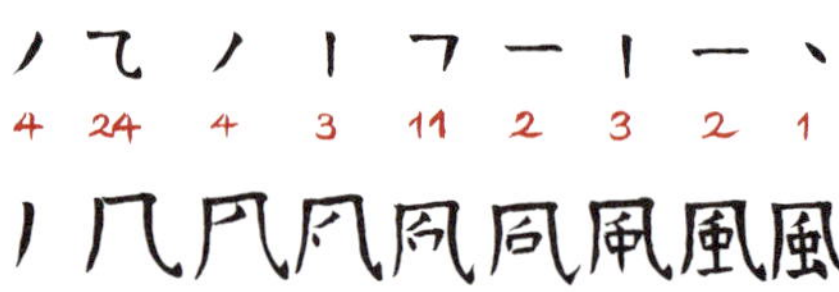

风水	Fēng shuǐ	*Geomantik*
风铃	Fēng líng	*Glöckchen*
风车	Fēng chē	*Windmühle*
风光	Fēng guāng	*Aussicht*

SHUǏ
WASSER

水

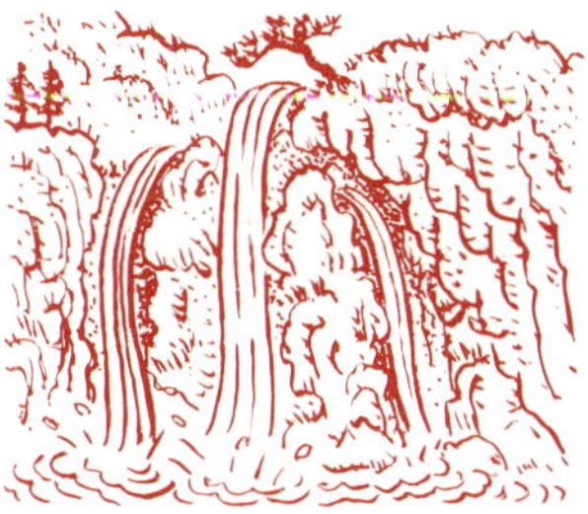

Während im Zeichen ›Feuer‹ die Flammen emporzüngeln, fließt im ›Wasser‹ der Strom nach unten. Außer dem Hauptstrom sehen wir in diesem Zeichen noch die Wirbel an seiner Seite. Das Wasser, Grundelement des Lebens, war entscheidend für die Wahl des Ortes, wo man sich niederließ. Der Radikal kommt in zahlreichen Verbindungen vor und außerdem in zwei Schreibweisen: einmal in der klassischen wie hier, und dann auf zwei Tropfen und einen unterbrochenen vertikalen Strich reduziert.
›Wasser‹ und ›Hand‹, das ist der ›Matrose‹. In Verbindung mit dem ›Unglück‹ spricht man von einer ›Überschwemmung‹. Mit der ›Blume‹ hingegen schreibt man den ›Spray‹ für Toilettenwasser oder Parfüm, während der Radikal und ›Alkohol‹ jenen ›leichten Wein‹ bezeichnen, den ein wohlerzogener Gastgeber seinen Gästen anbietet, als sei es Wasser, obwohl es sich in Wirklichkeit um eine hervorragende Qualität handelt. Das gebietet die Etikette.

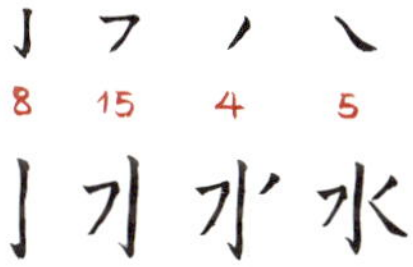

水手	Shuǐ shǒu	*Matrose*
水灾	Shuǐ zāi	*Überschwemmung*
水花	Shuǐ huā	*Spray*
水酒	Shuǐ jiǔ	*Leichter Wein*

BĪNG
EIS

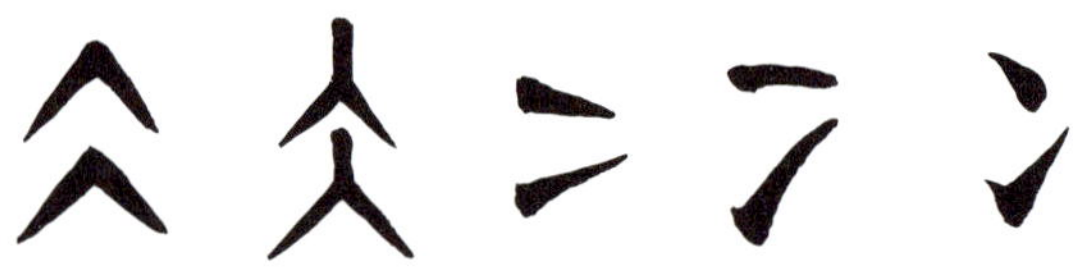

Wenn Wasser gefriert, so kristallisiert es, und auf der Oberfläche entsteht eine Art Maserung. Die Eiskristalle bestehen aus sternförmig ausstrahlenden Nadeln. Bricht das Eis, so zeigen sich kristalline Bruchflächen. Derartige Beobachtungen mögen dem Piktogramm zugrunde liegen. Das alte Zeichen enthielt drei Striche neben dem Graphem für ›Wasser‹; sie wurden in der klassischen Form zu einem einzigen Strich reduziert. Ein Berg von schwimmendem Eis ist ein ›Eisberg‹, während ›Eis‹ und ›Strom‹ den ›Gletscherbach‹ bilden. Einfach zu lesen ist auch der ›Eisschrank‹. Mit dem ›Messer‹ dagegen handelt es sich um Schuhe, an die man unten eine Klinge schnallt, um ›Schlittschuh fahren‹ zu können. »Damit ein tiefer Fluß gefriert, braucht es mehr als einen kalten Tag.« Im übertragenen Sinn heißt das, daß manches Unglück erst nach langer Vorankündigung eintritt. Der Spruch »Eis besteht aus Wasser, ist aber kälter als dieses« spielt darauf an, daß manchmal ein Schüler seinen Lehrer übertreffen kann.

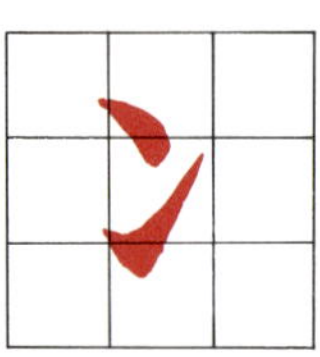

冰山	Bīng shān	*Eisberg*
冰川	Bīng chuān	*Gletscher*
冰箱	Bīng xiāng	*Eisschrank*
冰刀	Bīng dāo	*Schlittschuhe*

CHĒ
KEIM

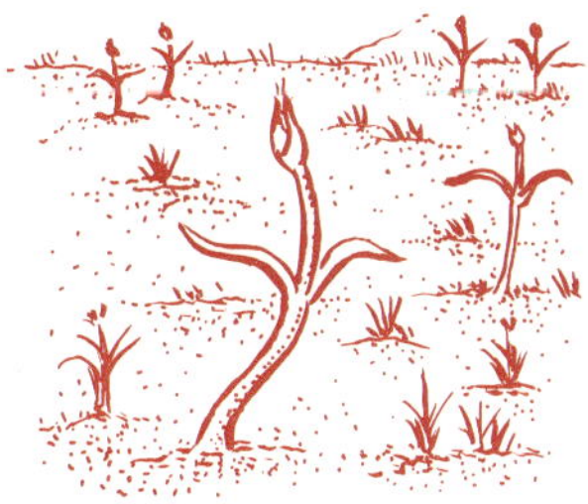

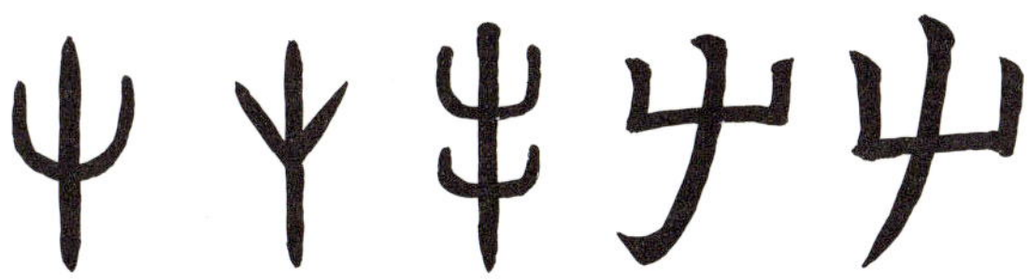

Im *Buch der Lieder* wird auch der Keim besungen, in Gesängen über den Frühling und die blühenden Wiesen, über schöne Mädchen und die Liebe. Der Keim symbolisiert die Lebenskraft wie die Frühlingsfeier, bei der die jungen Leute einen Freund zu finden hoffen. Unser Piktogramm stellt einen Keim des Lebens dar, aus dessen senkrechtem Sproß die Blüten sprießen.
Das Zeichen, zweimal übereinander geschrieben, heißt heute ›herauskommen, produzieren, veröffentlichen‹. Für den Ausdruck ›ins Ausland fahren‹ schreibt man das ›Land‹ zu unserem Radikal. Mit ›Scham‹ kombiniert, bedeutet es ›eine Dummheit begehen‹, also etwas tun, dessen man sich schämen muß. Vor der ›Tür‹ soll es dann ›weit von zu Hause weg‹ bedeuten. Der Spruch »ein kleines Stück Grün läßt den Frühling erahnen« wird nicht nur auf die Natur bezogen, sondern soll sagen, daß ein kleines Zeichen von Dankbarkeit von seiten der Kinder manchmal den Eltern lange Jahre der Mühe und Opfer vergilt.

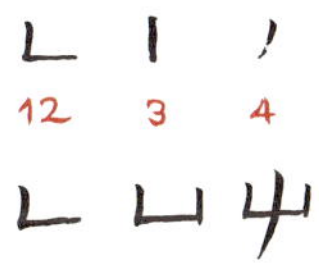

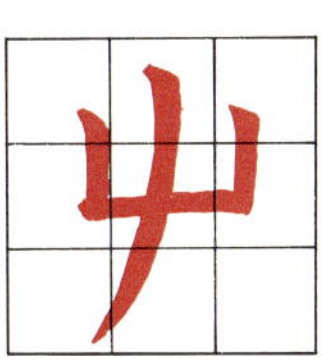

出	Chū	*Herauskommen*
出国	Chū guó	*Ins Ausland fahren*
出丑	Chū chǒu	*Eine Dummheit begehen*
出门	Chū mén	*Weit von zu Hause weg*

CĂO
GRAS

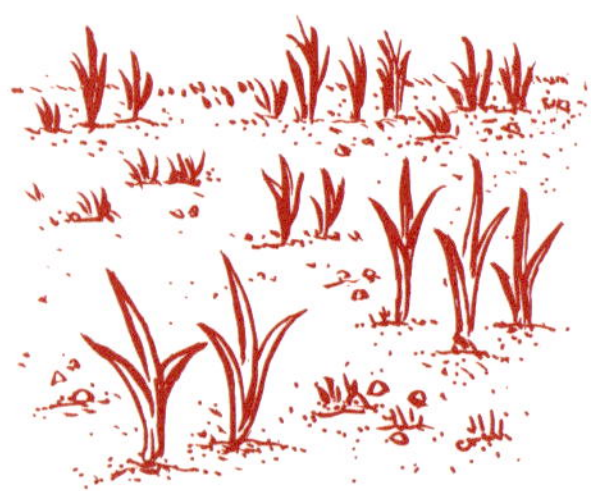

Ein paar Sprößlinge nebeneinander vermitteln den Eindruck von Gras. Die zwei Kreuze finden sich, getrennt oder zusammengeschrieben, in vielen Schriftzeichen, die mit Vegetation zu tun haben. Auch die Chinesen haben ihre Robin Hoods, die Helden der Wälder und Beschützer der Armen, die von ihren Opfern, den Feudalherren, auch »Räuber der Wälder« genannt wurden. Geschrieben wird ›Gras-Banditen‹. Mit einer ›Gras-Kopfbedeckung‹ ist natürlich der ›Strohhut‹ gemeint. Neben dem Zeichen ›schreiben, Stil‹ bezeichnet ›Gras‹ die schnelle, fadenförmige Schreibweise, die an Grashalme erinnert. Diese Schrift ist weich, flüssig und schnell. Kreiert wurde sie im 14. Jahrhundert. Der ›Gras-Fisch‹ ist ein sogenannter pflanzenfressender Karpfen, der eigentlich einer anderen Unterart angehört, von den Chinesen aber so genannt wird wegen seiner Ernährungsweise. Will man jemanden aufmuntern, sagt man: »Jeder Grashalm bekommt seinen Tropfen Tau.«

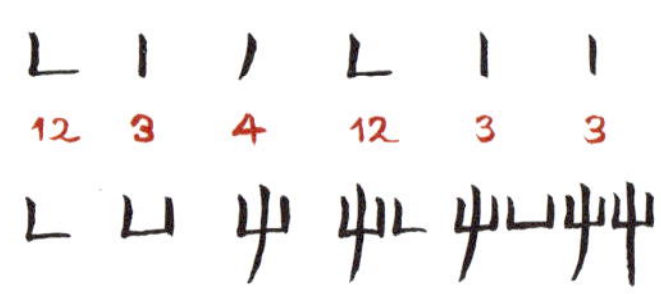

草寇	Căo kòu	*Waldräuber*
草帽	Căo mào	*Strohhut*
草书	Căo shū	*Schnellschrift*
草鱼	Căo yú	*Graskarpfen*

MÙ
BAUM

木

Das Schriftzeichen geht von einem fest in der Erde (horizontaler Strich) verwurzelten, nach oben ragenden Baumstamm aus. In alten Formen des Piktogramms kamen noch Zweige hinzu.
Das ›Kind‹ unter dem ›Baum‹ ist der ›Pflaumenbaum‹, den man wegen seiner vielen süßen Früchte auch ›Baum der Kinder‹ nennt. Das ›Kind‹ unseres Kinderbaums ist natürlich die Frucht: die ›Pflaume‹. ›Reisen‹ und ›Pflaumenbaum‹ bedeuten den ›Koffer‹, weil die Koffer früher aus Holz waren. Schreibt man nach dem ›Baum‹ den ›Fisch‹, so handelt es sich um die ›Holzfische‹, aus einem Stück Holz geschnitzte Schlaginstrumente, die von buddhistischen Mönchen zum Rhythmisieren ihrer frommen Gesänge benutzt wurden. Der Name stammt weniger von der Form als von den beiden Fischen, die an der Außenwand herausgearbeitet waren. Die ›Papaya‹ sieht aus wie ein Kürbis und wächst auf Bäumen; deshalb nennen die Chinesen sie ›Baum-Kürbis‹.

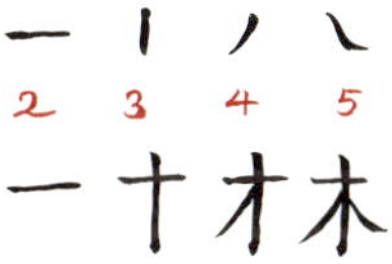

李	Lǐ	*Pflaume*
行李	Xíng lǐ	*Koffer*
木鱼	Mù yú	*»Holzfisch«*
木瓜	Mù guā	*Papaya*

ZHÚ
BAMBUS

竹

Die beliebteste, am häufigsten gemalte und am meisten besungene Pflanze Chinas ist der Bambus. Das Piktogramm zeigt uns zwei nach unten hängende Bambusbüschel. Die Chinesen sehen im Bambus einen »Freund Chinas«, denn alles an ihm wird verwendet: die Sprößlinge in der Küche, die Holzpaste in den Papierfabriken, die Stengel für Pfeifen und Pinsel, der Stamm für Möbel, Werkzeuge, Gerüste und am Bau, die Blätter für Dächer und Verpackungsmaterial, die Samen und Wurzeln für Arznei. Der immergrüne Bambus steht für langes Leben.
Mit dem Zeichen für ›Streifen‹ bezeichnet ›Bambus‹ ›alte Bücher‹, die aus beschriebenen Bambusstreifen bestanden. ›Bambus-Knospen‹ sind die Sprößlinge, die bei keiner guten Mahlzeit fehlen dürfen. Nach einem lauen Frühlingsregen wachsen sie in einer Nacht bis zu 40 cm. Das ›Steckenpferd‹ ist in China natürlich ein ›Bambus-Pferd‹. Und das »Markenzeichen« Chinas, der Pandabär, wohnt im ›Bambuswald‹.

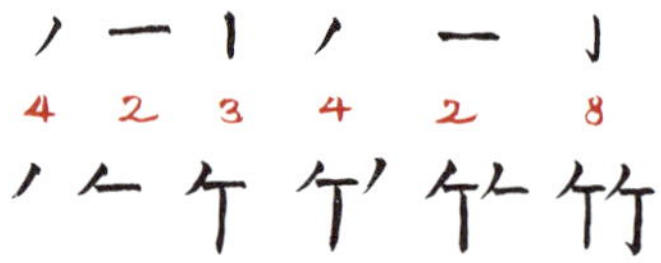

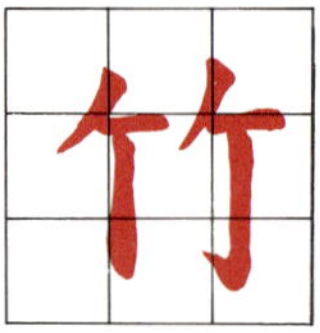

竹简	Zhú jiăn	*Bambusstreifen*
竹笋	Zhú sŭn	*Bambussprossen*
竹马	Zhú mă	*Steckenpferd*
竹林	Zhú lín	*Bambuswald*

GÙN
STOCK

Es handelt sich hier um ein Grundzeichen, das heute nur noch in Zusammensetzungen gebraucht wird. Es stammt wohl von einem Ast, den man als Stützpfosten oder als Waffe benutzte. So erscheint dieser Radikal nun bei den verschiedensten Schriftzeichen in unterschiedlicher Bedeutung, oft ohne jedweden Bezug zum ursprünglichen Sinn.
Im Wort ›Mitte‹ stellt der Strich den Pfeil dar, der das Ziel in der Mitte durchbohrt. Im Begriff ›spannen‹ ist der Radikal die Sehne, die den Bogen spannt. Im Verb ›verbinden‹ hingegen bedeutet das Zeichen ›Stock‹ das stilisierte Webschiffchen, das zwischen den Fäden hin- und herläuft. Heute schreibt man ›Stock‹ mit ›Baum‹ und ›Kind‹. Ein altes chinesisches Sprichwort sagt: »Eine Bambusrute läßt die Kinder gut gedeihen.« Dieses Sprichwort gibt es auch bei anderen Völkern, nur mit anderer Holzart. Gerechterweise muß man sagen, daß diese Redensart heute nur noch metaphorisch gebraucht wird, um anzudeuten, daß Erziehung auf Disziplin gründen muß.

3

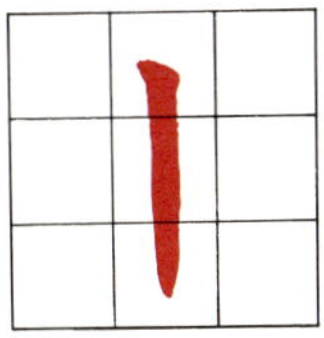

中	Zhōng	*Mitte*
引	Yǐn	*Spannen*
串	Chuàn	*Binden*
棍	Gùn	*Stock*

MǏ
REIS

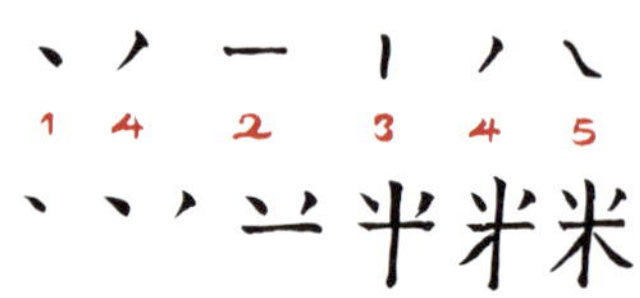

Das Zeichen ist eine Reispflanze mit Wurzeln, Blättern und der Frucht. Im Piktogramm dagegen sehen wir neun Reiskörner, Symbole für Fülle und Überfluß, die durch ein Kreuz geteilt werden. Beim Dreschen werden die Reiskörner verstreut. Der Radikal bezieht sich nur auf rohen, von den Spelzen befreiten Reis. Der ›gekochte Reis‹ braucht außer unserem Radikal noch die ›Speise‹. Kommt der ›Staub‹ hinzu, haben wir ›Reismehl‹. Aus ›Alkohol‹ und ›Reis‹ entsteht der ›Reisschnaps‹ (und nicht etwa Wein). Der bekannteste dieser Schnäpse ist der *Máo Tái*. Er ist nicht unbedingt der beste, wurde aber berühmt, als Máo Zédōng ihn dem amerikanischen Präsidenten Nixon anbot, um auf die chinesisch-amerikanische Freundschaft anzustoßen. Merkwürdig ist das Zeichen ›Reis‹ im kombinierten Zeichen ›metrisches System‹. Wir müßten eigentlich ›System des Reises‹ lesen, doch dient wohl *mǐ* [Reis] zur phonetischen Wiedergabe des englischen Wortes ›meter‹.

米饭	Mǐ fàn	*Gekochter Reis*
米粉	Mǐ fěn	*Reismehl*
米酒	Mǐ jiǔ	*Reisschnaps*
米制	Mǐ zhì	*Metrisches System*

HÉ
GETREIDE

禾

»Je mehr Körner eine Ähre trägt, desto besser neigt sie sich nach unten.« Diese für einen Bauern natürliche Erkenntnis enthält ein weises Gleichnis: Je reicher ein Mensch an Gedanken (Intelligenz und Kultur) ist, desto bescheidener wird er auftreten. Das Piktogramm zeichnet eine Pflanze mit vollen Ähren, die sich nach unten neigen, dazu Wurzeln und Blätter. Das Zeichen ist der Sammelbegriff für Getreide, obwohl die einzelnen Sorten wie Reis, Weizen, Hirse, Gerste usw. ihr eigenes Zeichen haben.
Der Radikal mit dem ›offenen Platz‹ ergibt die ›Tenne‹, den Ort, an dem die Bauern sich zum Dreschen oder auch bei Festlichkeiten einfinden. Folgen dem ›Getreide‹ die ›Sprößlinge‹, so sind das die ›Setzlinge‹. Das ›Getreide-Insekt‹ ist ein Wurm, der Getreide frißt. Der ›Herbst‹ entsteht aus einer Verbindung von ›Getreide‹ und ›Feuer‹, entweder weil das Getreide unter sengender Sonne bis zum Herbst reift, oder weil nach der Ernte die Stoppeln verbrannt werden.

禾场	Hé chăng	*Tenne*
禾苗	Hé miáo	*Setzlinge*
禾虫	Hé chóng	*Getreidewurm*
秋	Qiū	*Herbst*

DÒU
GEMÜSE

豆

Das Piktogramm mit dem pokalartigen Gefäß entstand vermutlich aus der Vorstellung einer Erbsen- oder Bohnenschote, unter der ein Dreifuß stand. Heute bezeichnet das Schriftzeichen die Hülsenfrüchte, die ihre Samen in Schoten entwickeln.
›Gemüse‹ und ›umwickeln‹ stehen für ein ›süßes Brot‹, genauer gesagt für ein gedämpftes Brot mit süßer Füllung. Der Radikal zusammen mit ›altbacken, gegoren‹ ist der ›Sojateig‹, der fälschlicherweise ›Sojakäse‹ genannt wird. Es handelt sich um Mehl aus Sojasamen, das, mit Wasser vermischt, einen weißlichen Teig ergibt, der in vielen Gerichten der chinesischen Küche verwendet wird. Biologisch ist er ein Lecithinkonzentrat, sehr nahrhaft und wirksam gegen zu viel Cholesterin. ›Soja-Öl‹ gehört in manchen Gegenden zur guten Küche. Mit dem ›Kind‹ entstehen die Früchte unseres Gemüses, wobei der Ausdruck nicht nur für ›Erbsen‹, sondern auch für andere Samen benutzt wird.

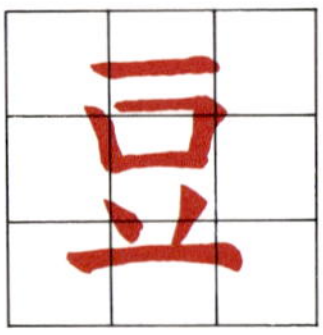

豆包	Dòu bāo	*Süßes Brot*
豆腐	Dòu fŭ	*Sojateig*
豆油	Dòu yóu	*Sojaöl*
豆子	Dòu zĭ	*Erbsen*

GUĀ
KÜRBIS

Efeu, der sich anklammert und hochrankt, erweckt in uns romantische Vorstellungen. In China sind es Kürbis und Melone, die sich hochranken, doch betrachten die Chinesen diese Gewächse eher von der praktischen Seite her. Im Piktogramm sehen wir ein Kürbisgewächs mit Frucht, Reben und Blättern. Auch im Zeichen finden wir noch dieses Bild.
Der Radikal verbunden mit dem Zeichen für ›Bestandteil‹ bedeutet ›teilen‹. Setzt man ›Sohn‹ hinzu, so bedeutet der Komplex ›Kürbissamen‹, Kerne also, die die Fortpflanzung der Art sichern. Der Fuchs ist für die Chinesen ein geheimnisvolles Tier. Sie glauben, daß er sich in menschliche Wesen verwandeln kann, die schlau und sadistisch Böses tun. Deshalb begegnet man dem Fuchs mit Furcht und Verehrung, was allerdings nicht erklärt, warum er sich mit ›Hund‹ und ›Kürbis‹ schreibt. ›Eitel‹, ›Kürbis‹ und ›Sohn‹ zusammen bezeichnen die ›Zucchina‹, einen kleinen Kürbis.

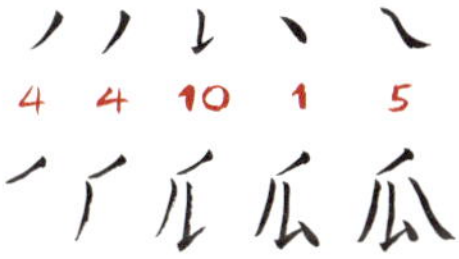

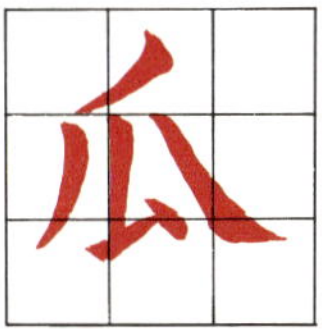

瓜分	Guā fēn	*Teilen*
瓜子	Guā zǐ	*Kürbiskerne*
狐	Hú	*Fuchs*
瓠子	Hù zǐ	*Zucchina*

MÁ
HANF

麻

Hanf ist eine einjährige Pflanze, die man in China seit dem 3. Jahrtausend v. Chr. anbaut. Aus den Fasern stellt man Seilerwaren, Strohmatten, Teppiche und Gewebe her. Die Zeichnung stellt zwei Bündel von Stengeln dar, die unter einem Dach zum Trocknen aufgehängt sind. In Jīnguān sind 1973 Überreste von Papier aus Hanffasern gefunden worden, die aus der Zeit der Westlichen Hàn-Dynastie (206 v. Chr. – 24 n. Chr.) stammen. Diese Entdeckung datiert nicht nur die Erfindung des Papiers zurück, sondern bezeugt auch die besondere Verwendung dieser Pflanze. Mit dem Zeichen ›gereizt‹ nach unserem Radikal erhält man ›lästig, unangenehm‹. Die Verarbeitung von Hanf war wohl mühsam und kostete manchen Ärger. ›Hanf‹ und ›allgemein‹ schreiben den Namen eines Spiels, das einst in China sehr verbreitet war: *Mahjong*, eine Art Domino. Das ›Sesamöl‹ schreibt sich mit ›Hanf‹, obwohl Sesam einer anderen Pflanzenfamilie angehört. Der ›Stein‹ unter dem ›Hanf‹ ergibt ›mahlen‹.

麻

麻烦	Má fan	*Lästig*
麻将	Má jiàng	*Mahjong*
麻油	Má yóu	*Sesamöl*
磨	Mó	*Mahlen*

JIŬ
KNOBLAUCH

韭

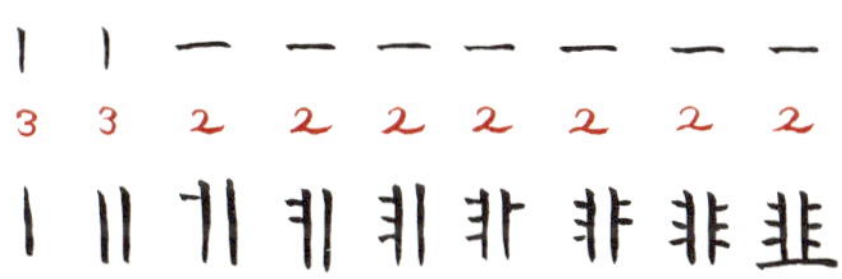

Nach Angaben des klassischen chinesischen Geschichtsschreibers Sīmă Qiān (145–87 v. Chr.) wurde der Knoblauch vom kaiserlichen Beamten Zhāng Qiān eingeführt, und zwar nach einer mühevollen Reise, die er auf Befehl des Kaisers Wŭ Dì um 119 v. Chr. angetreten hatte. In Wirklichkeit aber wurde der Knoblauch zusammen mit Koriander, Essiggurken und Feigen zwischen dem 3. und 7. Jahrhundert aus Zentralasien eingeführt. Das Piktogramm zeigt zwei Pflanzen mit den typischen lanzenförmigen Blättern. Heute wird das Zeichen einem anderen Radikal zugeordnet und hat nur wenige Verbindungen. ›Knoblauch‹ plus ›Gemüse‹ bedeutet ›grüner Knoblauch‹, der sehr durchdringend riecht und wie Schnittlauch gegessen wird. Mit dem Zeichen ›gelb‹ ergibt sich eine Zwiebelsorte, die auf Komposthaufen wächst. Geben wir das Zeichen ›Saft‹ dazu, bekommen wir ›Knoblauchsaft‹. Zusammen mit ›grün‹ verweist der Begriff uns auf die ›Keime der Knoblauchzwiebel‹.

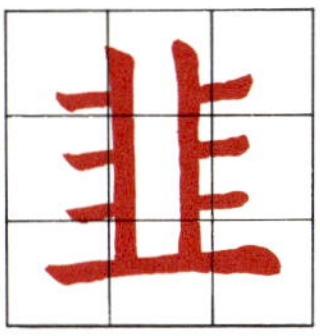

韭 菜	Jiŭ cài	*Grüner Knoblauch*
韭 黄	Jiŭ huáng	*Gelber Schnittlauch*
韭 汁	Jiŭ zhī	*Knoblauchsaft*
青 韭	Qīng jiŭ	*Knoblauchsprößling*

MÀI
WEIZEN

麥

China ist der drittgrößte Weizenproduzent der Welt. Das Lößgebiet eignet sich sehr gut für den Anbau von Weizen, Hirse, Gerste, Gaoliang oder Bohnen und macht aus dieser Gegend das landwirtschaftlich produktivste Gebiet Chinas. Das Piktogramm setzt sich aus zwei Teilen zusammen: Oben zeigt es die vollen, nach unten hängenden Ähren, unten steht das Zeichen ›fortschreiten‹. Es ist der reifende Weizen. Der Radikal wird auch für Gerste verwendet.
Mit dem Zeichen ›Schale‹ bildet man die ›Kleie‹, die Schale der Körner. ›Weizen‹ und ›Herbst‹ ergeben einen Ausdruck, der im Sinne von ›Schulferien‹ gebraucht wird. Während der ›Erntezeit‹ im Herbst bleiben in ländlichen Gegenden die Schulen geschlossen, weil die Schüler helfen müssen. Um die ›Ernte‹ zu schreiben, muß man dem Radikal noch ›aufnehmen‹ hinzufügen. Schreiben wir statt dessen ›Keim‹, so erhalten wir ›Malz‹, also getrocknete Gerstenkeime.

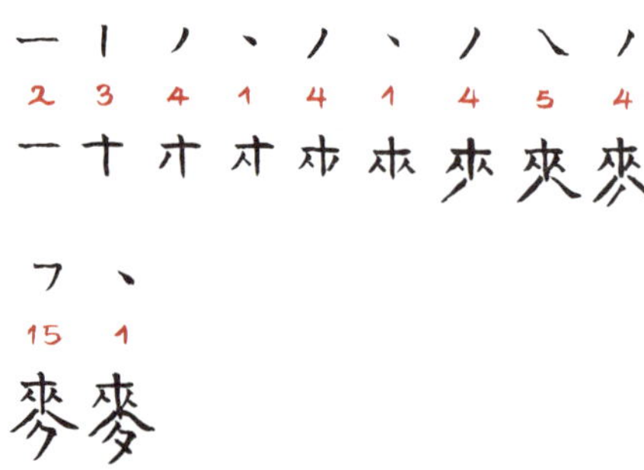

麥 麦

麦麸	Mài fū	*Kleie*
麦秋	Mài qiū	*Erntezeit*
麦收	Mài shōu	*Ernte*
麦芽	Mài yá	*Malz*

SHŬ
HIRSE

黍

Das Zeichen ›Getreide‹ im Radikal bedeutet, daß es sich um eine Grasart handelt, und das ›Wasser‹ darunter will sagen, daß die Pflanze klebrig ist. Im Piktogramm sehen wir die Flüssigkeit von den Blättern tropfen. Diese klebrige Flüssigkeit spielt in der Küche des heutigen China noch eine Rolle. Man bestreicht mit ihr die knusprige Haut eines glasierten Schweinebratens, würzt Törtchen und Süßigkeiten. Die Hirse wird weiter zur Schnapsbereitung verwendet und auch dem Futter für Haustiere beigemischt.
Der Radikal verbunden mit ›zurückhalten‹ bedeutet ›klebrig, zäh‹. Mit dem ›Löffel‹ kombiniert ergibt es ›Menge, Vielfalt‹. Mit dem Wort ›aromatisch‹ hat eine merkwürdige Verformung stattgefunden. Ursprünglich von der ›Hirse‹ abgeleitet, ist der untere Teil durch ›süß‹ ersetzt worden. Eine Erinnerung an die Hirsetörtchen? Die ›Räucherstäbchen‹ für Häuser und Tempel schreiben sich ›aromatisch‹ plus ›Feuer‹.

黏	Nián	*Klebrig*
黎	Lí	*Menge*
香	Xiāng	*Aromatisch*
香火	Xiāng huŏ	*Räucherstäbchen*

ZHĪ
ZWEIG

支

Eine Hand bricht von einem Baum einen Ast, um ihn als Stütze zu gebrauchen. Der ›Zweig‹ sieht dem Radikal ›Stock‹ ähnlich, ist aber aus einem anderen Piktogramm entstanden. Heute hat es viele Bedeutungen: ›herausragen, unterstützen‹, ›Geld geben oder einziehen‹, ›Nebenstelle‹ einer Bank oder einer Post und auch zwölfter ›Erdzweig‹ des Kalenders.
Das heutige Zeichen ›Zweig‹ ist eine Verbindung von ›Baum‹ und ›Zweig‹. Mit ›hinausgehen‹ steht der Radikal für die ›Ausgaben‹. Wird ein wichtiger Sektor der Wirtschaft unterstützt, schreibt sich das mit ›Zweig‹ und ›Arbeit‹. Die ›Säule‹, der ›Pfeiler‹ hingegen brauchen außer unserem Radikal noch den ›Pfahl‹. »Wer Bäume pflanzt, sollte daran denken, daß andere den Schatten ihrer Zweige genießen werden.« Das Sprichwort erinnert uns daran, daß manche wichtigen Arbeiten nicht nur dem von Nutzen sind, der sie ausführt, sondern auch vielen Unbeteiligten, ja, daß sie manchmal den letzteren weit mehr nützen als dem, der sich geplagt hat.

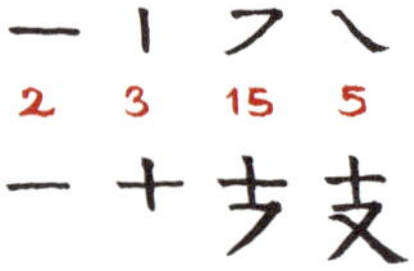

枝	Zhī	*Zweig*
支出	Zhī chū	*Ausgaben*
支工	Zhī gōng	*Wirtschaftliche Unterstützung*
支柱	Zhī zhù	*Säule*

PIÀN
BRETT

片

Die eine Hälfte eines waagrecht durchgesägten Stammes liegt vor uns. Die andere Hälfte haben wir im Radikal ›Holz‹ gesehen. Das hier ist der weniger starke Teil, allerdings hat sich die Bedeutung des Zeichens verlagert auf ›Scheibe, Pastille, Augenblick‹.
Der Radikal plus ›pharmazeutisches Präparat‹ bedeutet ›Pastille‹. Die ›Visitenkarte‹ schreibt sich mit ›Brett‹ und ›Sohn‹. Früher erwarben wichtige Persönlichkeiten, Schriftsteller, Mandarine, Akademiker, die ein staatliches Examen abgelegt und einen offiziellen Titel erhalten hatten, auch das Recht, über ihrer Haustür ein Holztäfelchen mit Namen, Titel und Beruf anzubringen. Die Visitenkarte ist etwas ganz Ähnliches. Der Radikal, mit einem anderen Ton ausgesprochen, vereint mit ›Schachtel‹ bedeutet den ›Schieber eines Photoapparates‹, in den früher die empfindlichen Platten eingelegt wurden. Mit dem Zeichen für ›Sohn‹ kombiniert ergibt sich die ›Filmrolle‹.

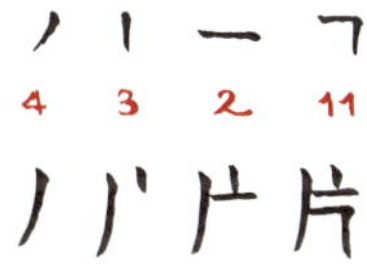

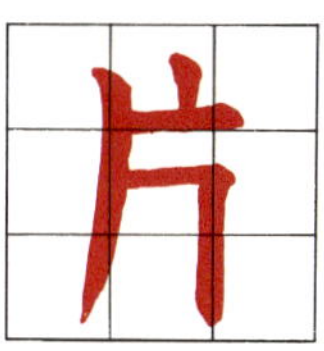

片剂	Piàn jì	*Pastille*
片子	Piàn zǐ	*Visitenkarte*
片盒	Piān hé	*Filmmagazin*
片子	Piān zǐ	*Filmrolle*

SHÍ
STEIN

石

Ein großer Brocken stürzt von einem Felsvorsprung herab. Das ist im Piktogramm noch klar zu erkennen, verändert sich in den folgenden Zeichen aber mehr und mehr, bis der Felsbrocken zum ›Mund‹ geworden ist.
›Stein‹ und ›Asche‹ unter einem Schutzdach mit brennendem Feuer bilden das Wort ›Kalk‹, das Produkt von gebranntem Kalkgestein. Solche Öfen sind noch immer auf dem Lande gebräuchlich.
Neben der ›Blume‹ bedeutet ›Stein‹ dann ›Quarz‹, Kristall- oder Steinblume.
›Petroleum‹, ein aus dem Innern der Erde gewonnenes Öl, heißt bei den Chinesen ›Stein-Öl‹. Der ›Granatapfel‹ schreibt sich merkwürdigerweise mit ›Stein‹ und einem Zeichen, das ›etwas auf einem Baum‹ bedeutet. Vielleicht soll das auf die Härte der Frucht in ihrer Schale hinweisen oder darauf, daß der Granatapfelbaum auf trockenem, steinigem Boden wächst. »Die Verleumdung kann einen ehrlichen Mann nicht zerstören. Wenn die Überschwemmung vorbei ist, erscheint der Stein wieder.«

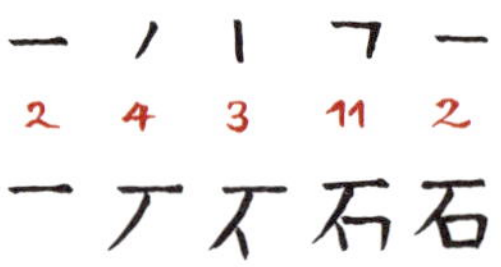

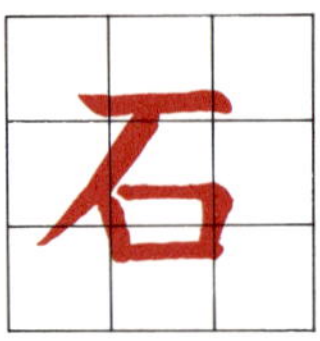

石灰	Shí huī	*Kalk*
石英	Shí yīng	*Quarz*
石油	Shí yóu	*Petroleum*
石榴	Shí liú	*Granatapfel*

LŬ
STEINSALZ

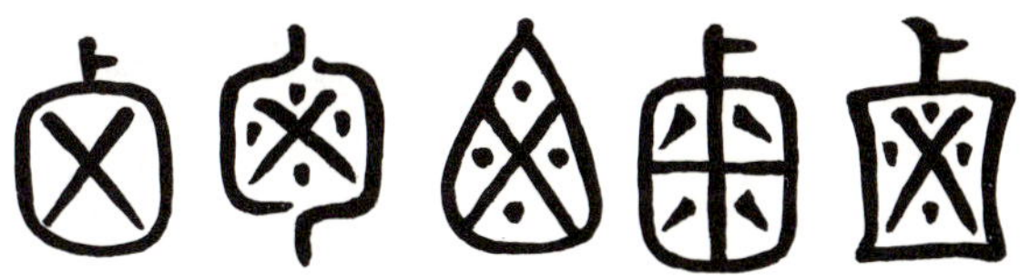

Ein weiterer Radikal, der aus den Wörterbüchern verschwunden ist, obwohl er eine berühmte Geschichte hat. Das Salz, aus Bergwerken gefördert oder dem Meer abgewonnen, hat eine fundamentale Bedeutung in unserem Leben. Die Westlichen Hàn haben 51 v. Chr. Salzgewinnung und -verkauf zum Staatsmonopol erklärt. Im 13. Jh. wurde Salz auch als Zahlungsmittel benutzt.
Das Piktogramm stellt entweder einen Behälter mit Salzkörnern dar oder das antike Zeichen für Okzident mit vier Salzkörnern: Aus dieser Richtung kamen nämlich die Karawanen mit der wertvollen Ladung. Heute bedeutet der Radikal ›bitter, rauh‹. Das ›Salz-Wasser‹ ist die ›Pökellauge‹. Mit dem ›Geschmack‹ zusammen steht der Radikal für Speisen, die in gewürzter Brühe gekocht und kalt serviert werden. Das heutige Zeichen ›Salz‹ besteht aus einem mit ›Erde‹ gefüllten ›Behälter‹ und der ›Vorhersage‹. Hatte das Salz rituellen Charakter? Das Zeichen ›Salz‹, kombiniert mit dem für ›Blume‹, ist ›eine Prise Salz‹.

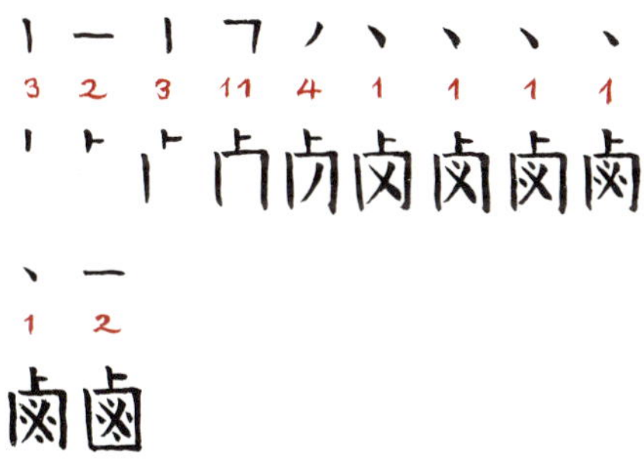

卤水	Lŭ shuĭ	*Pökellauge*
卤味	Lŭ wèi	*Gewürzte Speisen*
盐	Yán	*Salz*
盐花	Yán huā	*Eine Prise Salz*

YÙ
JADE

玉

Konfuzius schrieb: »Die Jade ist zart, glatt, glänzend wie das Wohlwollen; fest, stark und prächtig wie die Intelligenz; an den Rändern geschliffen, doch ohne zu verletzen wie die Gerechtigkeit; schön, selbst mit ihren Fehlern, wie die Redlichkeit.« Für die Chinesen ist die Jade gleichbedeutend mit »dem Wertvollsten auf der Welt«. Das Zeichen zeigt drei zusammengebundene Jadestücke. Der Punkt unterscheidet es von dem Zeichen für ›König‹, dessen Symbol die Jade war. ›Jade‹ und ›Seide‹ waren ›Geschenke des Staates‹, die man Ehrengästen anbot. Der ›Jade-Gürtel‹ durfte bei hohen staatlichen Feierlichkeiten an den Gewändern nicht fehlen. Der Sitz der Unsterblichen wird ›Jade-Palast‹ genannt. Der Kaiser unterzeichnete die Gesetze mit seinem ›Jade-Siegel‹. Die Jade galt als ein lebenspendender Stein, den man wie ein Amulett trug. Die Jade heilte die Kranken, den Gesunden brachte sie Glück, und im Grab sollte sie die Verstorbenen vor dem Zerfall bewahren.

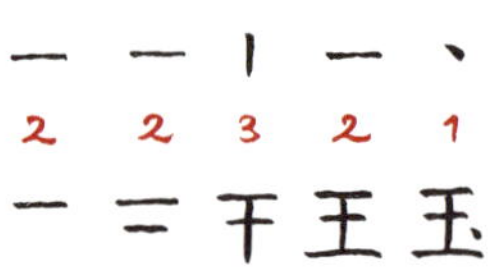

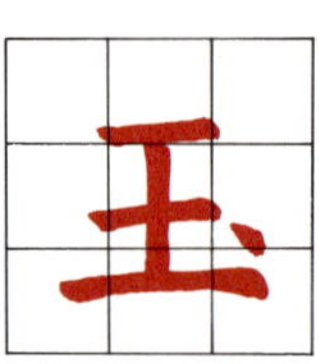

玉帛	Yù bó	*Geschenke des Staates*
玉带	Yù dài	*Jadegürtel*
玉宇	Yù yǔ	*Jadepalast*
玉玺	Yù xǐ	*Jadesiegel*

JĪN
GOLD

金

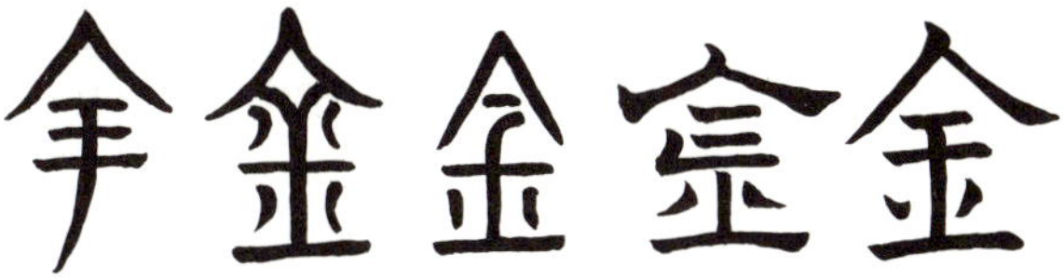

Das Schriftzeichen bedeutet sowohl ›Gold‹ als auch ›Metall‹. Im Piktogramm sehen wir vier Goldstücke oder Metallstreifen im Schoß der Erde, die für die Chinesen die Mutter der Metalle war. Darüber befindet sich eine Überdachung, die den wertvollen Schatz vor neugierigen Blicken schützte. Bei der Vereinfachung des Zeichens sind nur noch zwei Goldkörnchen übriggeblieben, vereint unter einem Dach.
›Gold‹ plus ›Schrift‹ – die Kombination bezeichnet ›Bronzeinschriften‹, die zu den ältesten Zeugnissen chinesischer Schrift gehören. Der Planet ›Venus‹ heißt wegen seiner metallischen Reflexe ›Gold-Stern‹. Der ›Füllfederhalter‹ hat manchmal eine goldene Feder und schreibt sich dann ›Gold-Pinsel‹. Die Chinesen halten ›Gold-Fische‹; sie stehen für Wohlstand und Treue. »Man kann selbst mit Gold keine Minute Leben erkaufen« besagt, daß es Werte gibt, die nicht mit Geld zu erwerben sind.

金文	Jīn wén	*Bronzeinschrift*
金星	Jīn xīng	*Planet Venus*
金笔	Jīn bǐ	*Federhalter*
金鱼	Jīn yú	*Goldfisch*

CHÀNG
RITUALALKOHOL

鬯

»Wenn der Kaiser auf der obersten Plattform des Altars angekommen ist, bietet er den Opferwein erst dem Himmel dar, dann der Erde und schließlich den Ahnen.« So lautet ein Abschnitt aus der *Chronik* der Stadt Hángzhoū (1280). Sie erzählt vom Gebrauch des duftenden Alkohols während der heiligen Handlung. Er wurde mit vielen Duftstoffen fermentiert und manchmal auch »Wein der Glückseligkeit« genannt. Das Piktogramm zeigt ein Gefäß, das neben Getreide auch noch duftende Kräuter enthält, um die Geister zu erfreuen. Mit dem Schöpflöffel vor dem Krug gießt man ein. Der Radikal geht nur wenige Verbindungen ein und ist dann kaum noch zu erkennen. Mit ›Kräuter‹ und ›Flüssigkeit‹ heißt er ›sehr aromatisch‹. ›Üppig, wuchernd‹ kommt bei der Verdoppelung dieses Zeichens heraus. Folgt das ›Blut‹, wird es zur ›Blutstauung‹. Aus der ›Kurkuma-Wurzel‹ – die mit ›aromatisch‹ plus ›Gold‹ geschrieben wird – gewinnt man ein gelbes Pulver, das auch im Curry enthalten ist.

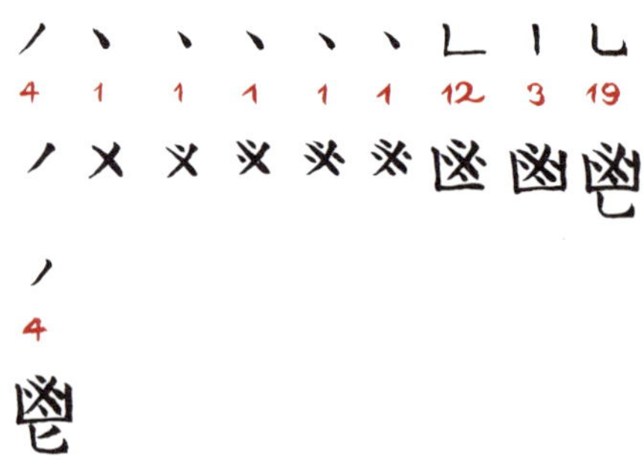

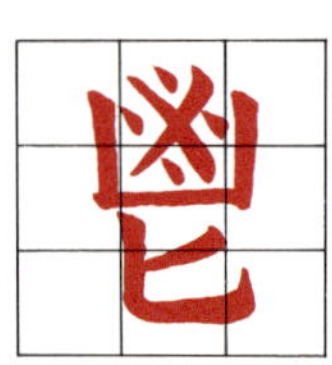

郁	Yù	*Sehr aromatisch*
郁郁	Yù yù	*Üppig*
郁血	Yù xuè	*Blutstauung*
郁金	Yù jīn	*Kurkuma-Wurzel*

DIE FARBE GELB

黃

Farben und Geschmacksrichtungen, Gewichte und Maße, diese so verschiedenartigen Radikale finden sich vereint in dieser nur unbestimmt umrissenen Zeichengruppe. Herausragt das GELB, *die Farbe des yīn, des weiblichen Prinzips in der chinesischen Philosophie und Medizin. Es ist außerdem die Farbe des Löß, der goldenen lehmigen Erde. Auf Lößböden bauten die Vorfahren der Hàn, die Menschen aus Yuánmóu, ihre Früchte an. Von ihm lebten sie. Gelb war auch die kaiserliche Farbe der Dynastie Qīng, wie man an den Dächern der Verbotenen Stadt in Peking sieht. Und ›Gelb‹ ist auch der Name des großen Stromes, der die riesigen Ebenen im Land der Mitte, in Zhōngguó, seit vielen tausend Jahren fruchtbar macht.*

BÁI
WEISS

白

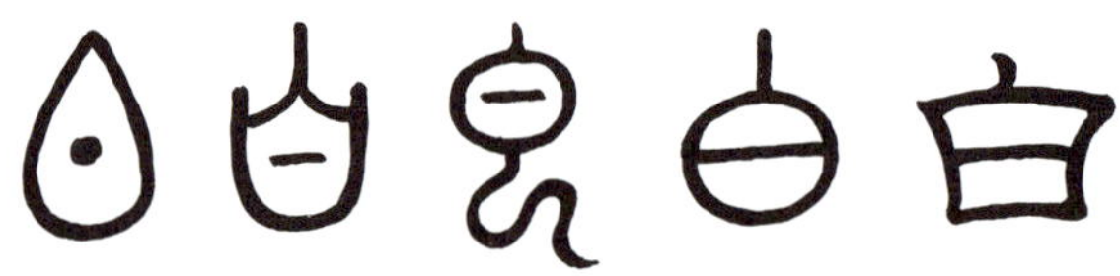

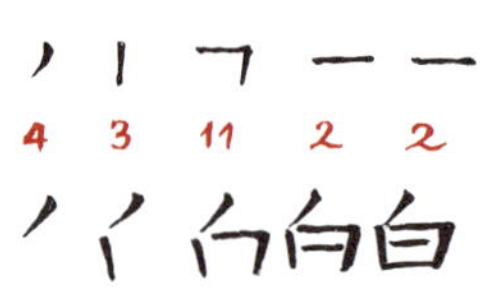

Im Piktogramm herrscht Morgendämmerung, die Zeit, da die ersten Strahlen der Sonne aus dem Horizont auftauchen. Von daher die Vorstellung ›weiß‹. Weiß ist aber auch die Farbe der Himmelsrichtung West und gilt als Farbe der Trauer und des Todes. Im Theater stellt eine weiße Maske Schlauheit, Verrat und Liederlichkeit dar.
Das ›weiße Gesicht‹ ist der Name einer Figur aus der Pekingoper. Der ›Chinakohl‹ schreibt sich auf Chinesisch ›weiß‹ und ›Gemüse‹. ›Weiß‹ plus ›Knochen‹ wiederum ist der Name einer bekannten Hexe aus dem Roman *Die Reise nach dem Westen* (16. Jahrhundert). Dreimal wurde sie von Sūn Wùkòng, dem König der Affen, besiegt, als sie versuchte, den buddhistischen Mönch Xuān Zàng zu hintergehen.
Jemand, der »Schwarz und Weiß nicht auseinanderhalten kann«, kennt den Unterschied zwischen Gut und Böse nicht.

白脸	Bái liǎn	*»Weißgesicht«*
白菜	Bái cài	*Chinakohl*
白宫	Bái gōng	*Das Weiße Haus*
白骨	Bái gǔ	*»Weißknochen«*

QĪNG
GRÜN

青

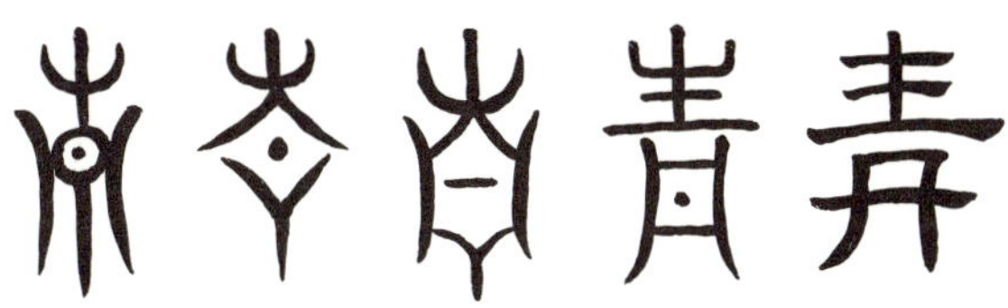

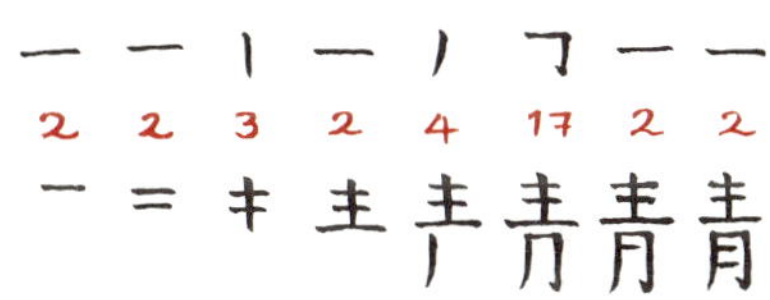

Eine Legende erzählt von der ungewöhnlichen Liebe zwischen der Weißen Schlange und einem jungen Literaten. Die Weiße Dame – so der Name der Schönen, nachdem sie ihre Schlangengestalt abgelegt hat – erscheint mit einer Begleiterin, die mal die Blaue und mal die Grüne Schlange heißt. Schuld an der Unstimmigkeit ist der Radikal, der grün, blau, grau und schwarz bedeuten kann. Der Erfinder des Radikals muß farbenblind gewesen sein, denn das Bild stellt junge grüne Triebe dar.
›Grün‹ plus ›Kupfer‹ bedeutet ›Bronze‹, ein Metall, das oft von grüner Patina überzogen ist. Mit dem ›Fisch‹ handelt es sich um eine Karpfenart, den ›schwarzen Karpfen‹. Mit einer ›grünen Wolke‹ bezeichnet man eine ›hohe Position‹ und denkt dabei an eine Karriere, die wie eine Wolke am klaren Himmel strahlt.
Um noch einmal den Grundgedanken des Radikal zu klären: Der ›grüne Himmel‹ ist der ›blaue Himmel‹. ›Grün‹ war auch die Farbe der Míng-Dynastie (1368–1644).

青 铜 Qīng tóng *Bronze*
青 鱼 Qīng yú *Schwarzer Karpfen*
青 云 Qīng yún *Hohe Position*
青 天 Qīng tiān *Blauer Himmel*

HĒI
SCHWARZ

黑

Wenn man in den Hütten das Feuer angezündet hatte, konnte der Rauch durch eine Öffnung oberhalb des Herdes entweichen. Im Bild sehen wir nun ein kleines Fenster, dessen Ränder vom Ruß des Rauches schwarz geworden sind. Es bedeutet: schwarze Farbe. Die Tusche wurde in China aus Ruß und anderen Zutaten hergestellt, getrocknet und zu Stäbchen geformt. Auf »Tintensteinen« verrieben, bekam man feinstes Pulver, das, wieder mit Wasser vermischt, die schwarze Farbe ergab, die man zum Malen und Schreiben brauchte. ›Tinte‹ schreibt sich mit ›Schwarz‹ und ›Erde‹. Die ›schwarze Tafel‹ ist die ›Schiefertafel‹. Ein ›schwarzes Herz‹ bezeichnet eine schlechte, seelenlose Person und entspricht unserer ›schwarzen Seele‹. Das ›schwarze Wirtshaus‹ ist eine Schenke niedrigster Stufe, die nur von übel beleumundeten Leuten besucht und früher oft von Banditen geführt wurde.

墨	Mò	*Tusche*
黑板	Hēi bǎn	*Schiefertafel*
黑心	Hēi xīn	*Schwarze Seele*
黑店	Hēi diàn	*Schenke*

HUÁNG
GELB

黄

Das Piktogramm ist schwer zu interpretieren. Ein Mann mit einer Fackel – gelbe Flammen – steht auf ebenfalls gelbem Boden. Es könnte den Löß bedeuten, den fruchtbaren Schlamm, den der Gelbe Fluß, der Huáng Hé, seit Jahrhunderten in seinen Niederungen ablagert. Die Farbe ist warm, leuchtend, voller Leben, Farbe der Sonne und der Erde. Unter der Qīng-Dynastie (1644–1911) war sie dem kaiserlichen Haus vorbehalten und repräsentierte den »Sohn des Himmels«, der für Fruchtbarkeit und Dürre verantwortlich war. Weniger wahrscheinlich ist die Deutung, daß das Zeichen einen Bergmann auf der Suche nach dem gelben Metall darstellt.
›Gelbes Gemüse‹ sind die ›Sojasamen‹. Die ›Gurke‹ hat in China oft eine kanariengelbe Farbe und wird ›gelber Kürbis‹ geschrieben. ›Gelb‹ und ›Erde‹ stehen für den ›Löß‹. Und ›Gelb‹ plus ›Jade‹ ergibt ›Topas‹, einen gelben, schimmernden Halbedelstein.

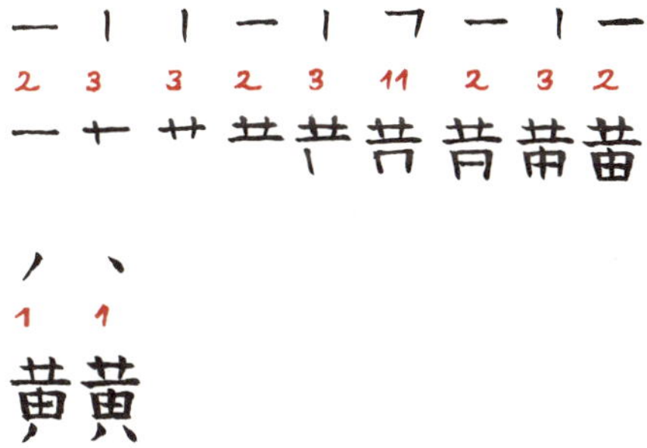

黄 豆	Huáng dòu	*Sojasamen*
黄 瓜	Huáng guā	*Gurke*
黄 土	Huáng tŭ	*Löß*
黄 玉	Huáng yù	*Topas*

CHÌ
ROT

赤

Während religiöser Feierlichkeiten kleidete sich der Kaiser in Gewänder von verschiedener Farbe, je nach der Bedeutung dieser Zeremonien. Um den Himmel zu ehren oder anzuflehen, zog er blaue an; für die Erde trug er gelbe, für den Mond weiße und für die Sonne rote Kleider. Im Theater bedeutete die rote Maske stets eine heilige Person. Rot ist das Symbol der Aufrichtigkeit und Loyalität, des Muts, des Glücks und der Glückseligkeit. Auch die Braut trägt Rot und die Kinder an Neujahr, wo es rote Briefumschläge mit Geld als Geschenke gibt. Rot war auch eine der acht Fahnen des kaiserlichen Heeres. Das Piktogramm stellt einen Menschen am Feuer dar. Der ›rote Weg‹ bedeutet den ›Äquator‹. Mit dem ›Fuß‹ heißt der Radikal ›nackte Füße‹ und bezeichnet die Hilfsärzte, die auf dem Land den Bauern helfen, die bekannten ›Barfußärzte‹. ›Rot‹ mit ›Kind‹ bedeutet das nackte ›Neugeborene‹, während ›rotes Geschirr‹ ›Terrakotta‹ bezeichnet, weil der Lehm nach dem Brennen rot ist.

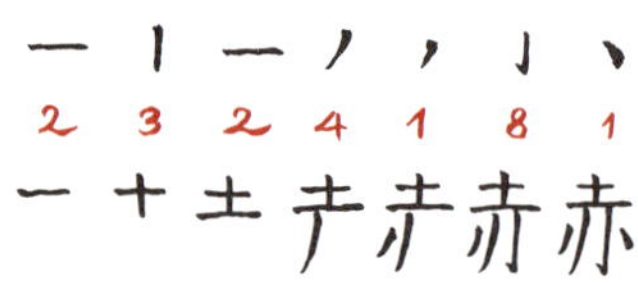

赤道	Chì dào	*Äquator*
赤足	Chì zú	*Barfußärzte*
赤子	Chì zǐ	*Neugeborenes*
赤陶	Chì táo	*Terrakotta*

SÈ
FARBE

色

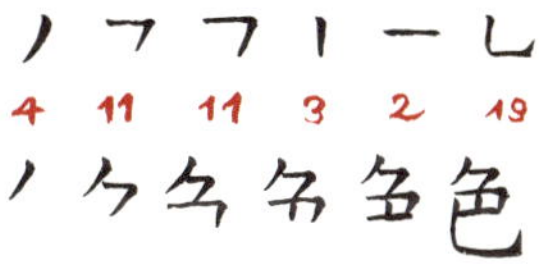

Einige sehen im antiken Zeichen für ›Farbe‹ einen Mann und eine Frau, andere halten es für einen Mann mit Siegel, was uns richtiger erscheint: Wie der Stempel das Siegel aufs Papier prägt, so drückt die Farbe des Gesichts Gefühle und Empfindungen aus. Der Radikal steht für Farbe im allgemeinen, aber auch für die Leidenschaft, die die Gesichtsfarbe der Liebenden verändert. ›Farbe‹ kombiniert mit ›Leidenschaft‹ bedeutet ›pornographisch, sexy‹. Die Filme, die wir mit »Jugendverbot« belegen, heißen bei den Chinesen ›gelb‹ und gelten als pornographisch. ›Farbe‹ und ›Globus‹ wird zur ›Chromosphäre‹, der farbigen Gasschicht um die Sonne, die einige tausend Kilometer dick ist. Mit der ›Ablagerung‹ bezeichnet unser Radikal ›Karmesin‹, also die Farbe der roten, eisenhaltigen Erde oder die der Reisfelder im Sonnenuntergang. Das ›farbige Papier‹ wird für Glückwunschkarten genommen oder als Opfer an Gottheiten und Verstorbene verbrannt.

色情	Sè qíng	*Pornographie*
色球	Sè qiú	*Chromosphäre*
色淀	Sè diàn	*Karmesin*
色纸	Sè zhǐ	*Farbiges Papier*

YĪN
KLANG

音

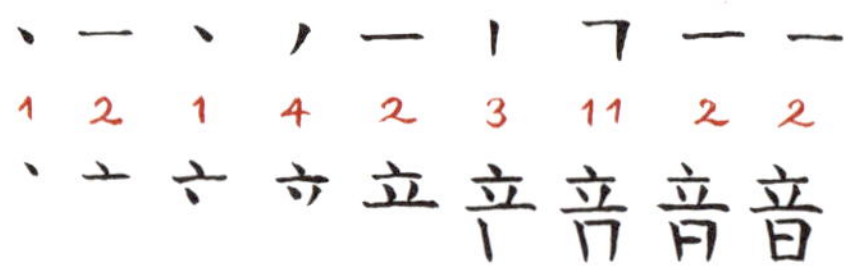

Die aus dem Mund gestreckte Zunge bedeutet ›Klang, Musik‹. Die Kombination ›Klang‹ und ›Zeichen‹ bezeichnet das ›phonetische Symbol‹, das die Aussprache eines Wortes festlegt. Werden die Zeichen ›Klang‹ und ›Gabel‹ geschrieben, ist damit die in der Musik verwendete ›Stimmgabel‹ gemeint. Die ›musikalische Note‹, die bei den Chinesen mit einer Zahl wiedergegeben wird, besteht aus ›Klang‹ plus ›Symbol‹. Mit dem Zeichen ›zusammensetzen‹ bedeutet unser Radikal die ›Umschrift‹, das heißt die Übertragung der Laute der chinesischen Schriftzeichen in die Buchstaben eines Alphabets. *Pīnyīn* ist der Name des in China offiziell benutzten Systems, dem wir auch in diesem Buch folgen. Wenn man von einem »Klang, der die Wolken am Himmel zum Stehen bringt«, spricht, ist das für den Musikinterpreten ein hohes Lob.

音标	Yīn biāo	*Phonetisches Symbol*
音叉	Yīn chā	*Stimmgabel*
音符	Yīn fú	*Musikalische Note*
拼音	Pīn yīn	*Umschrift*

SĪ
PRIVAT

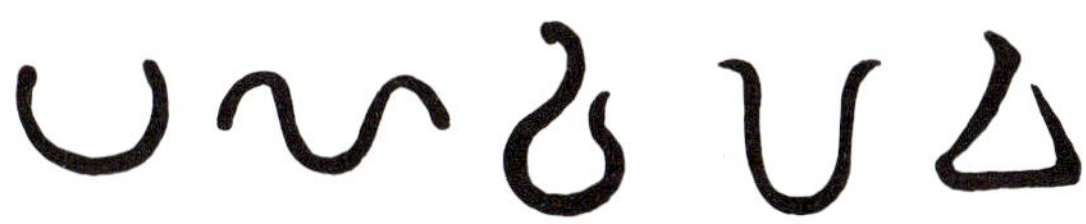

Dieser Radikal findet sich nur in Zusammensetzungen. Im Piktogramm sehen wir eine Seidenraupe, die sich in den Kokon einspinnt. Wir erhalten dann die Bedeutung ›eigen, getrennt, selbstsüchtig, privat‹. Heute wird ›privat‹ mit ›Korn‹ und unserem Radikal gebildet. In früheren Zeiten bezahlten die Bauern ihre Steuern von der Getreideernte, die demzufolge Eigentum des Staates, öffentliches Gut war. Was übrigblieb, war Eigentum des Bauern, war ›privat‹. Die Zeiten haben sich geändert, aber der Gedanke ist geblieben. ›Teilen‹ über unserem Radikal ergibt ›öffentlich, unparteiisch‹, weil das Ganze in gleiche Teile geteilt wird. ›Nicht‹ plus ›privat‹ bedeutet ›unparteiisch, uneigennützig‹, während das Gegenteil ›egoistisch‹ mit ›selbst‹ plus ›privat‹ geschrieben wird. »Den eigenen Kokon spinnen und darin eingeschlossen bleiben« beschreibt die Gefahr dessen, der aus Angst, sich zu öffnen oder etwas abgeben zu müssen, schließlich allein bleibt.

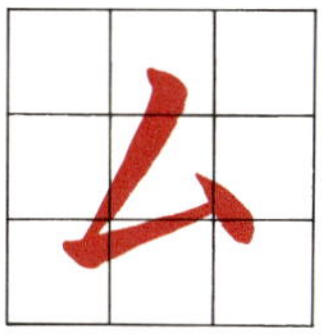

私	Sī	*Privat*
公	Gōng	*Öffentlich*
无私	Wú sī	*Uneigennützig*
自私	Zì sī	*Egoistisch*

XĪN
BITTER

辛

In seinen alten Schreibweisen war das Zeichen für ›bitter‹ aus ›Mensch‹ und ›oben‹ zusammengesetzt und sollte bedeuten, daß einer, der seinen Vorgesetzten beleidigte, Strafe verdient hätte. Im übertragenen Sinne ergibt sich daraus, daß der Mensch Strafe und Leiden als bitter empfindet.
Schreibt man über den Radikal ›antik‹ (im Sinne von: ›seit zehn Generationen überliefert‹), dann ist damit das ›Verbrechen‹ gemeint, eine seit Generationen verurteilte schwere Schuld, unter der viele bitter zu leiden hatten. Mit dem ›Leiden‹ bildet der Radikal das Wort ›schwierig‹. Zusammen mit ›fleißig‹, im Sinne von ›mühsam‹, erhalten wir ›arbeitsam‹, jemand, der keine Anstrengungen und Leiden scheut. Das ›Gesetz‹, die ›Bestrafung‹ wird mit ›bitter‹ plus ›Fürst‹ geschrieben; das war der Mann, der Befehle erteilte oder in Vertretung des Herrschers Urteile fällte. Heute bedeutet dieses Zeichen jedoch ›ein Gebiet erschließen, eröffnen, einen neuen Abschnitt beginnen‹.

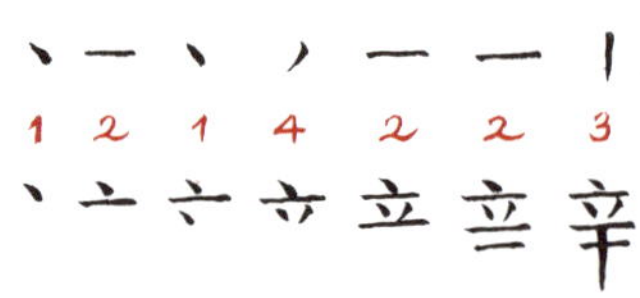

辜	Gū	*Verbrechen*
辛苦	Xīn kǔ	*Schwierig*
辛勤	Xīn qín	*Fleißig*
辟	Pì	*Eröffnen*

XĪANG
DUFT

香

Das vereinfachte Zeichen für ›süß‹ vereint mit dem Zeichen ›Hirse‹ im Piktogramm erzeugt die Vorstellung eines wohlriechenden Duftes, den die Hirse während der Gärung absondert. Orientalischer Geruch und Geschmack müssen nicht immer dem unsrigen entsprechen. In der ›Wurst‹ steckt für die Chinesen eine aromatische Füllung; deshalb schreiben sie dafür die Zeichen ›Duft‹ und ›Darm‹, obwohl ihre Würste längst nicht so gut sind wie unsere. Unser Radikal und ›Staub‹ ergeben den beim Schminken verwendeten ›Puder‹. Das ›duftende Wasser‹ ist natürlich ›Toilettenwasser‹ oder ›Parfüm‹. Die ›Banane‹ ist die ›duftende Pflanze mit breiten Blättern‹; tatsächlich wächst sie unter der Sonne an breitblättrigen Stauden. Die ›Zigarette‹ nun ist für die Chinesen ›duftender Rauch‹. Aber das Graphem ›Rauch‹ zeichnet einen Gefangenen neben dem Feuer. Soll das bedeuten, daß der Mensch Sklave der Zigarette ist?

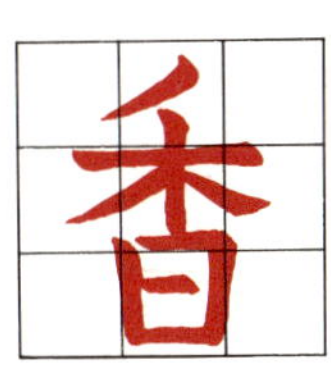

香肠	Xīang cháng	*Wurst*
香粉	Xīang fěn	*Puder*
香水	Xīang shuǐ	*Parfüm*
香蕉	Xīang jiāo	*Banane*

QÍ
GLEICH

齊

Drei gleiche Kornähren nebeneinander vermitteln uns den Eindruck einer Menge von gleichen Dingen, im erweiterten Sinn also ›gleichförmig, gleich, zusammen‹.
›Gleich‹ und der ›Name‹ bilden das Wort ›volkstümlich‹. ›Gleiche Stimmen‹ stehen für ›Chor‹ oder ›im Einklang‹, Stimmen also, die sich harmonisch oder im gleichen Ton vereinen. Mit dem ›Herz‹ hingegen bedeutet es ›gleicher Meinung, einverstanden sein‹. Wir müssen hier noch einmal an die Bedeutung des ›Herzens‹ erinnern: Es steht eher für die Intelligenz und den Willen, nicht so sehr für die Gefühle, wie wir vermuten würden. ›Gleich‹ und ›spielen‹ beschreibt die musikalische Harmonie eines Orchesters, wenn die vielen verschiedenen Instrumente ›unisono spielen‹.

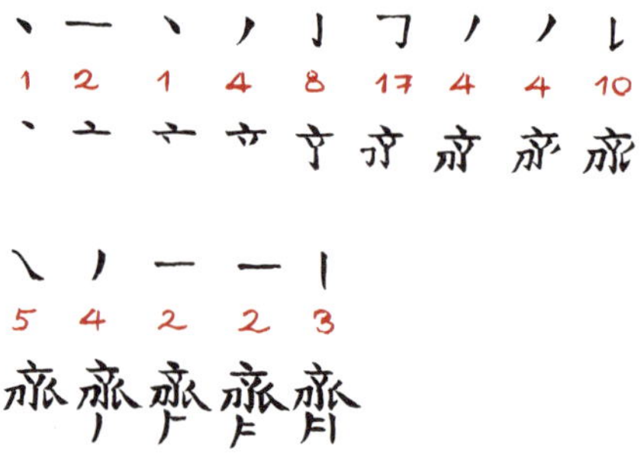

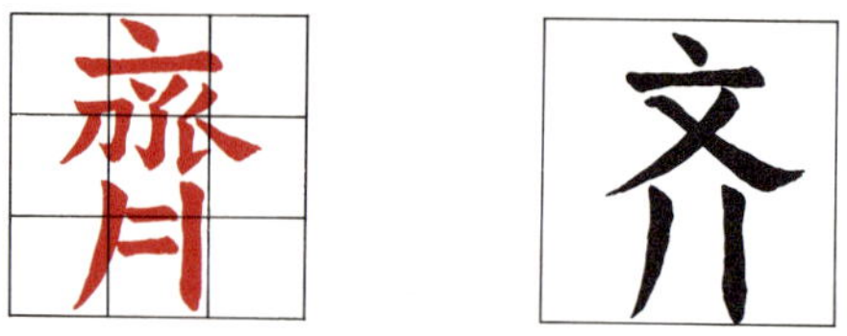

齐名	Qí míng	*Volkstümlich*
齐声	Qí shēng	*Im Chor*
齐心	Qí xīn	*Einverstanden sein*
齐奏	Qí zòu	*Unisono spielen*

CHUĂN
OPPOSITION

舛

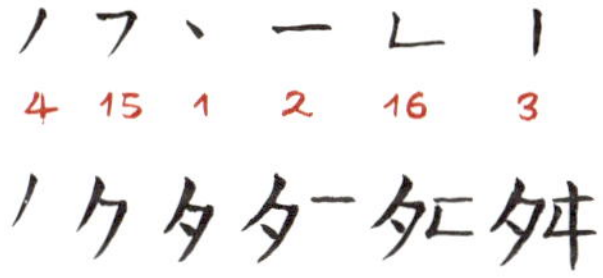

Das Piktogramm zeigt zwei Menschen, die getrennt und mit dem Rücken zueinander stehen. Das bedeutet ›Opposition‹, aber auch ›Fehler‹ und ›Irrtum‹. Die Chinesen haben immer gewußt: »Ein Fehler von wenigen Zentimetern kann kilometerweit vom Ziel abführen.« Doch haben sie sich nie entmutigen lassen. Der Radikal verbunden mit ›Menge‹ bezeichnet den ›Tanz‹. Eine Gruppe von Personen bewegt sich rhythmisch in entgegengesetzten Richtungen, wie es bei Volkstänzen üblich ist und bei ländlichen Festen, wo sich getrennte Gruppen von Männern und Frauen bilden. ›Tanz‹ und ›Frau‹ ist die berufsmäßige ›Tänzerin‹. Zur Wiedergabe von ›Bühne‹, auf der Schauspieler oder Politiker dem Publikum gegenübertreten, setzt man zum ›Tanz‹ noch die ›Plattform‹. Unser Radikal über dem ›Baum‹ bezeichnete einst den ›Galgen‹, an dem die Verbrecher Rücken an Rücken hingen. Später wurde er zur Stange als Sitz für Vögel, und heute bedeutet das Zeichen ›hohe Persönlichkeit‹.

舛

舞	Wǔ	*Tanz*
舞女	Wǔ nǚ	*Tänzerin*
舞台	Wǔ tái	*Bühne*
杰	Jié	*Herausragend*

GĀN
SÜSS

甘

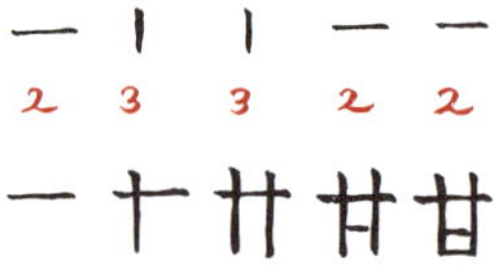

Hier hat jemand etwas Gutes im Mund, die Bedeutung ist ›süß‹, eines der wohl umstrittensten Eigenschaftswörter, nicht im grammatischen Sinn, sondern in bezug auf Geschmack und Bewertung. Ein altes, aus der Erfahrung von vielen Menschen entstandenes Sprichwort sagt: »Alles schmeckt gut, wenn man Hunger hat.« In der chinesischen Sprache wird das Wort ›süß‹ sehr weit verstanden. Es umfaßt alles, was unseren fünf Sinnen gefällt.
›Süß‹ und ›Gras‹ heißt ›Lakritzwurzel‹, eine Pflanze von süßlichem Geschmack. Mit dem ›Herzen‹ liest man es als ›bereitwillig‹, eine sehr angenehme Eigenschaft. ›Süß‹ und ›bitter‹ stehen für ›im guten wie im bösen‹ und soll heißen: Alles Süße und Bittere, Grundformen unseres Daseins, würzen das Leben eines Menschen. Das ›süße Öl‹ bezeichnet ›Glyzerin‹, eine süßliche, ölige Substanz. Der weise Rat »Ein Zuckerrohr ist nicht überall süß« meint, daß sich auch in den schönsten Situationen etwas Unerfreuliches findet.

甘 草	Gān cǎo	*Lakritzwurzel*
甘 心	Gān xīn	*Bereitwillig*
甘 苦	Gān kǔ	*Im guten wie im bösen*
甘 油	Gān yóu	*Glyzerin*

DĂI
SCHLECHT

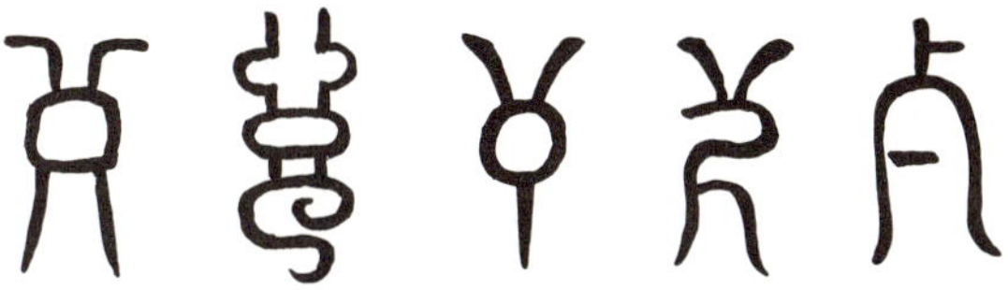

Verstreute Knochen eines menschlichen Skeletts: Das Zeichen ›Körper‹ mit zwei Strichen, die von einem dritten horizontal durchschnitten werden, bedeutet ›schlecht‹, führt weiter zu ›Tod, Unglück, in Stücke schlagen, Staub, ruhelos‹. Heute wird das Zeichen auf ›schlecht‹ beschränkt. Der Radikal mit dem ›Gefolgsmann‹ ist der ›Speichellecker‹, der ›schlechte Kerl‹. Die ›Hellebarde‹ zweimal, kombiniert mit dem Radikal, steht für ›verwunden, beschädigen‹, wobei immer etwas Böswilligkeit mit anklingt. Diese Zusammensetzung mit ›fortsetzen‹ ergibt dann ›grausam, mitleidlos‹, was ›schlecht‹ noch verstärkt. Ein ›schlechtes Leben‹ repräsentiert die ›letzten verbliebenen Jahre‹, die einst für viele Menschen tatsächlich schlecht waren, wo Elend, Krankheit und Hunger sie bedrohten, während die Kräfte schwanden. Heute haben sich die Verhältnisse gebessert. Der dritte Lebensabschnitt gewährt auch den Menschen in China heitere Jahre, in denen sie von Achtung und Zuneigung umgeben sind.

歹徒	Dǎi tú	*Schlechter Kerl*
残	Cán	*Verwunden*
残忍	Cán rěn	*Grausam*
残生	Cán shēng	*Die letzten Jahre*

XUÁN
TIEF

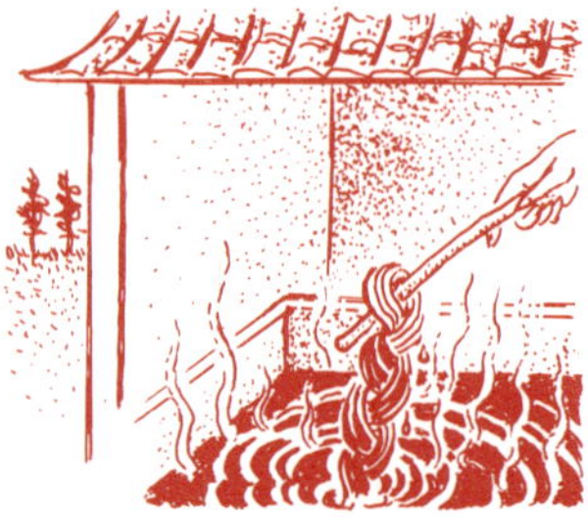

Zeigt das Piktogramm zwei Kokons unter einem Schutzdach? Die Seidenraupen werden von den Bauern in dunklen Räumen gezüchtet. Oder ist die andere Deutung, die uns logischer erscheint, zutreffender: ein Bündel Garn, das gefärbt wurde? Früher bedeutete das Zeichen ›grün‹. Erst später, mit den taoistischen Farbtheorien, wurde es zu ›schwarz‹. Eine weitere Veränderung erfuhr das Zeichen, als der Kaiser Kāng Xī (1661 bis 1720), der eigentlich Xuán Yé hieß, den oberen Strich wegzulassen befahl, um es von seinem Namen zu unterscheiden. Als der Kaiser gestürzt war, kehrte auch der Strich wieder zurück.
›Tief‹ und ›phantastisch‹ ergibt ›geheimnisvoll‹. ›Tief-grün‹ soll heißen ›tiefschwarz‹. Der ›Urenkel‹, ein entfernter Abkömmling, wird mit ›tief‹ und ›Enkel‹ wiedergegeben. ›Tiefes Wissen‹, auch die »dunkle Wissenschaft« genannt, war eine taoistische Sekte zwischen 220 und 420 unter den Dynastien Weì und Jīn. Dunkel waren auch ihre Schriften.

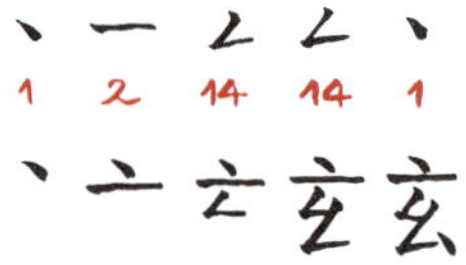

玄妙	Xuán miào	*Geheimnisvoll*
玄青	Xuán qīng	*Tiefschwarz*
玄孙	Xuán sūn	*Urenkel*
玄学	Xuán xué	*»Dunkle Wissenschaft«*

YĀO
ZART

幺

Aus zwei Kokons wird ein feiner, fast unsichtbarer Faden gesponnen. Daher die Bedeutung ›zart, fein‹. Heute wird der Radikal selten verwendet und nur im Sinne von der ›Jüngste‹ und als Zahlwort ›eins‹. Mit der ›Kraft‹ verbunden ergibt der Radikal ›jung‹, d.h. ein Mensch, der sich anstrengen muß, um zu wachsen; ein Trieb, zart, aber voller Lebenswillen. Dieses Zeichen mit dem ›Insekt‹ schreibt die ›Larve‹, die erste zarte Form des geschlüpften Insekts. Ersetzen wir das ›Insekt‹ durch ›klein‹, ergibt sich ›unreif‹; eine junge Kreatur, die noch nicht die ihrem Alter entsprechende Reife besitzt. Das ›junge Kind‹ bedeutet den ›Jüngsten‹, den letzten Sproß der Familie. Ein Sprichwort – überholt von der Politik der Geburtenkontrolle und deshalb für Ehepaare von heute nicht mehr gültig – sagte: »Wer viel Geld und wenig Söhne hat, ist nicht reich. Wer viele Söhne, aber wenig Geld hat, ist trotzdem nicht arm.« Dieses Sprichwort stimmte im täglichen Leben schon lange nicht mehr, zumindest nicht auf wirtschaftlichem Gebiet.

幼	Yòu	*Jung*
幼虫	Yòu chóng	*Larve*
幼小	Yòu xiǎo	*Unreif*
幼子	Yòu zǐ	*Der Jüngste*

WĀNG
LAHM

尢

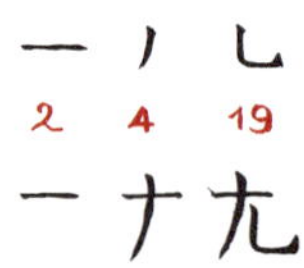

Auf dem Piktogramm sehen wir einen Mann, der sich auf das rechte Bein stützt, während das linke nicht gebrauchsfähig zu sein scheint: eine ›hinkende Person‹, ein ›Lahmer‹. Leider hat der Radikal im neuen Wörterbuch Veränderungen erfahren, die weder mit dem Piktogramm noch mit dem ursprünglichen Sinn etwas zu tun haben. Die Fehler finden sich aber schon im Kāng-Xī-Lexikon. Im Zeichen *yóu* – um nur ein Beispiel zu nennen – steht der ›Hund‹ und nicht der ›Mensch‹. Die Zeichnung stellt ein Tier dar, das überrascht stehenbleibt, als habe es etwas Interessantes erschnuppert. Daher dann ›einzigartig, außerordentlich‹. Dieses Zeichen mit dem Personalpronomen ergibt das Adverb ›besonders‹. Fügen wir das vereinfachte Zeichen ›Mensch‹ hinzu, bezieht sich das ›ausgezeichnet‹ auf eine Person, die einzigartige Fähigkeiten und Tugenden besitzt. Mit dem vereinfachten ›Herzen‹ dagegen heißt es ›sich Sorgen machen, ängstigen, eines Problems besonders annehmen‹.

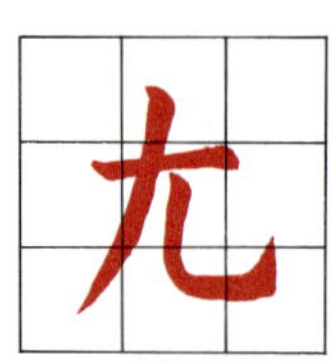

尤	Yóu	*Außerordentlich*
尤其	Yóu qí	*Besonders*
优	Yōu	*Ausgezeichnet*
忧	Yōu	*Sich Sorgen machen*

WÉN
SCHRIFTZEICHEN

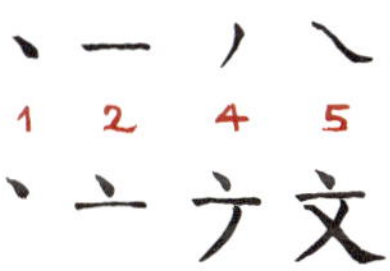

Der Sage zufolge dachte der legendäre Kaiser Fú Xī darüber nach, wie man Worte und Gedanken niederschreiben könnte, als plötzlich ein herrliches Pferd aus dem Wasser stieg, welches merkwürdige Zeichen auf dem Rücken trug. Eine andere Legende versetzte diese Zeichen auf den Rücken einer Schildkröte und schreibt die Entdeckung der Schriftzeichen dem mythischen Kaiser Yǔ dem Großen zu, der 22 Jahrhunderte v. Chr. gelebt haben soll. Im Piktogramm sehen wir nur geritzte und verschlungene Linien. Erst später erkannte man in ihnen Schriftzeichen.
Mit dem ›Pinsel‹ bezeichnet unser Radikal den ›literarischen Stil‹. Vereint mit ›Gesetz‹ ergibt sich die ›Grammatik‹. Der Radikal kombiniert mit ›den Auftrag entziehen‹ steht für die »Kulturrevolution«, die zwar Veränderungen hervorbrachte, aber eher im negativen Sinn. Mit dem Zeichen ›Wandel‹ hingegen wird der Radikal zur ›Kultur‹, wo sich die Veränderungen positiv gestalten.

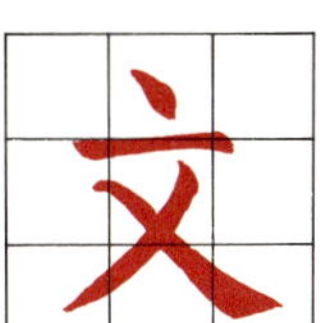

文笔	Wén bǐ	*Literarischer Stil*
文法	Wén fǎ	*Grammatik*
文革	Wén gé	*»Kulturrevolution«*
文化	Wén huà	*Kultur*

JĪ
KRANKHEIT

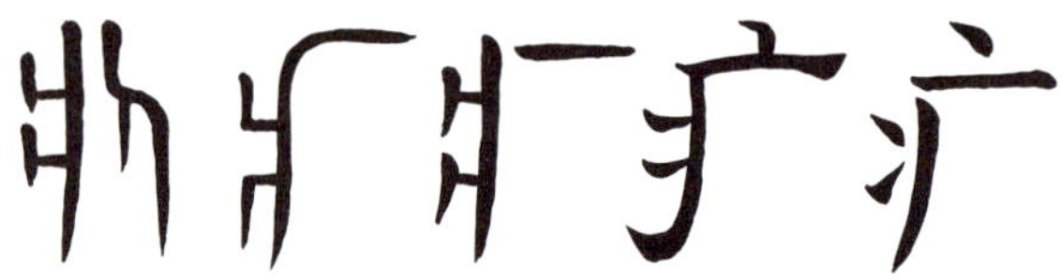

Für die Chinesen trifft die Krankheit den Menschen plötzlich und unerwartet wie ein Geschoß, eine Interpretation, die auch schon beim Radikal ›Pfeil‹ vorkam. Im Piktogramm liegt ein Mensch unter einem Baldachin im Bett; er ist wohl krank. Das heutige Zeichen ›Krankheit‹ schreibt unter den Radikal noch den ›Pfeil‹, die Ursache des Übels. Die vielen Zusammensetzungen mit diesem Radikal haben meist mit Pathologie zu tun. Steht unter unserem Radikal das Zeichen ›vollständig‹, bedeutet es die vollständige Wiederherstellung der Gesundheit, also ›Heilung‹. Setzen wir statt dessen den ›Berg‹ darunter, so handelt es sich um einen ›Bruch‹, eine äußere Schwellung. ›Klar erkennen‹ und ›Krankheit‹ ist die ›Behandlung, Kur‹: eine optimistische Meinung von der Medizin, die erst dann mit den geeigneten Mitteln eingreifen sollte, wenn sie die Krankheit richtig erkannt hat. Das ›Furunkel‹, eine stechende, klopfende Entzündung unter der Haut, schreibt sich mit dem ›Nagel‹ unter diesem Radikal.

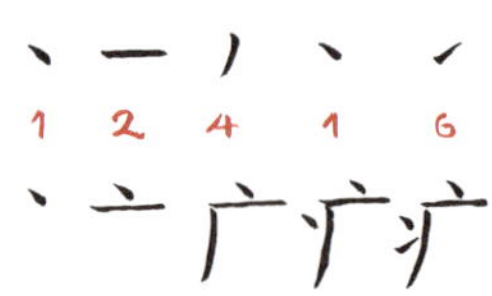

痊	Quán	*Heilung*
疝	Shàn	*Bruch*
疗	Liáo	*Behandlung*
疔	Dīng	*Furunkel*

LĂO
ALT

老

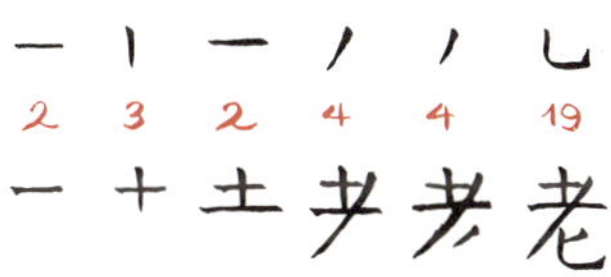

Wenn es ein Land gibt, in dem alte Menschen geachtet, geschätzt und rücksichtsvoll behandelt werden, dann ist es das heutige China. Diese Einstellung hat tiefe Wurzeln in der konfuzianischen Lehre. Das alte, vollständige Schriftzeichen bestand aus drei Elementen: ›Haar‹, ›Person‹ und ›Veränderung‹. Verändert sich die Farbe unserer Haare, werden wir alt. Kahl werden die Chinesen nur selten. Das heutige Zeichen ist eine gekürzte Form des alten.
›Alt‹ plus ›Wort‹ ist das ›Sprichwort‹, der ›Ausspruch‹, nämlich das Wort eines Alten, die Weisheit der Älteren. ›Alt‹ und ›Familie‹ hingegen bedeuten ›Geburtsort‹. ›Alt‹ mit ›Wald‹ ist ein ›Urwald‹, ein alter Wald, der noch nicht von Menschenhand zerstört worden ist. Steht hinter dem Radikal die ›Straße‹, heißt es ›taoistischer Priester‹. Der ist meist ein alter Mann oder besitzt doch zumindest Wissen und Weisheit und folgt der taoistischen Lehre.

老话	Lăo huà	*Sprichwort*
老家	Lăo jiā	*Geburtsort*
老林	Lăo lín	*Urwald*
老道	Lăo dào	*Taoistischer Priester*

GĀO
HOCH

高

Ein Turm, ein Pavillon hoch über einem Palast: Dieses Bild wird uns im Piktogramm vermittelt. Es taucht auch überraschend oft auf Keramik- oder Bronzestücken in den Gräbern der Vornehmen auf. Von daher leitet sich die Bedeutung ›hoch‹, auch im moralischen Sinn ab. Einmal mehr steckt die Idee unmittelbar im Piktogramm und findet sich auch noch im modernen Zeichen. ›Hoch‹ und ›teuer‹ ist ein ›Adliger‹, der sich Teures leisten kann. Die ›glänzende Idee‹, die einer hat, der weitsichtig ist oder die Dinge von höherer Warte aus betrachtet, schreibt sich ›hoch-sehen‹. ›Hoch‹ in Verbindung mit ›brennen‹ (das aus ›Feuer‹, ›Hellebarde‹ und ›Schemel‹ besteht) ergibt ›das hohe Fieber‹. Unser Radikal kombiniert mit ›Neigung, Veranlagung‹ sagt ›glücklich, zufrieden‹ aus. Die Chinesen verstehen darunter einen Menschen von überdurchschnittlichen Qualitäten, über das Mittelmaß erhaben und frei von den kleinen Sorgen des Alltags.

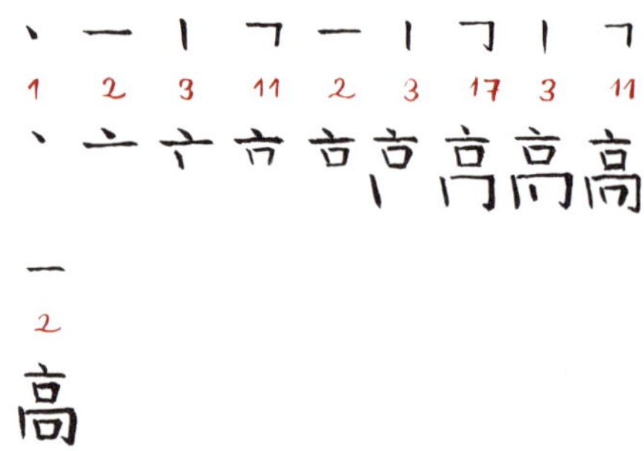

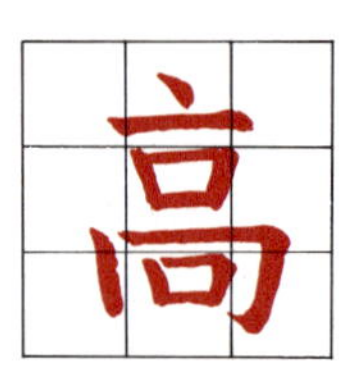

高贵	Gāo guì	*Adliger*
高见	Gāo jiàn	*Glänzende Idee*
高烧	Gāo shāo	*Hohes Fieber*
高兴	Gāo xìng	*Glücklich*

FĀNG
QUADRAT

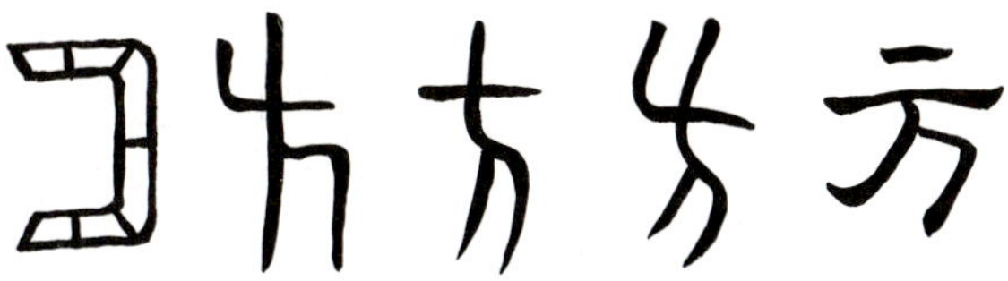

Das Hakenkreuz – in unseliger Erinnerung – ist indischen, besser buddhistischen Ursprungs: das Rad des Lebens. Das Piktogramm zeigt uns zuerst ein von zwei rechten Winkeln gebildetes Quadrat und dann die vier Teile des Raumes. Ein geometrisches Gebilde ist entstanden. Weniger wahrscheinlich scheint uns eine Deutung, wonach zwei miteinander verbundene Barken dargestellt werden, die einen Ponton von quadratischer Oberfläche bilden. Sicher ist, daß der Begriff des Lebensrades in die chinesische Kultur eingegangen ist. Heute bedeutet das Zeichen außerdem noch ›Richtung, Region, ehrlich, puritanisch‹.
Der Radikal mit dem ›Gesetz‹ ergibt die ›Methode‹. Mit ›schematisch‹ und ›kurz‹ wird der ›Generalplan‹ geschrieben.
Der Radikal vereint mit ›Wort‹ bedeutet ›Dialekt‹, wobei der Radikal im Sinne von ›örtlich‹ verstanden wird. ›Quadratisch‹ und ›regelmäßig‹ bezeichnen eine Person, die sich an die Gesetze hält, also ›richtig, integer‹.

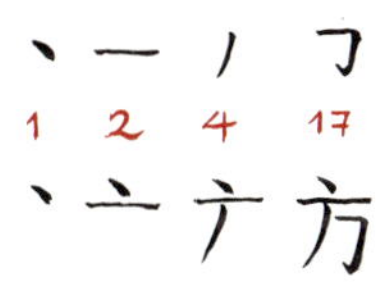

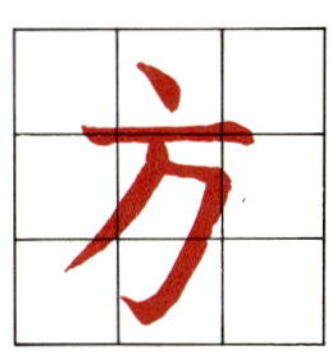

方法	Fāng fǎ	*Methode*
方格	Fāng gé	*Generalplan*
方言	Fāng yán	*Dialekt*
方正	Fāng zhèng	*Richtig*

YĪ
EINS

一

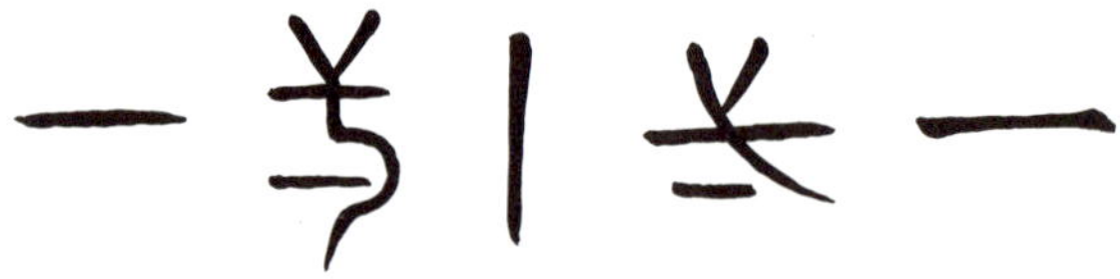

Die Ziffer eins als Schriftzeichen stellt tausend Dinge dar, manchmal den Himmel, manchmal den Horizont. Es symbolisiert die Einheit, aber auch den Ursprung aller Wesen, allen Seins. Im Taoismus steht es für das Absolute. Das Piktogramm zeigt eine Hand mit ausgestrecktem Zeigefinger. Deshalb steht der Strich waagrecht. In Zusammensetzungen nimmt das Zeichen verschiedene Positionen ein und ändert dann die Bedeutung.
Im Zeichen ›Regen‹ stellt der waagrechte Strich oben den Himmel dar, an dem die Wolke hängt und das Wasser in Tropfen herabfallen läßt. Unter der ›Sonne‹ wird er zum Horizont, über dem sie aufgeht, zur ›Morgendämmerung‹. Im Wort ›Himmel‹ umfaßt der Strich alles, was über dem Menschen ist, und beinhaltet auch die Idee des Schutzes. Zu Füßen einer menschlichen Figur wird er zu ›fest, aufrecht, sicher‹. Im Innern einer zweiflügeligen Tür ist er der ›Riegel‹ und versperrt den Eingang.

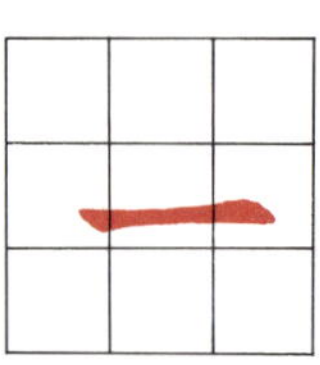

雨	Yŭ	*Regen*
旦	Dàn	*Morgendämmerung*
天	Tiān	*Himmel*
闩	Shuān	*Riegel*

ÈR
ZWEI

二

Ist die Eins das Symbol des Himmels, so ist die Zwei das Symbol der Erde. Das Piktogramm zeigt zwei Striche, die verschieden interpretiert werden können: als Zeichen auf dem Sand, als Kerben an einem Stück Holz, Striche einer Numerierung, eines Verzeichnisses oder von Zeitabschnitten. Das Zeichen ist auch das Symbol des *yīn* und des *yáng*, des dualistischen Prinzips der chinesischen Kosmologie, des Männlichen und Weiblichen.
Der Radikal mit dem vereinfachten ›Menschen‹ verbunden bedeutet ›Wohlwollen, Toleranz, Freundschaft und Sympathie‹ – fundamentale Tugenden des Konfuzianismus. Steht im Zwischenraum des Radikals ›Mund‹, ›Mensch‹ und ›Hand‹, dann ist damit ›eifrig, mit gutem Willen‹ gemeint. Der Radikal ›Zwei‹ mit ›Violine‹ beschreibt *Èr hú*, eine Violine mit zwei Saiten am langen Hals und zylindrischem, mit Schlangenhaut bezogenem Kasten. Hat ein Mensch ›zwei Herzen‹, ist er ›doppelten Sinnes‹, also ›unehrlich‹.

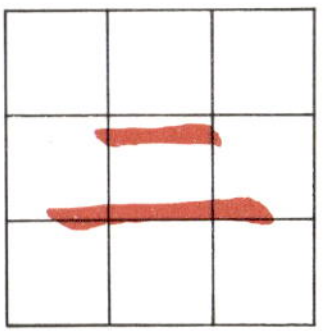

仁	Rén	*Wohlwollen*
亟	Jí	*Eifrig*
二胡	Èr hú	*Zweisaitige Violine*
二心	Èr xīn	*Unehrlich*

BĀ
ACHT

八

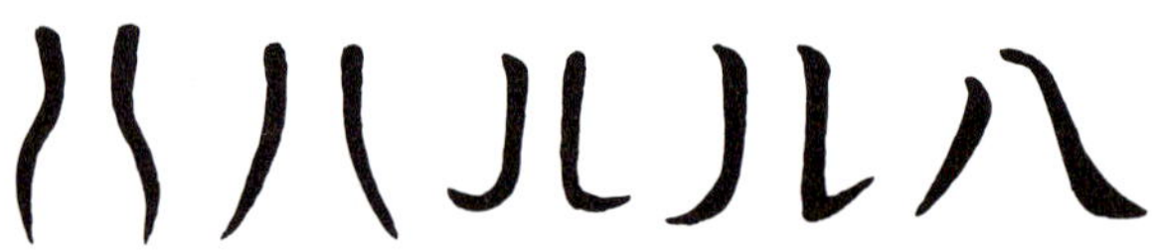

Das Zeichen deutet eine Zweiteilung an, eine Trennung. Gegenwärtig heißt der Radikal ›acht‹. Das erscheint nicht allzuweit hergeholt, wenn man bedenkt, daß für die alten Chinesen das Quadrat fast eine Recheneinheit war. Die Acht ist in genau zwei gleiche Hälften teilbar. Ein Feld wurde zum Bebauen in acht gleiche Flächen geteilt, wie wir schon beim Radikal *tián* gesehen haben. Der Radikal ›acht‹ geht viele Verbindungen ein, ist aber oft auf zwei Tropfen oder Punkte im oberen Teil des Schriftzeichens verkürzt. ›Teilen, trennen‹ heißt das Zeichen auch, wenn unter der Acht noch das ›Messer‹ steht. Die ›acht Kostbarkeiten‹ sind süße oder pikante Zutaten für ausgewählte Gerichte bei einem chinesischen Festmahl. Mit der ›Abteilung‹ zusammen bedeutet unser Radikal ›auf acht Gebieten kundig‹, was für die Aufnahmeexamen in den kaiserlichen Verwaltungsdienst steht. Die ›acht Unsterblichen‹ hingegen sind Gestalten aus der taoistischen Mythologie, deren Taten die Phantasie der Kinder anregen.

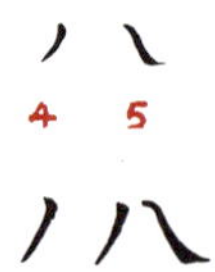

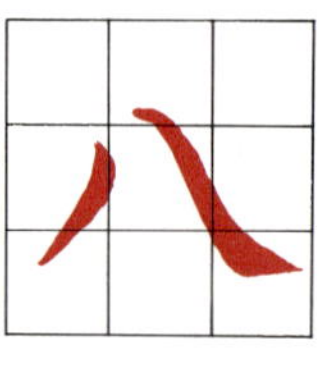

分	Fēn	*Teilen*
八宝	Bā bǎo	»*Acht Kostbarkeiten*«
八股	Bā gǔ	»*Kundig auf acht Gebieten*«
八仙	Bā xiān	»*Die acht Unsterblichen*«

SHÍ
ZEHN

十

Als man früher die ersten Zahlen mit horizontalen Strichen angab, schrieb man die ›Zehn‹ mit einem einfachen senkrechten Strich. Später wurden dann die Zeichen ›eins‹ und ›zehn‹ zu einem Kreuz vereinigt, das nun alle Werte von eins bis zehn umfaßte. Hinzu kamen noch die Begriffe ›zwei Dimensionen‹ und die ›Himmelsrichtungen‹, deren die Chinesen ja fünf zählen.
Der ›zehnte Monat‹ ist natürlich der ›Oktober‹. Im chinesischen Kalender haben die Monate keinen Namen, sondern eine fortlaufende Nummer. ›Zehn‹ und ›eins‹, durch einen Punkt getrennt, stehen für den ›1. Oktober‹, den Nationalfeiertag Chinas im Gedenken an die Gründung der Volksrepublik am 1. Oktober 1949. ›Zehn‹ und ›Fuß‹ heißt ›100 Prozent‹, wobei der ›Fuß‹ im Sinne von ›vollständig‹ und ›zehn‹ im Sinne von ›alles‹ benutzt wird. Mit dem vereinfachten Zeichen ›sprechen‹ bildet der Radikal das Wort ›rechnen‹; denn wer von eins bis zehn zählen kann, der kann auch rechnen.

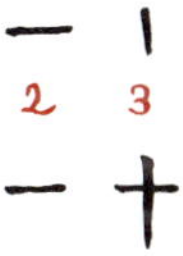

十月	Shí yuè	*Oktober*
十.一	Shí yī	*1. Oktober*
十足	Shí zú	*100 Prozent*
计	Jì	*Rechnen*

CHÉN
ZEIT

辰

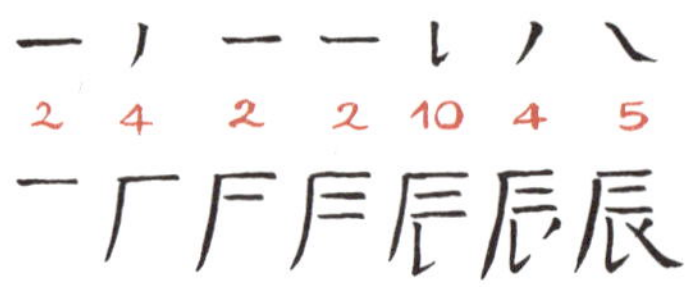

Ein ungewöhnliches Piktogramm: Eine Frau, die sich zusammenkauert und verlegen etwas zu verbergen sucht. Man kann hier an die Menstruation denken. Diese Deutung wird dadurch bestätigt, daß dem Radikal die Bedeutung ›Periode‹ geblieben ist und daß einige Zusammensetzungen den Sinn von ›Scham, Verlegenheit, unangenehme Situation‹ beinhalten. Auch dieses Zeichen ist einem Bedeutungswandel unterworfen worden. Der Radikal bezeichnet auch jede der zwölf Perioden zu je zwei Stunden, die den Tag der Chinesen einteilten. Mit der ›Periode‹ bezeichnete er die Zeit von sieben bis neun Uhr morgens, also die ›vierte Stundeneinheit‹. Mit dem ›Sand‹ heißt unser Radikal ›Zinnober‹, Schwefelquecksilber in Granulatform. Die Chinesen zählten Zinnober zu den Hauptbestandteilen eines Elixiers, das langes Leben verleihen sollte. ›Stern‹ vereint mit ›Zeit‹ steht für das ›Gestirn‹. Der ›Geburtstag‹ hingegen schreibt sich mit ›geboren werden‹ und ›Zeit‹.

辰时	Chén shí	*Vierte Stundeneinheit*
辰砂	Chén shā	*Zinnober*
星辰	Xīng chén	*Gestirn*
诞辰	Dàn chén	*Geburtstag*

CÙN
DAUMEN

寸

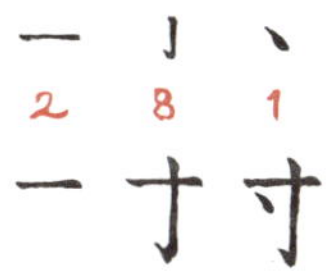

In der traditionellen chinesischen Medizin spielte die Untersuchung des Pulses eine Hauptrolle. Aus der »Pulsdiagnose« kann der geschickte Arzt viele Informationen erhalten. Der Radikal ›Daumen‹ weist auf den Punkt hin, an dem der Puls gefühlt wird. Das Piktogramm zeigt uns eine Hand mit einem Strich auf der Höhe des Pulses, und zwar ungefähr drei Zentimeter unter der Hand. Damit erhalten wir die Maßeinheit *cùn* von etwa 3,3 cm. Im übertragenen Sinn läßt sich auch Maß, Regel, Norm und im heutigen Wörterbuch ›sehr wenig, kurz, klein‹ aus diesem Zeichen herauslesen.
Mit dem ›Schritt‹ ist es ein ›kleiner Schritt‹, ein ›leichter Fortschritt‹. Mit dem ›Herzen‹ indessen bedeutet es ›Gefühle, Dankbarkeit‹. Zusammen mit *yīn*, dem schon bekannten weiblichen Prinzip und hier im Sinn von ›Schatten‹ gebraucht, zeigt der Radikal den sich um Daumenbreite verschiebenden Schatten auf der Sonnenuhr, also ›eine kleine Weile‹.
Beim ›Eigentum‹ steht er für ›versiegeln‹.

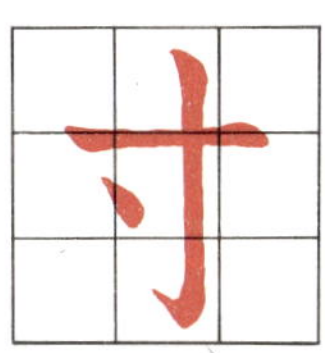

寸步	Cùn bù	*Kleiner Fortschritt*
寸心	Cùn xīn	*Gefühle*
寸阴	Cùn yīn	*Eine kleine Weile*
封	Fēng	*Siegel*

JĪN
PFUND

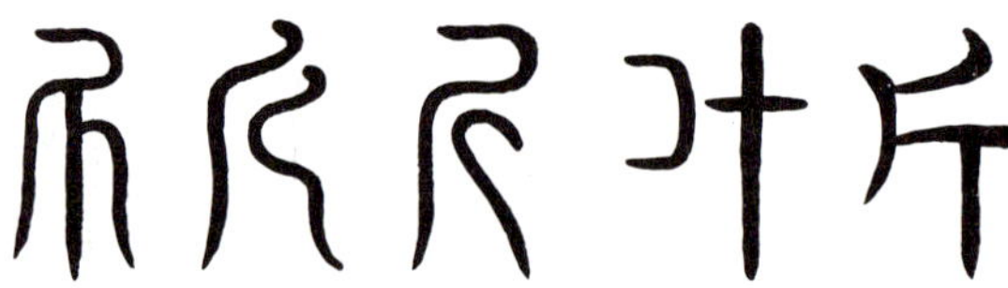

Das Piktogramm zeigt eine Axt, doch eigentlich handelt es sich um ein Gewichtsmaß, nämlich das *jīn,* das chinesische Pfund, das einem halben Kilogramm entspricht. Früher hatte das Gewicht an einer Laufgewichtswaage die Form einer Axt.
›Pfund‹ und ›zwei‹ bilden ›Gewicht‹. Die Ware wurde mit einem Gegengewicht abgewogen. Mit der ›Tür‹ steht der Radikal für ›Ort‹. Darin steckt der Gedanke ›Wohnort‹, weil früher in den Dörfern gewöhnlich das Brennholz vor der Haustür gehackt wurde. Dasselbe Zeichen und ›haben‹ bilden ›Besitz, Eigentum‹. Wer Holz zu spalten hat, besitzt auch ein Haus, das beheizt werden muß. Mit dem ›Haselnußstrauch‹ formt es den Begriff ›neu‹. Um einen Angeklagten zum Geständnis zu bringen oder einen Schuldigen zu bestrafen, ließ der Richter sie früher mit frischen, festen Haselnußruten schlagen. Diese Zusammensetzung wiederum und das ›Jahr‹ signalisieren jedem Schriftkundigen ›Neujahr‹.

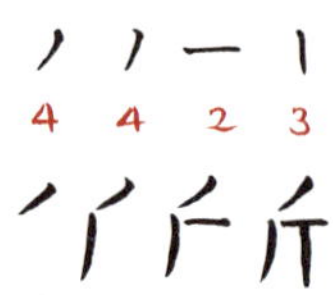

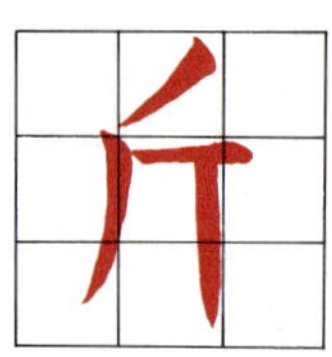

斤两	Jīn liǎng	*Gewicht*
所	Suǒ	*Ort*
新	Xīn	*Neu*
新年	Xīn nián	*Neujahr*

DÀ
GROSS

大

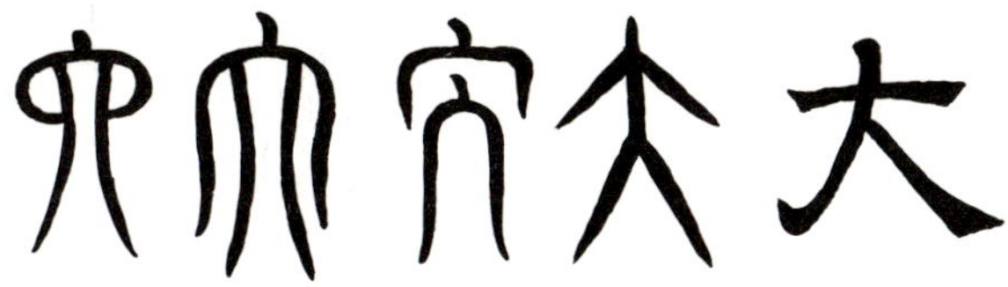

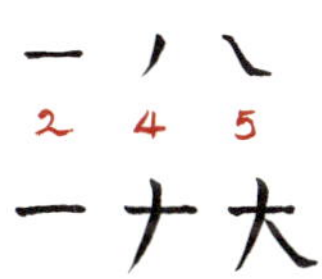

Dies hier ist, neben dem Zeichen ›Mensch‹, eines der bekanntesten Zeichen, das man sich auch leicht merken kann. Mit weit geöffneten Armen ›groß‹ auszudrücken, ist eine allgemein verbreitete Geste. Der Radikal hier sieht noch fast genauso aus wie das alte Piktogramm.
Die ›große Familie‹ steht für ›das Volk, alle‹. Eine Idealvorstellung, die oft vergessen wird. Ein ›großer Mensch‹ ist ›erwachsen‹ – hoffentlich nicht nur am Körper. Die ›große Schule‹ wiederum ist die ›Universität‹, während das ›große Insekt‹ den ›Tiger‹, eines der wildesten und gefürchtetsten Tiere, kennzeichnet. Der mandschurische Tiger, in den Bambuswäldern zwischen China und Rußland lebend, ist als erbitterter Feind der Menschen bekannt. Will dieser furchtlose Jäger mit dem tödlichen Biß sich an den Menschen blutig dafür rächen, daß sie ihn beleidigend ›großes Insekt‹ nennen?

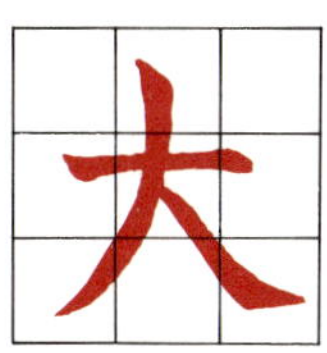

大家	Dà jiā	*Alle*
大人	Dà rén	*Erwachsener*
大学	Dà xué	*Universität*
大虫	Dà chóng	*Tiger*

XIĂO
KLEIN

小

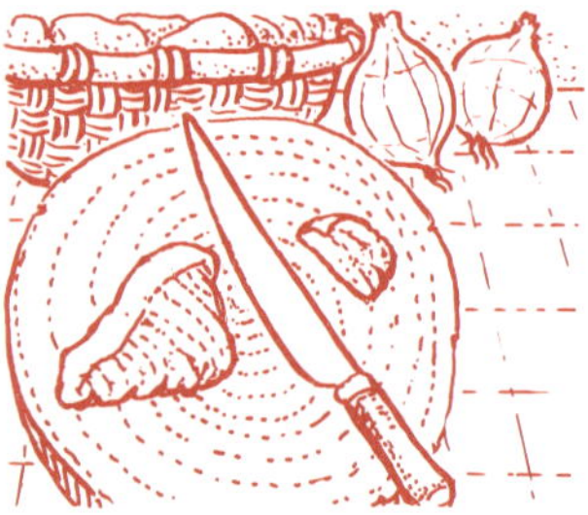

Ein senkrechter Strich teilt etwas in zwei Hälften. Auch bei dem Piktogramm ›acht‹ hatten wir eine solche Teilung. Hier zeigt man uns wirklich kleine Portionen, und von daher kommt dann auch die Bedeutung ›klein‹.
›Klein zur Welt bringen‹ ist der Begriff für eine ›Fehlgeburt‹. Ein ›kleiner Karren‹ ist ein ›Schubkarren‹, ein kleineres Fahrzeug als das von Tieren gezogene. Der ›Hanswurst, Bajazzo‹, die komische Figur im Zirkus, die sicher nicht durch Schönheit glänzt, aber das Publikum mit seinen Späßen erheitert, schreibt sich ›klein‹ zusammen mit ›häßlich‹. Das ›kleine Herz‹ warnt zur ›Vorsicht‹! Und so schreiben es auch die Chinesen auf die Straßenbahn, Fähren und Eisenbahnstationen: »Mach dein Herz klein.« Liest man: »Mach dein Herz klein, hier sind kleine Hände«, so soll das bedeuten: Achtung, Taschendiebe!

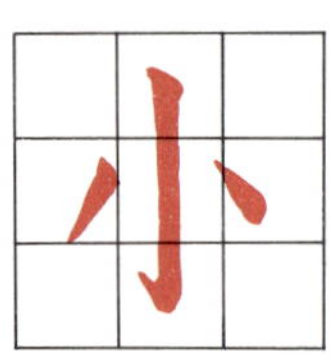

小产	Xiăo chăn	*Fehlgeburt*
小车	Xiăo chē	*Schubkarren*
小丑	Xiăo chŏu	*Hanswurst*
小心	Xiăo xīn	*Vorsicht*

ZHĂNG
ÄLTER

長

Im Piktogramm sind die Haare so lang, daß sie gebunden werden müssen. Später wird auch noch eine Haarnadel in das Schriftzeichen gesteckt. Das alles soll eine erwachsene Person darstellen, den ›älteren Bruder‹, den Ältesten einer Gruppe, aber auch ›wachsen, sich entwickeln‹. Die Haare sind Zeichen des Älterseins, so wie der Bart die Weisheit symbolisiert. Es ist nicht die Zeit, die ›älter‹ macht; man altert durch die im Laufe der Jahre gewonnenen Erfahrungen. Sie flößen Respekt ein, verleihen Autorität und sind Grundstein der Weisheit. Leider entstellt schon die klassische und erst recht die vereinfachte Schreibweise das Piktogramm.
›Älter‹ mit ›Motor‹ bedeutet ›Flugzeugkapitän‹, das ist derjenige, der im Flugzeug die meiste Erfahrung hat. Der ›Abt‹ (›älter‹ plus ›alt‹) eines buddhistischen Klosters besitzt die größte Tugend und das meiste Wissen. Der ›ältere Sohn‹ ist der ›Erstgeborene‹ und sollte auch die längsten Haare haben. ›Älter‹ mit ›vorwärtsschreiten‹ ergibt den ›Fortschritt‹.

机长	Jī zhăng	*Flugzeugkapitän*
长老	Zhăng lăo	*Buddhistischer Abt*
长子	Zhăng zĭ	*Erstgeborener*
长进	Zhăng jìn	*Fortschritt*

BIÉ
TEIL

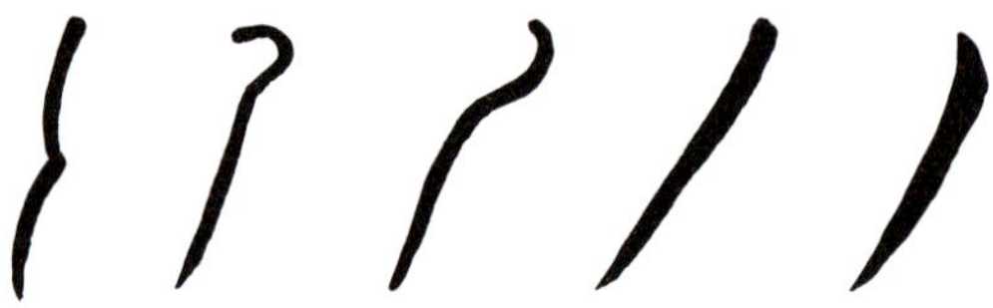

Eine nach links abfallende Linie: Mehr bietet das Piktogramm nicht. Das Kāng-Xī-Lexikon hat es unter seine Radikale aufgenommen. Das war ein Fehler, der sich aber durch die Geschichte bis in die heutigen Wörterbücher fortgesetzt hat. Gegenwärtig kann es ›Teil des Ganzen‹ bedeuten, wie z.B. die ›Messerklinge‹, die teilt. Mit dem Zeichen ›Auge‹ (in der heute veränderten Form) bildet es ›Augenbraue‹, die Haare, die den oberen Teil des Auges schmücken und abgrenzen. Im Zeichen ›mähen‹ kommt der Radikal gleich zweimal vor, überkreuzt wie zwei Klingen eines Krummsäbels, zwei Teile, die eine Schere bilden. Der Tod bedeutet für die Chinesen vor allem eine Trennung des Menschen von der Erde. So wie der Grashalm, einmal abgeschnitten und von seinen Wurzeln getrennt, trocknet und stirbt, so stirbt auch der Mensch, wenn er von seinem natürlichen Element getrennt wird. ›Töten‹ wird mit dem doppelten Radikal über dem ›Baum‹ geschrieben; denn auch ›einen Baum fällen‹ heißt ›töten‹.

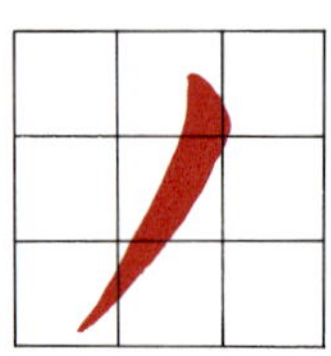

别	Bié	*Teil*
眉	Méi	*Augenbraue*
刈	Yì	*Mähen*
杀	Shā	*Töten*

DIĂN
PUNKT

Ausgehend von einem runden Zeichen, einem Flecken, nahm der Punkt mit dem Gebrauch des neuen Schreibwerkzeugs die Form einer Birne, eines Tropfens an. Während der Griffel, ein Stück Holz mit einer steifen Spitze, einen runden Flecken hinterließ, erlaubte der Pinsel mit seiner weichen Haarspitze einen differenzierteren Strich: stark, dünn, gerade, gebogen.
Im Zeichen ›Meister‹ bedeutet der Punkt die Flamme eines Öllämpchens: Der Meister ist ja derjenige, der früher geboren wurde und mehr Erfahrung hat. Er muß die andern mit seinem Wissen erleuchten. Das Zeichen ›Gerechtigkeit‹, wenn es dem des ›Meisters‹ folgt, beschreibt die ›Lehre‹, die ›Doktrin‹. Der ›Hauptdarsteller‹ schreibt sich mit ›Meister‹ und ›Rolle‹. Der Punkt im Innern des Zeichens bedeutet ein Mineral im Innern der Erde: ›Zinnober‹, für die chinesischen Alchimisten eines der gebräuchlichsten Mineralien bei ihrer Suche nach dem Stein der Weisen.

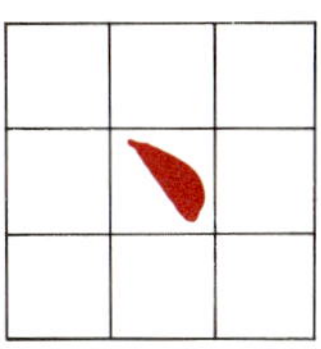

主	Zhŭ	*Meister*
主义	Zhŭ yì	*Doktrin*
主角	Zhŭ jué	*Hauptdarsteller*
丹	Dān	*Zinnober*

Angaben zur Aussprache der chinesischen Laute

b p m f d t n l g k h s	etwa wie im Deutschen

z	= ds; c = ts	+ i: die Konsonanten werden mit Ton gesprochen (alveolare Vokale)
zh	= dsch; ch = tsch	
sh	= sch	
r	= zwischen Zungen-r und französischem »j« wie in »jeune«	

j	= dch (ch wie in »ich«)		
q	= tch	+ u	= ü
x	= ch	+ uan	= üä
y	= j (»ja«)	+ ue	= üän
yi	= i		

Konsonanten	+ ui	= uei
	+ un	= uen
	+ iu	= iou

Alphabetisches Verzeichnis der Radikale